财政部规划教材

全国中等职业学校财经类教材

财经基础语文

（上册）

潘新添　孙亚华　主　编

蓝师科　周　筠　杨茂松　副主编

经济科学出版社

图书在版编目（CIP）数据

财经基础语文. 上册/潘新添，孙亚华主编. —北京：
经济科学出版社，2010.5 （2015.8重印）
财政部规划教材　全国中等职业学校财经类教材
ISBN 978-7-5058-9310-8

Ⅰ. ①财… Ⅱ. ①潘…②孙… Ⅲ. ①语文课-专业学校-教材　Ⅳ. ①G634.301

中国版本图书馆 CIP 数据核字（2010）第 075393 号

责任编辑：白留杰　刘殿和
责任校对：刘　昕
版式设计：代小卫
技术编辑：李　鹏

财经基础语文（上册）
潘新添　孙亚华　主　编
蓝师科　周　筠　杨茂松　副主编
经济科学出版社出版、发行　新华书店经销
社址：北京市海淀区阜成路甲 28 号　邮编：100142
教材分社电话：88191354　发行部电话：88191540
网址：www.esp.com.cn
电子邮箱：bailiujie518@126.com
北京密兴印刷厂印装
787×1092　16开　14.5印张　330000字
2010年7月第1版　2015年8月第4次印刷
ISBN 978-7-5058-9310-8　定价：25.00元
（图书出现印装问题，本社负责调换）
（版权所有　翻印必究）

编 审 说 明

本书是全国财经类职业教育院校教材。经审阅，我们同意作为全国财经类院校教材出版。书中不足之处，请读者批评指正。

财政部教材编审委员会

编写组成员

主　编　潘新添　孙亚华
副主编　蓝师科　周　筠　杨茂松
编　者　（按姓氏笔画为序）
　　　　　王赛兰　左丽芬　许咏丹　麦玉兰　杨茂松
　　　　　李金龙　李　勤　张琼华　罗志青　姚　敏
　　　　　黄伟文　黄咏娜　蔡　瑜　廖　敏　颜海兰

前　　言

教育总是在改革中前行。

为了适应新一轮的中等职业教育教学改革，全面推进素质教育，进一步开创中等职业学校语文教材的新局面，根据教育部2009年1月颁布的《中等职业学校语文教学大纲》（以下简称新《大纲》）的基本精神，在认真总结国内外语文教学经验特别是2000年以来的经验，在广泛听取各类职业学校语文老师的意见和建议的基础上，针对财经类职业学校的教学实际和发展需要，我们五所国家级重点职业学校的语文老师在语文教育专家的指点下编写了这套全新的中等职业学校语文教材，供三年制的财经类中等职业学校使用。

一、编写的指导思想

（一）注重激发学生的学习兴趣

著名的心理学家布鲁纳说过："学习的最好刺激，乃是对所学材料的兴趣。"根据中等职业教育的特点和学生对专业课普遍比对基础课的学习兴趣更为浓厚这一情况，本教材把语文学习与财经类知识学习、职业核心能力的培养紧密地结合在一起，注重激发学生的学习兴趣，使基础课的学习更好地为学生的专业发展服务。

（二）注重提高学生的语文综合素养

根据中等职业学校语文课程的性质和目标，以及中等职业学校培养高素质劳动者和中初级专门人才的质量要求，本教材认真贯彻以提高学生的全面素质为目的，以培养学生的创新精神和实践能力为重点的教学指导思想，注意遵循中等职业学校语文教学的规律和学生的认知特点，全面提高学生的语文应用能力和文化素养。

（三）选文力求做到典范性、时代性和实用性的统一

根据语文课程的特点，教材选文坚持文质兼美的原则，同时兼顾时代性和实用性，特别是突出了"财经"特色。在内容上，既注意继承和发扬祖国的优

秀文化传统，吸收人类社会的进步文化，又努力反映当今的科技进步和社会文明，使之具有时代气息。另外，本教材收入了不同体裁的精美的有关职业理想、行业发展、企业文化等方面的文章，突出了听说能力和写作能力的培养，具有较强的实用性。

（四）贯彻新《大纲》要求，突出职教特点

根据中等职业学校学生语文水平参差不齐总体偏弱的实际情况，我们将教材分三部分组成，即基础部分、职业部分和拓展部分供师生教学选用。同时，我们力求充分体现职业教育特点，贯彻"做中教、做中学"的原则，以活动为依托，增加"语文综合实践活动"内容，并把听说能力、写作能力培养以训练的方式体现出来，以提高语文教学效率。

二、本教材的主要特点

本教材的主要特点：以话题组织单元，以项目组织内容，分上下两册，能力分级，逐层递进，突出语文能力培养，构成了一个设计比较合理又切合实际可行的体系，建立了一种以"注重实践"、"讲究方法"、"能力递进"、"注意职业"为基本特征的新模式。

1. 以话题组织单元。本教材分上下两册共12个话题，每个话题对应1个单元。这话题，既是职业教育核心能力要求，又是财经类学生必备的素质要求，使教材内容新颖，富有吸引力。具体情况如下表：

册别	单元顺序	单元标题	素质培养	阅读与欣赏	语文综合实践活动	听说训练	写作训练
上册	一	理财与人生	学会生存	整体感知 把握内容	我看储蓄	听话	语段
	二	目标与行动	学会做事	把握结构 理清思路	我的专业	说话	记叙文——记叙方法
	三	沟通与交流	学会共处	辨析要点 提炼主旨	生活趣事	交谈	说明文——说明方法
	四	成功与失败	学会生活	小说欣赏	我看诚信	复述	议论文——论证方法
	五	美与和谐	学会做人	散文欣赏	我也追"星"	演讲	便条与单据
	六	文学长廊（一）	学会学习	略读	读书活动	讨论	计划、广告

续表

册别	单元顺序	单元标题	素质培养	阅读与欣赏	语文综合实践活动	听说训练	写作训练
下册	一	自尊与自强	学会生存	精读课文 筛选信息	我说青春	接待	篇章
	二	励志与创业	学会立志	学习表现手法，掌握表达技巧	我的职业生涯设计	洽谈	记叙文——记叙顺序
	三	团结与合作	学会共处	品味文章语言，理解表达效果	在一次专业实践活动中	答询	说明文——说明顺序
	四	亲情与生活	学会感恩	诗歌欣赏	我们长辈	即席发言	议论文——论证结构
	五	优胜与劣汰	学会发展	戏剧欣赏	我身边的企业家	解说	总结、通知
	六	文学长廊（二）	学会明智	速读	读名著 "访名人"	应聘与面试	求职信与应聘书

2. 以项目组织内容。本教材每个单元分四个项目，即"阅读与欣赏"、"语文综合实践活动"、"听说训练"与"写作训练"。其中"阅读与欣赏"部分一般由4~5篇不同体裁的课文组成，着重培养学生的阅读、欣赏能力；"语文综合实践活动"则由一系列的与学习、生活相关的话题组成，在培养听说读写能力的同时培养学生收集信息、整理材料、团结合作等能力；"听说训练"与"写作训练"则着重培养学生的听、说、写的能力。整个内容"注重实践"，在教学上"讲究方法"。

3. 能力分级，逐层递进。本教材在各项语文能力培养目标从横向与纵向两个角度进行整体设计。横向上，上下两册的语文能力两相对应，分成两级；在纵向上则是逐层递进的，由易到难。在内容上，由基础模块、职业模块、拓展模块（*）组成，能力要求也是逐层递进的，可供师生教学选择。

4. 贴近财经，突出职业特色。本教材在内容上尽量贴近财经类知识，采用有关财经知识的文章，设计有关财经类的语文活动，大大地突出了为财经类专业服务的特点。

三、教学建议

由于本教材的编写方式新颖，故提几条教学建议以供参考：

1. 本教材中凡是未打"*"号均需开展教学，供全体学生学习；而拓展模块（带有"*"号）中的内容可供学有余力或准备进一步深造的学生学习。

2. 在开展教学活动时，师生应作充分的准备，特别是语文综合实践活动、"听说训练"和"写作训练"中的内容，尽可能做到"做中教、做中学"。

3. 本教材有很多贴近"财经"的内容，教师在上课前可让学生先进行适当的讨论，充分地激发学生的学习兴趣。

本教材由佛山市顺德区陈登职业技术学校牵头，并组织了广东省财政职业技术学校、广东省贸易职业技术学校、佛山市顺德区龙江职业技术学校和佛山市财经学校的骨干教师合力完成。在本教材的编写过程中，得到了广东教育学院黄淑琴教授的鼎力帮助，在此一并表示衷心的感谢！同时，我们试着用比较先进的理念去编写这套教材，希望老师好用、学生喜欢。但也有可能我们的想法还不大成熟，也一定有不足之处。因此，恳请各专家、同行多提宝贵意见，以进一步修改、完善，敬请批评指正。

《财经基础语文》编写组

目　　录

第一单元　理财与人生

项目一　阅读与欣赏

1　项链 ……………………………………………………［法］莫泊桑　3
2　清贫 ………………………………………………………方志敏　11
*3　卖琴 ………………………………………………………赵清阁　13
*4　守财奴 …………………………………………………［法］巴尔扎克　16

项目二　语文综合实践活动

　　我看储蓄 …………………………………………………………25

项目三　听说训练

　　听话 ………………………………………………………………29

项目四　写作训练

　　语段 ………………………………………………………………31

第二单元　目标与行动

项目一　阅读与欣赏

5　退步原来是向前 ……………………………………………刘　静　39
6　忘却只需7秒 ………………………………………………琴　台　41
7　放任错误 ……………………………………………………肖　华　43
8　刘墉短篇精选 ………………………………………………………45
　　扶树与扶人 …………………………………………………………45
　　富翁的大房檐 ………………………………………………………46
*9　汪国真诗文 …………………………………………………………46

项目二　语文综合实践活动
　　我的专业 ··· 49

项目三　听说训练
　　说话 ··· 52

项目四　写作训练
　　记叙文——记叙方法 ··· 55

第三单元　沟通与交流

项目一　阅读与欣赏
　10　多年父子成兄弟 ·· 汪曾淇　61
　11　第六枚戒指 ···[美] 安·佩普　63
　12　琐忆 ··· 唐　弢　66
　*13　我看《中国孩子在海外》······························· 孙云晓　71
　*14　梁大夫有宋就者 ·································[西汉] 刘　向　72

项目二　语文综合实践活动
　　生活趣事 ··· 75

项目三　听说训练
　　交谈 ··· 82

项目四　写作训练
　　说明文（一）··· 85

第四单元　成功与失败

项目一　阅读与欣赏
　15　群英会蒋干中计 ·· 罗贯中　91
　16　林教头风雪山神庙 ····································· 施耐庵　96
　*17　差别 ·····························[德] 布鲁德·克里斯蒂安森　103
　*18　二十年后的 ······································[美] 欧·亨利　105
　19　高等教育 ··· 司玉笙　107

项目二　语文综合实践活动
　　我看诚信 ··· 110

项目三　听说训练
　　复述 ··· 116

项目四　写作训练
　　议论文 ··· 118

第五单元　美与和谐

项目一　阅读与欣赏
　20　心田上的百合花 ······································· 林清玄　129
　21　知心的礼物 ······································· ［美］保罗·威廉德　131
　22　清塘荷韵 ··· 季羡林　134
　*23　滕王阁序 ··· ［唐］王　勃　138
　*24　石缝间的生命 ··· 林　希　142

项目二　语文综合实践活动
　　我也追"星" ··· 145

项目三　听说训练
　　演讲 ··· 153

项目四　写作训练
　　常用条据 ··· 159

第六单元　文学长廊（一）

项目一　阅读与欣赏
　*25　将进酒 ··· 李　白　167
　*26　赤壁赋 ··· 苏　轼　168
　27　劝学 ··· 荀　况　171
　28　宋词二首 ··· 173

　　　　雨霖铃　寒蝉凄切 ……………………………………………… 柳　永　174
　　　　念奴娇　赤壁怀古 ……………………………………………… 苏　轼　174
　　29　琵琶行（并序）………………………………………………… 白居易　176
　　30　名著导读：三国演义 …………………………………………………… 179

项目二　语文综合实践活动
　　　读书活动 ………………………………………………………………… 184

项目三　听说训练
　　　讨论 ……………………………………………………………………… 189

项目四　写作训练
　　　广告 ……………………………………………………………………… 196
　　　计划 ……………………………………………………………………… 198

附录一　易错字词（一）………………………………………………………… 206
附录二　误用频率较高的成语（一）…………………………………………… 210
附录三　普通话水平测试等级标准（试行）…………………………………… 213
附录四　职业汉语水平测试等级标准 ………………………………………… 214

第一单元　理财与人生

单元学习提示

本单元学习的主题是理财与人生。理财是人生一个重要的内容，从经济学的角度来讲，成功的企业家就是理财成功的专家。有一句说，"你不理财，财不理你"。即说明你假如不善于理财，没有正确的人生观指导你理财，你也不会拥有真正的财富。

《守财奴》是一篇小说（节选），在阅读中，要正确对待主人公的财富观，不能把敛财当作人生的唯一目的。主人公葛朗台为了钱财，不顾亲情，甚至直到临死一刻，仍不忘自己的金子。作者批判了当时法国资产阶级唯利是图的思想。《清贫》是一篇散文，写出了共产党人对财富的思想观。本文是作者在狱中写成的遗作，阅读时注意文中两种人对待财富的看法，一种是视钱为命，以为当官就一定有很多钱，希望从其身上搜刮出一点收获。一种是两袖清风，大义凛然。

正确对待财富与人生，君子爱财取之有道，不义之财，拒之门外。这是做人的基本道理。学习时，注意整体感知课文，把握文章内容，在领略其艺术魅力的同时要注意人生道理。

▶ 项目一　阅读与欣赏

1　项　　链①

[法] 莫泊桑

课文导读

　　莫泊桑的短篇小说，是一幅栩栩如生的19世纪下半叶法国社会风俗长卷，而《项链》更是世界名篇。小说描写生动、细腻，情节跌宕起伏，人物形象鲜明，谱写了一曲不向命运屈服的颂歌。阅读时，请读者细心品味并注意主人公在遇到挫折后是如何摆正心态，勤俭节约、克服困难的。

　　世上的漂亮动人的女子，每每像是由于命运的差错似的，出生在一个小职员的家庭；我们现在要说的这一个正是这样。她没有陪嫁的资产，没有希望，没有任何方法使得一个既有钱又有地位的人认识她，了解她，爱她，娶她；到末了，她将将就就和教育部的一个小书记②结了婚。

　　不能够讲求装饰，她是朴素的，但是不幸得像是一个降了等的女人；因为妇女们本没有阶级，没有门第之分，她们的美，她们的丰韵和她们的诱惑力就是供她们做出身和家世之用的。她们的天生的机警，出众的本能，柔顺的心灵，构成了她们唯一的等级，而且可以把民间的女子提得和最高的贵妇人一样高。

　　她觉得自己本是为了一切精美的和一切豪华的事物而生的，因此不住地感到痛苦。由于自己房屋的寒伧③，墙壁的粗糙，家具的陈旧，衣料的庸俗，她非常难过。这一切，在另一个和她同等的妇人心上，也许是不会注意的，然而她却因此伤心，又因此懊恼，那个替她照料琐碎家务的勃雷大涅省④的小女佣人的

---

　　① 这篇课文是以几种中文译文为基础，并根据法文本校订的。《项链》发表于1884年，原题《首饰》。《项链》这个名是由英译本转译过来的，因为沿用已久，这里仍旧用它。
　　② [书记] 旧时在机关里做抄写工作的职员。
　　③ [寒伧 (hán·chen)] 丑陋；难看。
　　④ [勃雷大涅省] 法国西部靠海的一个省区。雇用这个地方的人，工资比较低。

样子，使她产生了种种忧苦的遗憾和胡思乱想。她梦想着那些静悄悄的接待室，如何蒙着东方的帷幕，如何点着青铜的高脚灯檠，如何派着两个身穿短裤子的高个儿侍应生听候指使，而热烘烘的空气暖炉使得两个侍应生都在大型的圈椅上打盹儿。她梦想那些披着古代壁衣①的大客厅，那些摆着无从估价的瓷瓶的精美家具；她梦想那些精致而且芬芳的小客厅，自己到了午后五点光景，就可以和亲切的男朋友在那儿闲谈，和那些被妇女界羡慕的并且渴望一顾的知名男子在那儿闲谈。

然而事实上，她每天吃晚饭的时候，就在那张小圆桌跟前和她的丈夫对面坐下了，桌上盖的白布要三天才换一回，丈夫把那只汤池的盖子一揭开，就用一种高兴的神气说道："哈！好肉汤！世上没有比它更好的……"因此她又梦想那些丰盛精美的筵席了，梦想那些光辉灿烂的银器皿了，梦想那些满绣着仙境般的园林和其间的古装仕女以及古怪飞禽的壁衣了；她梦想那些用名贵的盘子盛着的佳肴美味了，梦想那些在吃着一份肉色粉红的鲈鱼②或者一份松鸡③翅膀的时候带着朗爽的微笑去细听的情话了。

而且她没有像样的服装，没有珠宝首饰，什么都没有。可是她偏偏只欢喜这一套，觉得自己是为了这一套而生的。她早就指望自己能够取悦于人，能够被人羡慕，能够有诱惑力而且被人追求。

她有一个有钱的女朋友④，是一个教会女校的同学，可是现在已经不再想去看她，因为看了之后回来，她总会感到痛苦。于是她由于伤心，由于遗憾，由于失望并且由于忧虑，常常整天整天地哭泣。不料某一天傍晚，她丈夫带着得意扬扬的神气回来了，手里拿着一个大信封。

"瞧吧，"他说："这儿有点儿东西是专门为了你的。"她赶忙拆开了信封，从里面抽了一张印着这样语句的请帖：

"教育部长若尔日·郎伯诺暨夫人荣幸地邀请路瓦栽先生和路瓦栽太太参加一月十八日星期一在本部大楼举办的晚会。"

她丈夫希望她一定快活得很，谁知她竟带着伤心而且生气的样子把请帖扔到桌上，冷冰冰地说：

"你叫我拿着这东西怎么办？"

"不过，亲人儿，我原以为你大概是满意的。你素来不出门，并且这是一个机会，这东西，一个好机会！我费了多少力才弄到手。大家都想要请帖，它是

---

① ［壁衣］装饰墙壁的织物。
② ［鲈鱼］一种嘴大鳞细的鱼，肉味鲜美。
③ ［松鸡］一种山鸡，脚上长满羽毛，背部有白、黄、褐、黑等杂色的斑纹，生长在寒冷地带的森林中，肉味鲜美。
④ ［一个有钱的女朋友］指下文的佛来思节夫人。

很难弄到手的,却又没有多少份发给同事们。将来在晚会上看得见政界的全部人物。"

她用一种暴怒的眼光瞧着他,后来她不耐烦地高声说:

"你叫我身上穿着什么到那儿去?"

他以前原没有想到这一层,支吾地说:

"不过,你穿了去看戏的那件裙袍。我觉得它很好,我……"

瞧见他妻子流着眼泪,他不说话了,吃惊了,心里糊涂了。两大滴眼泪慢慢地从她的眼角向着口角流下来;他吃着嘴说:

"你有点怎样?你有点怎样?"

但是她用一种坚强的忍耐心镇住了自己的痛苦,擦着自己那副润湿了的脸蛋儿,一面用一道宁静的声音回答:

"没有什么。不过我没有衣裳,所以我不能够去赴这个晚会。你倘若有一个同事,他的妻子能够比我打扮得好些,你就把这份请帖送给他。"

他发愁了,接着说道:

"这么着吧,玛蒂尔德①。要花多少钱,一套像样的衣裳,以后遇着机会你还可以再穿的,简单一些的?"

她思索了好几秒钟,确定她的盘算,并且也考虑到这个数目务必可以由她要求,不至于引起这个节俭科员的一种吃惊的叫唤和一个干脆的拒绝。

末了她迟迟疑疑地回答:

"细数呢,我不晓得,不过我估计,有四百金法郎,总可以办得到。"

他的脸色有点儿发青了,因为他手里正存着这样一个数目预备去买一枝枪,使得自己在今年夏天的星期日里,可以和几个打猎的朋友们到南兑尔那一带平原地方去打鸟。

然而他却回答道:

"就是这样吧。我给你四百金法郎。不过你要想法子去做一套漂亮的裙袍。"

晚会的日期已经近了,路瓦栽太太好像在发愁,不放心,心里有些焦躁不安。然而她的新裙袍却办好了。她丈夫某一天傍晚问她:

"你有点怎样?想想吧,这三天以来,你是很异样的。"于是她说:

"没有一件首饰,没有一粒宝石,插的和戴的,一点儿也没有,这件事真教我心烦。简直太穷酸了。现在我宁可不去赴这个晚会。"

他接着说道:

"你将来可以插戴几朵鲜花。在现在的时令里,那是很出色的。花十个金法

---

① [玛蒂尔德] 路瓦栽夫人的名字。

郎，你可以买得到两三朵很好看的玫瑰花。"她一点也听不进去。

"不成……世上最教人丢脸的，就是在许多有钱的女人堆里露穷相。"

但是她丈夫高声叫唤起来：

"你真糊涂！去找你的朋友佛来思节太太，问她借点首饰。你和她的交情，是可以开口的。"

她进出了一道快活的叫唤：

"这是真的。这一层我当初简直没有想过。"

第二天，她到她这位朋友家里去了，向她谈起了自己的烦闷。

佛莱思节太太向着她那座嵌着镜子的大衣柜跟前走过去，取出一个大的盒子，带过来打开向路瓦栽太太说：

"你自己选吧，亲爱的。"

她最初看见许多手镯，随后一个用珍珠镶成的项圈，随后一个威尼斯款式的金十字架，镶着宝石的，做工非常精巧。她在镜子跟前试着这些首饰，迟疑不决，舍不得丢开这些东西，舍不得归还这些东西。她老问着。

"你还有没有一点什么别的？"

"有的是，你自己找吧。我不晓得哪件合得上你的意思。"她忽然在一只黑缎子做的小盒子里，发现了一串用金刚钻镶成的项链，那东西真地压得倒一切；于是她的心房因为一种奢望渐渐跳起来。她双手拿着那东西发抖，她把它压着自己裙袍的领子绕在自己的颈项上面了，对着自己在镜子里的影子出了半天的神。

后来，她带着满腔的顾虑迟疑地问道：

"你能够借这东西给我吗，我只借这一件？"

"当然可以，当然可以。"

她跳起来抱着她朋友的颈项，热烈地吻了又吻，末后，她带着这件宝贝溜也似地走了。

晚会的日子到了，路瓦栽太太得到极大的成功，她比一般女宾都要漂亮，时髦，迷人，不断地微笑，并且乐得发狂。一般男宾都望着她出神，探听她的姓名，设法使人把自己引到她跟前作介绍。本部机要处的人员都想和她跳舞，部长也注意她。

她用陶醉的姿态舞着，用兴奋的动作舞着，她沉醉在欢乐里，她满意于自己的容貌的胜利，满意于自己的成绩的光荣；满意于那一切阿谀赞叹和那场使得女性认为异常完备而且甜美的凯歌，一种幸福的祥云包围着她。所以她什么都不思虑了。

她是清晨四点钟光景离开的。她丈夫自从半夜十二点钟光景，就同着另外三位男宾在一间无人理会的小客厅里睡着了；这三位男宾的妻子也正舞得很快活。

他对她的肩头上披上了那些为了上街而带来的衣裳，家常用的俭朴的衣裳，这些东西的寒伧意味是和跳舞会里的服装的豪华气派不相称的。她感到了这一层，于是为了避免另外那些裹着珍贵皮衣的太太们注意，她竟想逃遁了。

路瓦栽牵住了她：

"等着吧，你到外面会受寒。我去找一辆出租的街车来吧。"

不过她绝不听从他，匆匆忙忙下了台阶儿。等到他俩走到街上竟找不着车了；于是他俩开始去寻觅，追着那些他们远远地望得见的车子。

他俩向着塞纳河①的河沿走下去，两个人感到失望，浑身冷得发抖。末了，他俩在河沿上竟找着了一辆像是夜游病者一样的旧式轿车——这样的车子白天在巴黎如同感到自惭形秽②，所以要到天黑以后才看得见它们。

车子把他俩送到马丁街的寓所大门外了，他俩惆怅地上了楼。在她，这算是结束了。而他呢，却想起了自己明天早上十点钟应当到部。

她在镜子跟前脱下了那些围着肩头的大氅之类，想再次端详端详无比荣耀的自己。但是陡然间她发出了一声狂叫。她已经没有那串围着颈项的金刚钻项链了！

她丈夫这时候已经脱了一半衣裳，连忙问：

"你有点怎样？"

她发痴似地转过身来向着他：

"我已经……我已经……我现在找不着佛来思节太太那串项链了。"

他张皇失措地站起来：

"什么！……怎样！……哪儿会有这样的事！"

于是他俩在那件裙袍的衣褶里，大氅的衣褶里，口袋里，都寻了一个遍。到处都找不到它。

他问道：

"你能够保证离开舞会的时候还挂着那东西吗？"

"对呀，我在部里的过道里还摸过它。"

"不过，倘若你在路上失掉了它，我们可以听得见它落下去的声响。它应当在车子里。"

"对呀。这是可能的。你可曾记下车子的号码？"

"没有。你呢，你当初也没有注意？"

---

① ［塞纳河］法国西北部的一条河，流经巴黎，把巴黎分为河南河北两部分。
② ［自惭形秽］看到自己不如别人而感到羞愧。形秽，形态丑陋，引申为感到自身的缺点或者不足。

"没有。"

他俩口呆目瞪地互相瞧着。末了，路瓦栽重新着好了衣裳。

"我去，"他说，"我去把我俩步行经过的路线再走一遍，去看看是不是可以找得着它。"

于是他出街了。她呢，连睡觉的气力都没有，始终没有换下那套参加晚会的衣裳，就靠在一把围椅上面，屋子里没有生火，脑子里什么也不想。

她丈夫在七点钟回家。什么也没有找得着。

他走到警察总厅和各报馆里去悬一种赏格，又走到各处出租小马车的公司，总而言之，凡是有一线希望的地方都走了一个遍。

她对着这种骇人的大祸，在惊愕状态中间整整地等了一天。

路瓦栽在傍晚的时候带着瘦削灰白的脸回来了；他一点什么也没有发现过。

"应当，"他说，"写信给你那个女朋友说你弄断了那串项链的搭钩①，现在正叫人在那里修理。这样我们就可以有周转的时间。"

她在他的口授之下写了这封信。

一星期以后，他们任何希望都消失了。并且路瓦栽像是老了五年，高声说道：

"现在应当设法去赔这件宝贝了。"

第二天，他们拿了盛那件宝贝的盒子，照着盒子里面的招牌到了珠宝店里，店里的老板查过了许多账簿。

"从前，太太，这串项链不是我店里卖出去的，我只做了这个盒子。"

于是他俩到一家家的首饰店去访问了，寻觅一件和失掉的那件首饰相同的东西，凭着自己的记忆力做参考，他俩因为伤心和忧愁都快要生病了。

他们在皇宫街一家小店里找到了一串用金刚钻镶成的念珠，他们觉得正像他们寻觅的那一串。它值得四万金法郎。店里可以作三万六千让给他俩。

他们所以央求那小店的老板在三天之内不要卖掉这东西。并且另外说好了条件：倘若原有的那串在二月底以前找回来，店里就用三万四千金法郎收买这串回去。

骆塞尔本存着他父亲从前留给他的一万八千金法郎。剩下的数目就得去借了。

他动手借钱了，向这一个借一千金法郎，向那个借五百，向这里借五枚鲁意金元，向另一处又借三枚。他签了许多借据，订了许多破产性的契约，和那些盘剥重利的人，各种不同国籍的放款人打交道。他损害了自己后半生的前程，

---

① [搭钩] 这里指项链两头连接的钩子。

他不顾成败利钝冒险地签上了自己的名姓，并且，想到了将来的苦恼，想到了就会压在身上的黑暗贫穷，想到了整个物质上的匮乏和全部精神上的折磨造成的远景，他感到恐怖了，终于走到那个珠宝商人的柜台边放下了三万六千金法郎，取了那串新项链。

在路瓦栽太太把首饰还给佛莱思节太太的时候，这一位用一种不高兴的神情向她说：

"你应当早点儿还给我，因为我也许要用它。"

她当时并没有打开那只盒子，这正是她的女朋友担忧的事。倘若看破了这件代替品，她将要怎样想？她难道不会把她当做一个贼？

路瓦栽太太尝到了穷人的困窘生活了。此外，突然一下用英雄气概打定了主意，那笔骇人的债是必须偿还的。她预备偿还它。他们辞退了女佣；搬了家；租了某处屋顶底下的一间阁楼下。

她开始做种种家务上的粗硬工作了，厨房里可厌的日常任务了。她洗濯杯盘碗碟，在罐子锅子的油垢底子上磨坏了那些玫瑰色的手指头。内衣和抹布都由她亲自用肥皂洗濯再晾到绳子上；每天早起，她搬运垃圾下楼，再把水提到楼上，每逢走完一层楼，就得坐在楼梯上喘口气。并且穿着得像是一个平民妇人了，她挽着篮子走到蔬菜店里、杂货店里和肉店里去讲价钱，去挨骂，极力一个铜元一个铜元地去防护她那点儿可怜的零钱。

每月都要收回好些借据，一面另外立几张新的去展缓日期。

她丈夫在傍晚的时候替一个商人誊清账目，时常到了深夜，他还得抄录那种五个铜元一面的书。

末后，这种生活延长到十年之久。

十年之末，他俩居然还清了全部债务，连同高利贷者的利钱以及由利上加利滚成的数目。

路瓦栽太太像是老了。现在，她已经变成了贫苦人家的强健粗硬而且耐苦的妇人了。乱挽着头发，歪歪地系着裙子，露着一双发红的手，高声说话，大盆水洗地板。但是有时候她丈夫到办公室里去了，她独自坐在窗前，于是就回想从前的那个晚会，那个跳舞会，在那里，她当时是那样美貌，那样快活。

倘若当时没有失掉那件首饰，她现在会走到什么样的境界？谁知道？谁知道？人生真是古怪，真是变化无常啊。无论是害您或者救您，只消一点点小事。

然而，某一个星期日，她正走到香榭丽舍大街兜个圈子去调剂一周之中的日常劳作，这时候忽然看见了一个带着孩子散步的妇人。那就是佛来思节太太，她始终是年轻的，始终是美貌的，始终是有诱惑力的。

路瓦栽太太非常激动。要不要去和她攀谈？对的，当然。并且自己现在已经还清了债务，可以彻底告诉她。为什么不？她走近前去了。

"早安，珍妮①。"

那一位竟一点儿也不认识她了，以为自己被这个平民妇人这样亲热地叫唤是件怪事，她支支吾吾地说：

"不过……这位太太！……我不知道……大概应当是您弄错了。"

"没有错。我是玛蒂尔德·路瓦栽呀。"

她那个女朋友狂叫了一声：

"噢！……可怜的玛蒂尔德，你真变了样子！……"

"对呀，我过了许多很艰苦的日子，自从我上一次见过你以后；并且种种苦楚都是为了你！……"

"为了我……这是怎样一回事？"

"从前，你不是借了一串金刚钻项链给我到部里参加晚会，现在，你可还记得？"

"记得，怎样呢？"

"怎样，我丢了那串东西。"

"哪儿的话，你早已还给我了。"

"我从前还给你的是另外一串完全相同的。到现在，我们花了十年工夫才付清它的代价。像我们什么也没有的人，你明白这件事是不容易的……现在算是还清了账，我是结结实实满意的了。"

佛来思节太太停住了脚步：

"你可是说从前买了一串金刚钻项链来赔偿我的那一串？"

"对呀，你从前简直没有看出来，是吗？那两串东西原是完全相同的。"

说完，她用一阵自负而又天真的快乐神气微笑了。

佛来思节太太很受感动了，抓住了她两只手：

"唉。可怜的玛蒂尔德，不过我那一串本是假的，顶多值得五百金法郎！……"

思考与练习

一、开头6个自然段写玛蒂尔德少女时期和婚后最初几年的生活，对故事情节的展开有什么作用？

二、"丢失项链"是情节发展的"逆转"，这一意外事件的发生，对人物性格的展示有何作用？

三、小说到最后才写项链是假的，在此之前，是否有伏笔？

四、小说的心理描写实际是人物的内心独白，对塑造人物形象有着重要的意义。说说下面几段描写对

---

① [珍妮] 佛来思节夫人的名字。

展示路瓦栽夫人思想性格所起的作用。

1. 她没有漂亮服装，没有珠宝，什么也没有。然而她偏偏只喜爱这些，她觉得自己生在世上就是为了这些。她早就想望着得人欢心，被人艳羡，具有诱惑力而被人追求。

2. 她陶醉于自己的美貌胜过一切女宾，陶醉于成功的光荣，陶醉于在人们对她的赞美和羡妒所形成的幸福的云雾里，陶醉于妇女们所认为最美满最甜蜜的胜利里。

3. 路瓦栽夫人懂得穷人的艰难生活了。她一下子显出了英雄气概，毅然决然打定主意，好要偿还这笔可怕的债务。

4. 但是有时候，她丈夫到办公室去了，她一个人坐在窗前，就回想起当年那个舞会来，那个晚上，她那么美丽，那么使人倾倒啊！

五、联系上下文，说说下列加点词语在句子中的表达作用。

1. 天生的聪明，优美的资质，温柔的性情，就是她们唯一的资格。
2. 她跳起来，搂住朋友的脖子，狂热地亲她，接着带着这件宝物跑了。
3. 她刷洗杯盘碗碟，在那油腻的盆沿上和锅底上磨粗了她那粉嫩的手指。
4. 于是她带着天真的得意的神情笑了。

2 清 贫

方志敏①

课文导读

方志敏在十几年的革命生涯中，既表现了他卓越的领导才能，又表现出了对党和革命事业的无比忠诚。本文通过讲述作者在被俘那天的故事来体现作者虽身居高位却又过着洁白朴素的清贫生活，体现出那种清贫的高尚品格，那种清贫的人生境界。文中语言质朴，感情真挚，阅读时注意体会。

我从事革命斗争，已经十余年了。在这长期的奋斗中，我一向是过着朴素的生活，从没有奢侈②过。经手的款项，总在数百万元；但为革命而筹集的金钱，是一点一滴的用之于革命事业。这在国民党的伟人们看来，颇似奇迹，或

---

① [方志敏] 1899年生，江西省上饶市弋阳县人。1923年3月加入中国共产党。1934年11月初，方志敏奉命率红军北上抗日先遣队北上，任红10军团军政委员会主席。至皖南遭国民党军重兵围追堵截，终因寡不敌众，于1935年1月27日在江西玉山陇首村被俘。写下了《清贫》、《可爱的中国》等文章。1935年8月6日在江西南昌下沙窝英勇就义，当时才36岁。

② [奢侈] 过分花钱追求享受。

认为夸张；而矜持不苟①，舍己为公，却是每个共产党员具备的美德。所以，如果有人问我身边有没有一些积蓄，那我可以告诉你一桩趣事：

就在我被俘的那一天——一个最不幸的日子，有两个国方兵士，在树林中发现了我，而且猜到我是什么人的时候，他们满脑子热望在我身上搜出一千或八百大洋，或者搜出一些金镯金戒指一类的东西，发个意外之财。那知道从我上身摸到下身，从袄领捏到袜底，除了一只时表和一支自来水笔之外，一个铜板都没有搜出。他们于是激怒起来了，猜疑我是把钱藏在那里，不肯拿出来。他们之中有一个，左手拿着一个木柄榴弹，右手拉出榴弹中的引线，双脚拉开一步，作出要抛掷的姿势，用凶恶的眼光盯住我，威吓地吼道：

"赶快将钱拿出来，不然就是一炸弹，把你炸死！"

"哼！你不要作出那难看的样子来吧！我确实一个铜板都没有；想从我这里发洋财，你们想错了。"我微笑着淡淡地说。

"你骗谁！像你当大官的人会没有钱！"拿榴弹的兵士坚不相信。

"决不会没有钱的，一定是藏在那里，我是老出门的，骗不了我。"

另一个兵士一面说，一面弓着背重来一次将我的衣角裤裆过细地捏，总企望着有新的发现。

"你们要相信我的话，不要瞎忙吧！我不比你们国民党当官，个个都有钱，我今天确实是一个铜板也没有，我们革命不是为着发财啦！"我再向他们解释。

等他们确知在我身上搜不出什么的时候，也就停手不搜了；又在我藏躲地方的周围，低头注目搜寻了一番，也毫无所得，他们是多么的失望呵！那个持弹欲放的兵士，也将拉着的引线，仍旧塞进榴弹的木柄里，转过来抢夺我的表和水笔。然后，彼此说定表和笔卖出钱来平分，才算无话。他们用怀疑而又惊异的目光，对我自上而下的望了几遍，就同声命令地说："走吧！"

是不是还要问问我家里有没有一些财产？请等一下，让我想一想，啊，记起来了，有的有的，但不算多——去年暑天我穿的几套旧的汗褂裤，与几双缝上底的线袜，已交给我的妻放在深山坞②里保藏着——怕国军进攻时，被人抢了去，准备今年暑天拿出来再穿；那些就算是我唯一的财产了。但我说出那几件"传世宝"来，岂不要叫那些富翁们齿冷③三天？！

清贫，洁白朴素的生活，正是我们革命者能够战胜许多困难的地方！

一九三五年五月二十六日写于囚室

---

① ［矜持不苟］庄重严谨，一点不马虎。
② ［坞］音：wù。
③ ［齿冷］耻笑。

思考与练习

一、给下面加点的字注音。

筹集（　　）　　　　奢（　　）侈（　　）　　　　抛掷（　　）

气势磅礴（　　）（　　）　　沧桑（　　）（　　）　　朝觐（　　）

二、解词。

1. 齿冷：_____

2. 奢侈：_____

3. 矜持不苟：_____

三、整体阅读课文，说说文章主要表现了哪两种金钱观念？体现了方志敏同志怎样的革命情操？

四、仔细阅读课文第 2 自然段到第 7 自然段，然后回答问题：

1. "他们之中有一个，左手拿着一个木柄榴弹，右手拉出榴弹中的引线，双脚拉开一步，作出要抛掷的姿势，用凶恶的眼光盯住我"，此句用了什么描写方式？他这样做的目的是什么？

2. "我微笑着淡淡地说"，表现出方志敏怎样的品质？

3. "决不会没有钱的，一定是藏在那里，我是老出门的，骗不得我。"这句用了什么描写方法？他为什么这样说？

4. 但我说出那几件"传世宝"来，岂不要叫那些富翁们齿冷三天?! ——为什么呢？

*3　卖　　琴[①]

赵清阁[②]

课文导读

本文记述了在抗日战争年代，作者病后初愈、生活困苦，靠拍卖旧书物苟且度日。文章特别详尽地记述了作者在拍卖一只相依为命的小提琴的前前后后的复杂感受，学习时请注意领会。

古训："君子安贫"，又曰："饭疏食，饮水，曲肱[③]而枕，乐在其中矣"。

[①] 本文原载《文艺先锋》第一卷第一期（1942 年 10 月 10 日）。

[②] [赵清阁]（1914～1999）河南信阳人，著名女作家、编辑家、画家。1933 年，她只身到上海美专学画，向洪深、田汉学戏剧创作。她回上海，先后担任女子书店总编辑、《女子月刊》编辑和《弹花》主编，又一度在电影公司任编剧。赵清阁一生著述，多为话剧电影剧本，亦有长篇小说、诗歌和散文。

[③] [肱] 音：gōng，上臂，手臂由肘到肩的部分。

然而，我虽"安贫"，却不"乐"；原因，是"贫"外加病，"贫"能"安"，而"病"不能"安"；二者交迫，"乐"从何来？于是，就只有夜以继日地在苦中熬煎着。染疴①半载，夏初起来，春已经悄悄地消逝了。心中不禁蒙上一层灰色，生命的锐气也好像跟着带走了，空虚与寂寥②充塞着周遭。

医嘱：愈后至少还需休息一年，才能工作。休息期间应当绝对静养，少行动，少思想，多睡眠，多吃补品。这些，我都尽可能的做到了；除非早晚散步于草坪，种植种植花木菜蔬外，很少到任何地方去；每日总是呆坐着看闲书，或则偶尔和朋友聊聊天，但是要忌谈惹人操心的那些国家时事，与惹人生气的人间是非。渐渐地可以写点日记，通点信札了，不过都是寥寥的几行。至于饮食，原计划着一星期吃只鸡，可是只能打个对折，每月吃两只已经是百余元，这情形也还只维持了两个月，后来就干脆不吃了，有时买点猪肝代替，但也常常间断，因为每天吃的话，也须五六元。于是，在最近的一个月内便完全改成蔬食；当然有点吃不消了，又是酷热的天气，因此逐日消瘦下去；而且还常常为秋后执笔的故事设计，这么一来，就整个破坏了"静养"的规律，健康立刻陷入悲观。

为什么我要这样呢？难道我真不想活吗？几个朋友——左明，朱双云，舒畅——的死还不够教训我而提醒我的注意吗？不，不是这样，我一点也没有想到要去步他们的后尘，我热切地希望着再多在这人间逗留些岁月，哪怕是更艰苦些，我也乐意忍受。不过，事实上的问题，是经济开始向我威胁了；四个月来，我全靠着拍卖旧书物而支撑这病后的生活，因为也唯有这种方式，我才能活得心安。我一生不喜欢同朋友叫苦诉穷，（尤其是在纸上谈，这确还是第一遭。）我知道这年头儿大家都是一个样，谁也不比谁强多少；你不能帮助朋友已经够了，再去剥削朋友，那真是罪大恶极，一万个不应该。所以，从来，朋友们很难在我的嘴里听到些苦音，也很难在我的身上看见些穷相。我硬着头皮，咬着牙与"生活"挣扎；直到一个月前，我差不多把所有的东西都卖光了，"生活"向我伸出那压迫的魔爪，使我深深感到一种拮据的恐慌；我羞愧自己的无能，我憎恨金钱的残酷，我怨上帝不赐给我健康的身躯，我，我不寒而栗③了！我将如何是好呢？

啊，灵机一动，我忽然想起一件宝贝来——那是从上海而南京而华北而武汉，随同我流浪多年，而又入川的一只相依为命的小提琴；抗战以来，为了不安定的身心，很久没有闲情去同它唱和了；冷落在箱笼里与灰尘为伴，每每想

---

① ［疴］音：kē，病。
② ［寂寥］寂静；空旷。
③ ［栗］畏惧，发抖。不冷而发抖。形容非常恐惧。

取出来调弦一奏，终无此兴趣，心中不禁为之负疚！但这一次却不然了，基于一种迫切的需要，我把它自箱笼里取出来，亲自替它拂去了尘土，修理一番盒、套、弦、弓等零件，弄得完美无疵①了，然后低生柔气向它说道：

"琴啊，现在请你去奏一曲'卖身救主'，万一落到一个知音的手里，不是比在我这儿让成年价地关在箱笼里坐冷监好多了吗？'不成功即成仁'，你今日虽未帮助我在艺术上有什么成功，但你却为了解决我的窘困，而在道义上'成仁'了。所以，我依然很感谢你，且永远地纪念你！再见吧，琴，请原谅我是不得已而出此下策的，只要还能活在这个世界上，我一定不会辜负你给我的恩惠。"

这样絮语以后，轻轻吻了它一下，在它的身上标了个"一千二百元"的价格，亲自把它送进拍卖行的柜台里；当我离开它的时候，我的眼眶儿有些湿，我未敢回顾它一瞬，只垂着头默默地走到家里。

过了两个礼拜光景，我的心血来潮，忽然又不想卖了，我决定提前写作，也决不愿把琴去做牺牲品。这样打定主意以后，立刻就走向拍卖行去，到达后，第一眼我便发现那柜台内已经没有我那琴的踪影了，犹如冷水浇头一般，我几乎昏倒下去。我压抑着，用颤抖的声音问老板道：

"琴呢？我的琴呢？我要拿回去，我不卖了。"

老板没有回答我，只翻身向账房去取了一扎钞票来，递给我，另外一张纸条写着："实售一千二百元，扣除手续费一百二十元，余剩一千零八十元正。"接了钱，我有什么好说的呢？我颓丧②地握紧它回来；一进门，我便忍不住哭了！我哭的不是穷，我哭的是"穷"而无耻！以一个爱好艺术，从事艺术的人，如今为了耐不住饥饿，而去出卖一只相依为命的艺术品；无异是出卖自己的灵魂，这是多么无耻的事啊！我羞于用这卖琴的钱去买米面，我忖思再三，第一次我又拿着原数钞票去，找老板，我想他哀求容我赎回我的琴，哪怕更多赔偿他些手续费；但是他的答复：琴已经卖给了别人，他没办法再去收回。我失望了，我在万般无奈中只好焦急地各方进行打听那买主的姓名，我企盼能直接同买主商量，我情愿用重价赎回我的琴。结果，琴是打听出下落来了，可是等我携款预备去向买主交涉时，有人告诉我，琴已经被他带到不知所向去了。天哪，我竟然连同我的琴最后再谋一面的机缘都没有，我是多么地悲愤与惭愧啊！我想撕碎那一扎臭钞票，我用手掴打着自己的颊说：

"宁死，我不能用卖我的琴的钱，饱肚子！"

① [疵] 缺点或过失。
② [颓丧] 情绪低落，精神委靡。

可是，琴呢，我的琴不是已经远走高飞而永恒地和我诀别了吗？琴啊！我再没有什么奢望了，我只有日夜祈祷上帝，保佑你所适得人，他不会像我这样无情无义，始而爱你，继而冷你，终而弃你！我，我实在也没有脸再见你了！即使将来又遇到你的姊妹时，我也绝不敢再高攀它们，我发誓今生永远不再弹此调，让这颗歉疚的心，常常无声地纪念着你，而向你忏悔。

三一，八，十，晨，于北碚蕉庐

思考与练习

一、按照起承转合划分出本文的相应四个部分，并由此分析它的结构技巧。

二、从"老板没有回答我"到结尾这一段文字，分析句式特点和句式变化在表达情感上的作用。

三、文章充满自责，在自责之外，你还感受到什么？

四、秦琼卖马，杨志卖刀，而卖琴对本文作者意味着什么？

*4 守财奴[①]

[法] 巴尔扎克

课文导读

巴尔扎克（1799～1850），是19世纪法国批判现实主义文学家的杰出代表。他创作的90多部小说的总称为《人间喜剧》，其中包括著名的长篇小说《欧也妮·葛朗台》和《高老头》等。这些小说形象而深刻地反映了19世纪二三十年代法国贵族阶级日趋没落和资产阶级逐渐上升，资本家贪婪成性，残酷地剥削人民的社会现实，深刻地揭露了金钱统治所造成的罪恶。

本文形象地塑造了葛朗台这一吝啬鬼形象。学习时，先整体感知课文，然后注意理解个性化语言和细节描写对刻画人物性格的作用，学会从一个人在待人接物的表现中，了解他的思想本质和性格特征。

那时葛朗台刚刚跨到七十六个年头。两年以来，他更加吝啬了，正如一个

[①] 节选自中篇小说《家庭的苦难》的一章，题目是编者加的。作者巴尔扎克，法国著名作家。长篇小说《欧也妮·葛朗台》写了葛朗台一生的历史。他原是一个箍桶匠，在18世纪法国资产阶级革命的动荡形势下，他囤积居奇，投机倒把，成了资产阶级的暴发户。他专横冷酷，吝啬贪婪，为了财产竟至逼走侄子，折磨死了妻子，剥夺独生女儿对母亲遗产的继承权，不许女儿恋爱，断送了她一生的幸福。

人一切年深月久的痴情与癖好一样。根据观察的结果，凡是吝啬鬼，野心家，所有执着①一念的人，他们的感情总是特别贯注在象征他们痴情的某一件东西上面。看到金子，占有金子，便是葛朗台的执著狂。他专制的程度思想也随着吝啬而俱增；如果妻子死了，要把财产放手一部分，哪怕是极小极小的一部分，只有他管不着，他就觉得逆情背理。怎么！要对自己的女儿报告财产的数目，把动产不动产一股脑儿登记起来拍卖？②……

"那简直是抹自己的脖子，"他在庄园检视葡萄藤，高声对自己说。

终于他主意拿定了，晚饭时分回到索漠③，决意向欧也妮④屈服，巴结她，诱哄她，以便到死都能保持家长的威风，抓着几百万家财的大权，直到咽最后一口气为止。老头儿无意中身上带着百宝钥匙，便自己开了大门，轻手蹑脚地上楼到妻子房里，那时欧也妮正捧了那口精美的梳妆匣⑤放到母亲的床上，趁葛朗台不在家，母女俩很高兴地在查理母亲的肖像上唔摸⑥一下查理的面貌。

"这明明是他的额角，他的嘴！"老头儿开门进去，欧也妮正这么说着。

一看见丈夫瞪着金子的眼光，葛朗台太太便叫起来：

"上帝啊！救救我们！"

老头儿身子一纵，扑上梳妆匣，好似一头老虎扑上一个睡着的婴儿。

"什么东西？"他拿着宝匣往窗前走去。"噢，是真金！是金子！"他连声叫嚷。"这么多的金子！有两斤重。啊！啊！查理把这个跟你换了美丽的金洋。是不是？为什么不早告诉我？这交易划得来，小乖乖！你真是我的女儿，我明白了。"

欧也妮四肢发抖。老头儿接着说：

"不是吗，这是查理的东西？"

"是的，父亲，不是我的。这匣子是神圣不可侵犯的，是寄存的东西。"

"咄，咄，咄，咄！他拿了你的家私，正应该补偿你。"

"父亲……"

---

① ［执着］佛教用语，指坚持获得某种成果，不能超脱。后来指固执，也指坚持不懈。也写作"执著"。
② ［要对……登记起来拍卖］葛朗台的弟弟破产后自杀，死前让儿子查理到叔叔葛朗台那居住，希望得到他的资助。葛朗台的独生女儿对查理一见钟情，把全部积蓄送给了查理。葛朗台知道后气急败坏，竟将女儿软禁起来，只给她冷水和面包。葛朗台太太因惊吓致病，且病情日益严重。按照法律，母亲死后，欧也妮有权继承母亲遗产。因为葛朗台夫妇的财产没有分开，所以要公开登记所有财产，进行拍卖，并向政府纳税。这正是葛朗台最担忧的。
③ ［索漠］葛朗台居住的城市名，在法国西部。
④ ［欧也妮］葛朗台的独生女儿。
⑤ ［精美的梳妆匣］葛朗台的侄儿查理的母亲的遗物。查理父亲破产自杀而逃奔葛朗台，葛朗台却打发他去印度。查理临行前和欧也妮相爱，欧也妮把自己的全部积蓄送给查理，查理也将这个贵重的梳妆匣留给欧也妮保存。匣内装有查理母亲的肖像。
⑥ ［唔摸］仔细辨别。

老家伙想掏出刀子撬下一块金块下来，先把匣子往椅子上一放。欧也妮扑过去想抢回；可是箍桶匠的眼睛老盯着女儿跟梳妆匣，他手臂一摆，使劲一推，欧也妮便倒在母亲的床上。

"老爷，老爷，"母亲嚷着，在床上直坐起来。

葛朗台拔出刀子预备撬了。欧也妮立刻跪下，爬到父亲身旁，高举着两手，嚷道：

"父亲，父亲，看在圣母面上，看在十字架上的基督面上，看在所有的圣灵面上，看在你灵魂得救面上，看在我的性命面上，你不要动它！这口梳妆匣不是你的，也不是我的，是一个受难的亲属的，他托我保管，我得原封不动地还他。"

"为什么拿来看呢，要是寄存的话？看比动手更要不得。"

"父亲，不能动呀，你教我见不得人啦！父亲，听见没有？"

"老爷，求你！"母亲跟着说。

"父亲！"欧也妮大叫一声，吓得拿侬①也赶到了楼上。

欧也妮在手边抓到了一把刀子，当做武器。

"怎么样，"葛朗台冷笑着，静静地说。

"老爷，老爷，您要我的命啊！"母亲嚷道。

"父亲，您的刀把金子碰掉一点，我就用这刀结果我的性命。您已经把母亲害到只剩下一口气，您还要杀死您的女儿。好吧，大家拼掉算了！"

葛朗台把刀子对着梳妆匣，望着女儿，迟疑不决。

"你敢吗？欧也妮？"他说。

"她会的，老爷，"母亲说。

"她说得到做得到，"拿侬嚷道，"先生，你一生一世总得讲一次理吧。"

箍桶匠看看金子，看看女儿，愣了一会儿。葛朗台太太晕过去了。

"哎，先生，你瞧，太太死过去了！"拿侬嚷道。

"噢，孩子，咱们别为一只匣子生气啦。拿去吧！"箍桶匠马上把梳妆盒扔在床上。"——拿侬，你去请裴日冷先生。——得啦，太太，"他吻着妻子的手，"没有事啦，咱们讲和啦。不是吗，小乖乖？不吃干面包了②，爱吃什么吃什么吧！……啊！她眼睛睁开了，——嗳嗳，妈妈，小妈妈，好妈妈，得啦！哎，你瞧我拥抱欧也妮了。她爱她的堂兄弟，她要嫁给他就嫁给他吧，让她把匣子藏起来吧。可是你得长命百岁地活下去啊，可怜的太太。哎哎，你身子动一下

---

① ［拿侬］葛朗台的女佣人。

② ［不吃干面包了］欧也妮把自己积存的金子给了堂兄弟查理，葛朗台知道后气急败坏。他把女儿软禁起来，只给她冷水和面包。所以当他要和妻、女讲和时说这句话。

给我看哪！告诉你，圣休节你可以拿出最体面的祭桌，索漠从来没有过的祭桌。"

"天哪，你怎么可以这样对待你的妻子跟孩子！"葛朗台太太的声音很微弱。

"下次不会了，决不了，"箍桶匠叫着，"你瞧就是，可怜的太太！"

他到密室去拿了一把路易来摔在床上。

"喂，欧也妮，喂，太太，这是给你们的，"他一边说一边把钱拈着玩，"哎哎，太太，你开开心，快快好起来吧，你要什么有什么，欧也妮也是的。瞧，这一百金路易就是给她的。你不会把这些再送人了吧，欧也妮，是不是？"

葛朗台太太和女儿面面相觑①，莫名其妙。

"父亲，把钱收起来吧；我们只需要你的感情。"

"对啦，这才对啦，"他把金路易②装到袋里，"咱们和和气气过日子吧。大家下楼，到堂屋去吃晚饭，天天晚上来两个铜子的摸彩。你们痛快玩吧！嗯，太太，好不好？"

"唉！怎么不好，既然这样你觉得快活；"奄奄一息的病人回答，"可是我起不来了啊。"

"可怜的妈妈，"箍桶匠说，"你不知道我多爱你。——还有你，我的儿！"

他搂着她，拥抱她。

"噢！吵过了架再搂着女儿多开心！小乖乖！……嗨，你瞧，小妈妈，现在咱们两个变成了一个了。"他又指着梳妆匣对欧也妮说，"把这个藏起来吧。去吧，不用怕。我再也不提了，永远不提了。"

不久，索漠最有名的医生裴日冷先生来了。诊察完毕，他老实告诉葛朗台，说他太太病得厉害，只有给她精神上绝对安静，悉心调养，服侍周到，可能拖到秋末。

"要不要花很多的钱？要不要吃药呢？"

"不用多少药，调养要紧。"医生不由得微微一笑。

"哎，裴日冷先生，你是有地位的人。我完全相信你，您认为什么时候应该来看她，尽管来。求你救救我的女人；我多爱她，虽然表面上看不出，因为我家里什么都藏在骨子里的。那些事把我的心都搅乱了。我有我的伤心事。兄弟一死，伤心事就进了我的门，我为他在巴黎花钱……花了数不清的钱！而且还没得完。再会吧，先生，要是我女人还有救，请你救救她，即使要我一百两百

---

① ［面面相觑（qù）］你看我，我看你，形容大家因惊惧或无可奈何而互相望着，都不说话。
② ［路易］法国钱币名。一路易约值二十法郎。

法郎也行。"

虽然葛朗台热烈盼望太太病好，因为她一死就得办遗产登记，而这就要了他的命，虽然他对母女俩百依百顺，一心讨好的态度使她们吃惊；虽然欧也妮竭尽孝心地侍奉，葛朗台太太还是很快地往死路上走。像所有在这个年纪上得到重病的女人一样，她一天憔悴一天，她像秋天的树叶一样脆弱。天国的光辉照着她，仿佛太阳照着树叶发出金光。有她那样的一生，才有她那样的死，恬退隐忍，完全是一个基督徒的死，死的崇高，伟大。

到了1822年10月，她的贤德，她的天使般的耐性和她对女儿的怜爱，表现的格外显著；她没有半句怨言地死了，像洁白的羔羊一般上了天，在这个世界上她只舍不下一个人，她凄凉的一生的温柔的伴侣——她最后的几眼似乎暗示女儿将来的苦命，想到把这头和她自己一样的洁白的羔羊，孤零零地留在自私自利的世界上任人宰割，她就发抖。

"孩子，"她断气以前对女儿说，"幸福只在天上，你将来会知道的。"

下一天早上，欧也妮更有了一些新的理由，觉得和她出生的，受过多少痛苦，母亲刚在里面咽气的这所屋子分不开。她望着堂屋里的窗棂和草垫的椅子，不能不落泪。她以为错看了老父的心。因为他对她多么温柔多么体贴：他来扶她去用午饭；几小时地望着她，眼睛的神气差不多是很慈祥了；她瞅着女儿，仿佛她是金铸的一般。

老箍桶匠变的厉害，常在女儿的面前哆嗦，眼见他这种老态的拿侬和克罗旭他们，认为是他年纪太大的缘故，甚至担心他有些器官已经衰退。可是到了全家戴孝那天，吃过了晚饭，当唯一知道这老人秘密的公证人在座的时候，老头儿古怪的行为就有了答案。

饭桌收拾完了，门都关严了，他对欧也妮说：

"好孩子，""现在你继承了你母亲啦，咱们中间可有些小小的事得办一办。对不对，克罗旭？"

"对。"

"难道非赶在今天办不行吗，父亲？"

"是呀，是呀，小乖乖。我不能让事情搁在那儿牵肠挂肚。你总不至于要我受罪吧。"

"噢，父亲。"

"好吧，那么今天晚上一切都得办了。"

"您要我干什么呢？"

"乖乖，这可不关我的事。——克罗旭，你告诉她吧。"

"小姐，令尊既不愿意把产业分开，也不愿意出卖，更不愿意因为变卖财产，有了现款而付大笔的捐税，所以你跟令尊共有的财产，你得放弃登记……"

"克罗旭，你这些话保险没有错吗？可以对一个孩子说吗？"

"让我说呀，葛朗台。"

"好，好，朋友，你跟我的女儿都不会抢我的家私。——对不对，小乖乖。"

"可是，克罗旭先生，究竟要我干什么呢？"欧也妮不耐烦的问。

"哦，你得在这张文书上签个字，表示您抛弃对令堂的继承权，把您跟令尊共有的财产，全部交给令尊管理，收入归他，光给你保留虚有权……"

"你对我说的，我一点也不明白，"欧也妮回答，"把文书给我，告诉我签字应该签在哪儿。"

葛朗台老头的眼光从文书转到女儿，从女儿转到文书，紧张得脑门上尽是汗，一刻不停的抹着。

"小乖乖，这张文书送去备案的时候要花很多钱。要是对你可怜的母亲，你肯无条件抛弃承继权，把你的前途完全交托付给我的话，我觉得更满意。我按月付你一百法郎的大利钱。这样，你爱做多少台弥撒给谁都可以了！……嗯！按月一百法郎，行吗？"

"你爱怎办就怎办吧，父亲。"

"小姐，"公证人说，"以我的责任，应当告诉你，这样你自己是一无所有了……"

"嗨！上帝，"她回答，"那有什么关系！"

"别多嘴，克罗旭。——一言为定，"葛朗台抓起女儿的手放在自己手中一拍，"欧也妮，你决不翻悔，你是有信用的姑娘，是不是？"

"噢！父亲……"

他热烈地、紧紧地拥抱她，使她几乎喘不过气来。

"得啦，孩子，你给了我生路，我有了命啦；不过这是你把欠我的还给我：咱们两讫了。这才叫做公平交易。人生就是一件交易。我祝福你！你是一个贤德的姑娘，孝顺爸爸的姑娘。你现在爱做什么都可以。"

"明儿见，克罗旭，"他望着骇呆了的公证人说："请你招呼法院书记官预备一份抛弃文书，麻烦你给照顾一下。"

下一天中午时分，声明书签了字，欧也妮自动地抛弃了财产。

可是到第一年年终，老箍桶匠庄严地许给女儿的一百法郎月费，连一个子儿都没有。欧也妮说笑之间提到的时候，他不由得脸上一红，奔进密室，把他从侄儿那里廉价买来的金首饰，捧了三分之一下来。

"哎，孩子，"他的语调很有点挖苦的意味，"要不要把这些抵充你的一千二百法郎？"

"噢，父亲，真的吗，你把这些给我？"

"明年我再给你这么些，"他说着把金首饰倒在她的围裙兜里。"这样，不用多少时候，他的首饰都到你的手里了，"他搓着手，因为能够利用女儿的感情占了便宜，觉得很高兴。

话虽如此，老头儿尽管还硬朗，也觉得需要让女儿学一学管家的诀窍了。连着两年，他教欧也妮当他的面吩咐饭菜，收人家的欠账。他慢慢地，把庄园地的名称内容，陆续告诉了她。第三年上，他的吝啬作风把女儿训练成熟，变成了习惯，于是他放心大胆地，把伙食房的钥匙交给她，让她正式当家。

五年这样地过去了，在欧也妮父女单调的生活中无事可述，老说些同样的事情，做得像一座老钟那样准确。葛朗台小姐的愁闷忧苦已经是公开的秘密；但是尽管大家感觉到她忧苦的原因，她从没说过一句话，给索漠人对她感情的猜想有所证实。跟她来往的人，只有几位克罗旭与他们无意中带来走熟的一些朋友。他们教会了她打韦斯脱牌，每天晚上都来玩一局。

1872年那一年，她的父亲感到衰老的压迫，不得不让女儿参与田产的秘密，遇到什么难题，就教她跟克罗旭公证人商量，——他的忠实，老头是深信不疑的。然后，到这一年年终，在八十二岁上，老家伙患了风瘫，很快地加重。裴日冷先生断定他的病是不治的了。

想到自己不久就要一个人在世界上了，欧也妮便跟父亲格外接近，把这感情的最后一环握得更紧。像一切动了爱情的女子一样，在她心目中，爱情便是整个的世界，可是查理不在眼前。她对老父的照顾服侍，可以说是鞠躬尽瘁。他开始显得老态龙钟，可是守财奴的脾气依旧由本能支持在那里，所以这个人从生到死没有一点儿改变。

从清早起，他教人家把他的转椅，在卧室的壁炉与密室的门中间推来推去，密室里头不用说是堆满了金子的。他一动不动地呆在那儿，极不放心地把看他的人和装了铁皮的门，轮流瞧着。听到一点儿响动，他就要人家报告原委；而且公证人大为吃惊的是，他连狗在院子里打呵欠都听得见。他好像迷迷糊糊地神志不清，可是一到人家该送田租来，跟管庄园的算账，或者出立收据的日子与时间，他会立刻清醒。于是他推动转椅，直到密室门口。他教女儿把门打开，监督她亲自把一袋袋的钱秘密地堆好，把门关严。然后他一声不出地回到原来的位置，只要女儿把那个宝贵的钥匙交还了他，藏在背心袋里，不时用手摸一下。他的老朋友公证人觉得，倘使查理·葛朗台不回来，这个有钱的独养女稳是嫁给他当所长的侄儿的了，所以他招呼的加倍殷勤，天天来听葛朗台的差遣，奉命到法劳丰，到各处的田地、草原、葡萄园去，代葛朗台卖掉收成，把暗中积在密室里的成袋的钱，兑成金子。

末了，终于到了弥留的时候，那几日老头儿结实的身子进入了毁灭的阶段，他要坐在火炉旁边，密室之前。他把身上的被一齐拉紧，裹紧，嘴里对拿侬说着：

"裹紧，裹紧，别给人家偷了我的东西。"

他所有的生命力都退守眼睛里了，他能够睁开眼的时候，眼光立刻转到满屋财宝的密室门上：

"在那里吗？在那里吗？"问话的声音显出他惊慌得厉害。

"在那里呢，父亲。"

"你看住金子！……拿来放在我面前！"

欧也妮把金路易铺在桌上，他几小时地用眼睛盯着，好像一个才知道观看的孩子呆望着同一件东西；也像孩子一般，他露出一点很吃力的笑意。有时他说一句：

"这样好教我心里暖和！"脸上的表情仿佛进了极乐世界。

本区的教士来给他做临终法事的时候，十字架、烛台和银镶的圣水壶一出现，似乎已经死去几小时的眼睛立刻复活了，目不转睛地瞧着那些法器，他的肉瘤也最后地动了一动。神父把镀金的十字架送到他唇边，给他亲吻基督的圣像，他作了一个骇人的姿势想把十字架抓在手里，这一下最后的努力送了他的命，他唤着欧也妮，欧也妮跪在前面，流着泪吻着他已经冰冷的手，可是他看不见。

"父亲，祝福我啊。"

"把一切照顾得好好的！到那边来向我交账！"这最后一句证明基督教应该是守财奴的宗教。

思考与练习

一、根据课文，说说作品是怎样刻画葛朗台贪婪成性、嗜财如命、冷狠冷酷的形象的？

二、从下面葛朗台的语言看这个守财奴思想深处有哪些肮脏的东西？

1. "那简直是抹自己的脖子！"

2. "噢，是真金！是金子！"他连声叫嚷，"这么多的金子！有两斤重。啊！啊！查理把这个跟你换了美丽的金洋。是不是？为什么不早告诉我？这交易划得来，小乖乖！你真是我的女儿，我明白了。"

3. "别多嘴，克罗旭。——一言为定，"葛朗台抓起女儿的手放在自己手中一拍，"欧也妮，你决不翻悔，你是有信用的姑娘，是不是？"

4. "把一切照顾得好好的！到那边来向我交账！"

三、按照课文的描写填空，并分析这些描写，分别表现了葛朗台怎样的性格特征？

1. 老头儿身子一（　），（　）上梳妆匣，好似一头老虎扑上一个（　）着的婴儿。……老家伙想掏出刀子（　）一块金板下来，先把匣子往椅子上一放。欧也妮扑过去想抢回；可是箍桶匠的眼睛老（　）着女儿跟梳妆匣，他手臂一（　），使劲一（　），欧也妮便倒在母亲的床上。

2. 他教女儿把门打开，（　　）她亲自把一袋袋的钱秘密地堆好，把门关严。然后他一声不出地回到原来的位置，只要女儿把那个宝贵的钥匙交还给他，（　　）在背心袋里，不时用手（　　）一下。

四、课文对葛朗台的称呼常常变换，结合下面几个例句，说说在不同场合使用不同称呼的好处。

1. 老头儿身子一纵……，好似一头老虎扑上一个睡着的婴儿。

2. 欧也妮扑过去想抢回；可是箍桶匠的眼睛老盯着女儿跟梳妆匣，他手臂一摆，使劲一推，欧也妮便倒在母亲的床上。

3. 在八十二岁上，老家伙患了风瘫，很快地加重。

▶ 项目二　语文综合实践活动

我 看 储 蓄

【活动主题】
通过设计"问卷调查表"等方式，说说对"储蓄"的看法。
【活动目标】
一、通过活动，培养学生收集整理信息的能力。
二、通过活动，培养学生的合作能力。
三、通过活动，做到有计划、有步骤、有条理地使用自己的零用钱，培养学生正确理财观念。
【活动要求】
一、活动形式
1. 小组活动。学生根据老师的要求分成五个或七个小组，设计《中职生零花钱的储蓄情况调查表》，并进行调查。在活动中，各小组学生记录活动进程的情况，拍照、录像，制作PPT，完成配图说明。
2. 全班活动。各小组根据活动情况，利用PPT，向全班同学汇报，并评出最佳表现奖。
二、知识准备
　设计问卷的基本原则：
1. 合理性。合理性指的是问卷必须紧密与调查主题相关。而所谓问卷体现调查主题其实质是在问卷设计之初要找出与"调查主题相关的要素"。而这合理性就是被访问者相对容易了解调查员的意图，从而予以配合。
如设计一份"调查某化妆品的用户消费感受"为主题的调查表。而这主题选择要素有：一是使用者（可认定为购买者）。包括她（他）的基本情况（自然状况：如性别、年龄、皮肤性质等）；使用化妆品的情况（是否使用过该化妆品、周期、使用化妆品的日常习惯等）；二是购买力和购买欲。包括她（他）的社会状况收入水平、受教育程度、职业等；化妆品消费特点（品牌、包装、价位、产品外观等）；使用该化妆品的效果（评价）。问题应具有一定的多样性，但又限制在某个范围内，如①价格，②使用效果，③心理满足等；三是产品本身。包括对包装与商标的评价、广告等促销手段的影响力、与市场上同类产品的横向比较等。应该说，具有了这样几个要素对于调查主题的结果是有直接帮助的。

2. 一般性。即问题的设置是否具有普遍意义。

应该说，这是问卷设计的一个基本要求，但我们仍然能够在问卷中发现这类带有一定常识性的错误。这一错误不仅不利于调查成果的整理分析，而且会使调查委托方轻视调查者的水平。

3. 逻辑性。问卷的设计要有整体感，这种整体感即是问题与问题之间要具有逻辑性，独立的问题本身也不能出现逻辑上的谬误。从而使问卷成为一个相对完善的小系统。

4. 明确性。所谓明确性，事实上是问题设置的规范性。这一原则具体是指：命题是否准确，提问是否清晰明确，便于回答；被访问者是否能够对问题作出明确的回答，等等。

5. 便于整理、分析。

成功的问卷设计除了考虑到紧密结合调查主题与方便信息收集外，还要考虑到调查结果的容易得出和调查结果的说服力。这就需要考虑到问卷在调查后的整理与分析工作。

首先，这要求调查指标是能够累加和便于累加的；其次，指标的累计与相对数的计算是有意义的；再其次，能够通过数据清楚明了地说明所要调查的问题。

只有这样，调查工作才能收到预期的效果。

【活动步骤】

一、设计《中职生零花钱的储蓄情况调查表》。设计时，小组成员要充分合作，老师随时检查指导（各小组的文件可以是不同的），并特别注意其设计是否符合问卷设计的基本原则。

二、进行问卷调查。调查时，可以小组之间交换问卷进行调查，也可以调查其他班同学的零花钱的使用情况。同时，小组成员之间要分工合作，完成老师安排的任务。

三、收集问卷，整理调查结果，制作PPT。

四、小组汇报。汇报时，各小组可选派代表汇报，小组成员也可以补充。汇报时，可结合一些理财小故事进行，增强趣味性和可操作性。

五、老师总结提升，明确储蓄的意义。

六、思考与练习

1. 为什么说"你不理财，财不理你"？

2. 家长与上高中的孩子约定：每个学期（以20周计算）给该生1000元零花钱，该零花钱包括每天的早餐费及每天的日杂生活开支，但不包括正餐的伙食费。假如是你，你会怎样处理下面三个问题。

（1）你怎样安排才能做到每个星期零花钱正常支出，而且学期末不会超支？

（2）假如你想在一个学年里（两个学期）节省出200元，来购买一个MP3，你计划怎样来用你的零花钱？

（3）你想使你的零花钱增值，但又不想向家长开口要，有什么办法使自己的零花钱增值？

教学参考资料

《中职生零花钱的储蓄情况调查表》

活动前，先对全班学生进行一次问卷调查，以了解学生的经济状况及花钱习惯。问卷调查内容，可参照如下问题进行，也可根据需要，结合学生情况来设计调查内容。

1. 每天零花钱总数是多少元？（　　）
   - A. 1～5元
   - B. 5～10元
   - C. 10～20元
   - D. 20～40元
   - E. 50元以上

2. 每周零花钱总数多少元？（　　）
   - A. 30元以下
   - B. 30～50元
   - C. 50～70元
   - D. 70～100元
   - E. 100元以上

3. 每月零花钱总数多少元？（　　）
   - A. 100元以下
   - B. 100～200元
   - C. 200～500元
   - D. 500元以上

4. 每年零花钱总数多少元？（　　）
   - A. 1000元以下
   - B. 1000～3000元
   - C. 3000～5000元
   - D. 5000元以上

5. 每月剩余多少零花钱？（　　）

A. 50 元以下 B. 50~100 元
C. 100~200 元 D. 200 元以上
E. 0 元
6. 每年剩余多少零花钱？（　　）
   A. 1000 元以下 B. 1000~5000 元
   C. 5000 元以上
7. 压岁钱及生日红包多少元？（　　）
   A. 5000 元以下 B. 10000 元以内
   C. 10000 元以上
8. 你每年红包钱的管理方式是（　　）。
   A. 父母管理　　　B. 自己管理
9. 你的零花钱领取方式是？（　　）
   A. 每天 B. 每周
   C. 每月 D. 每年
10. 是否理财（是否有计划地使用或存取零花钱，如无理财 11 题就不用填）？（　　）
   A. 是　　　　B. 否
11. 你理财的方式是（　　）。
   A. 存款　　　B. 股票投资　　　C. 债券投资
   D. 基金投资　　E. 邮票投资　　　F. 其他

问卷调查主要目的就是了解学生零花钱的来源及支付状况，了解学生对零花钱的认知。

项目三 听说训练

听　　话

【训练主题】

听懂别人说话。

【训练目标】

1. 提高语言的分辨能力。

2. 提高注意力。

3. 提高对语段的理解能力。

【基础知识】

如果别人讲话，你听不清，或者听不懂。知识的吸收和技能的培养就要受影响，提高理解能力和表达能力也就成为一句空话。听，不单纯是对声音的感觉，而有着它特定的要求，总的要求应是"听能得要领"。具体要求有下面四项：

能辨音——能听懂普通话和有关的地方语，能听懂广播和录音。做到听得真切，不出差错。

能举要——能边听边捕捉讲话的要点，听长篇讲话能理清纲目。必要时能记下提纲和重要内容。

能明义——能听清楚讲话的中心意思，不产生误解。能听懂讲话的深意和"弦外之音"。听别人对问题的争论能抓住争论的焦点，迅速归纳争论各方的意见。

能识讹——能听出讲话中存在的问题。诸如观点、内容、用词、句法等方面的错误。

如要提高自己听的能力，就要尽心有目的的训练，练"听"主要是练以下三个方面：

一、练辨音力

除了有生理缺陷的人之外，一般人在听的方面不存在什么大的问题。可能存在的主要问题还是语音方面的问题。因此，凡是不会讲普通话的应当首先练说普通话。会说就能听，听话听音，首先就是要提高对语音的分辨能力。为了提高辨音能力，可以多听广播，多听演讲和发言，注意区别发音的正误。

二、练注意力

听的时候要特别注意耐心，专心和细心，这些要求从根本上说是对讲话的同志的态度问题，没有真诚和友善的态度，是不可能做到耐心、专心、细心听讲的，我们平时就应该养成这种认真听别人讲话的习惯。

三、练理解力

听的理解力主要是指判断和推理的敏感度，这就要求我们不但能迅速听懂大意，还能听出话中之话和"弦外之音"，甚至听出讲话中的问题。练理解力除了靠多听之外，主要靠多学，多想。一个知识丰富，肯动脑筋的人才能有较强的理解力。

如何培养学生听的能力：

（1）从培养学生的语感入手。

从培养学生的语感入手，让学生听出感受来，听出味道来，在听觉感受中学习知识、学习文化、学习写作，在听的过程中真正深切地领悟文学的魅力、语言的美丽，从而收到潜移默化、润物无声的良好效果。比如，读《沁园春·雪》这首词时，放配乐诗朗诵两次，让同学们体会这首词表达出来的雄伟瑰丽的景物描写，诗人深厚的爱国主义感情和议论百代评说帝王的气魄。学生们通过听读、欣赏，进入诗人所描绘的意境，可充分地整体把握诗歌内容。

（2）帮助学生养成主动接受、质疑和摒弃的思维习惯，掌握听的科学方法。

在听的过程中，要求学生集中精力于说话人和所述的话题，注意唤起相关的知识，形成有关这个听题说些什么，为什么这样说的认识；对听到的词句及中心问题都要有心理反应以及认知上的反馈；并在听的过程中能够快速地总结、评价所听到的内容，区分主、次，自觉形成整体观念，并牢记需要记忆的内容。

▶ 项目四　写作训练

语　　段

【训练主题】

语段是构成文章的基本单位，是句和篇的桥梁。指导学生写好语段，有利于提高学生的阅读分析能力和写作能力。

【训练目标】

通过学习，认识写作语段常用的几种表达方式。

1. 通过学习，能够概括语段的中心句。

2. 通过学习，能够判断语段在具体的段落环境中所起的作用，从而提高阅读分析能力和写作能力。

【基础知识】

构成文章的基本单位是语段。每一个语段就是文章的一个细胞。语段是句和篇的桥梁。语段是由句子组成的言语单位，它可以是一个句群，也可以是一个段落，还可以是一篇文章。语段无论长短，都必须语义连贯，衔接紧密，句与句、段与段之间都应具有内在的逻辑联系。因此，在进行话语表达时，对语段需要作精心的组织和缜密的安排。

语段学习，首先要认识语段的表达方式。有的语段主要用记叙的表达方式来记人写事，我们称它为记叙型语段。有的语段主要用讲道理、摆事实的方法进行说理，我们称它为议论型语段。有的语段用说明的方式来介绍事物的特征、性质、构造、功能、成因等，我们称它为说明型语段。还有的语段主要是用描写的方式来记叙人或事，或环境，或场面等，我们称它为描写型语段。当然，有些语段还综合运用了几种表达方式，我们应视具体情况而定。辨明了语段的表达方式，就说明你已初步读懂了这段文字的内容。

其次要把握语段的中心句。语段中能一语道出中心的句子叫语段中心句，而语段中的其他句子则围绕中心句叙述、描写、说明、议论或抒情。如《给青年们的一封信》的作者巴甫洛夫对青年的三点期望，就用了三个语段中心句："第一，要循序渐进"；"第二，要虚心"；"第三，要有热情。"每一层都是围绕着这个语段中心句展开论述的。观点显而易见，一目了然。中心句有的放在一段话的开头，有的放在段中，有的放在段尾。有中心句的语段，只要能找出中心句，也就等于归纳了语段的中心。语段是文章的有机组成部分，通常表达文章中一层完整的意思。准确归纳语段的中心，是把握文章主旨的基础。

参考例文

例一 记叙型语段

她从来不打骂我们。仅仅有一次，她的教鞭好像要落下来，我用石板一迎，教鞭轻轻地敲在石板边上，大伙笑了，她也笑了。我用儿童的狡猾的眼光察觉，她爱我们，并没有真正要打的意思。孩子们是多么善于观察这一点啊！

选自魏巍《我的老师》

【简析】记叙一个"假打真爱"的场面，"从来不""仅仅有一次""好像要""轻轻地敲"这些词语说明蔡老师即使在生气的时候也并没有真打我们的意思。写出了老师的"严"与"爱"，表明了蔡老师最理解小孩子怕打的心理，表现了蔡老师温柔、热情、爱学生的思想感情。"一迎"写出"我"的本能与调皮；"大伙笑了，她也笑了"，两个"笑"字表明了十分亲密、融洽的师生关系。

例二 议论型语段

片面地只强调读书，而不关心政治；或者片面地只强调政治，而不努力读书，都是极端错误的。不读书而空谈政治的人，只是空头的政治家，绝不是真正的政治家。真正的政治家没有不努力读书的。完全不读书的政治家是不可思议的。同样，不问政治而死读书本的人，那是无用的书呆子，绝不是真正有学问的学者。真正有学问的学者决不能不关心政治。完全不懂政治的学者，无论如何他的学问是不完全的。就这一点说来，所谓"事事关心"实际上也包含着对一切知识都要努力学习的意思在内。

选自邓拓《事事关心》

【简析】在论述"片面地强调读书，而不关心政治，或者片面地强调政治而不努力读书都是极端错误的"的观点时，作者从两个方面展开：既指出"不读书而空谈政治的人，只是空头的政治家"，又指出"不问政治而死读书本的人，那是无用的书呆子"，最后引出了本文的中心论点"既要努力读书，又要关心政治"。

例三　说明型语段

　　沙漠逞强施威，所用的武器是风和沙。风沙的进攻主要有两种方式。一种可以称为"游击战"。狂风一起，沙粒随风飞扬，风愈大，沙的打击力愈强。春天四五月间禾苗刚出土，正是狂风肆虐的时候。一次大风沙袭击，可以把幼苗全部打死，甚至连根拔起。沿长城一带风沙大的地区，农民常常要补种两三次才能有点收获。一种可以称为"阵地战"，就是风推动沙丘，缓缓前进。沙丘的高度一般从几米到几十米，也有高达100米以上的。沙丘的前进并不是整体移动的。当风速达到每秒5米以上的时候，沙丘迎风面的沙粒就成批地随风移动，从沙丘的底部移到顶部，过了顶部，由于风速减弱，就在背风面的坡上落下。所以部分沙粒的移动速度虽然相当快，每天可以移动几米到几十米，可是整个沙丘波浪式地前进，移动速度并不快，每年不过5米到10米。几个沙丘常常连在一起，成为沙丘链。沙丘的移动虽然慢，可是所到之处，森林全被摧毁，田园全被埋葬，城郭变成丘墟。

选自竺可桢《向沙漠进军》

　　【简析】用分类别、列数字等说明的方法来介绍沙漠是怎样危害人类的。

例四　描写型语段

　　桃树、杏树、梨树，你不让我，我不让你，都开满了花赶趟儿。红的像火，粉的像霞，白的像雪。花里带着甜味儿，闭了眼，树上仿佛已经满是桃儿、杏儿、梨儿。花下成千成百的蜜蜂嗡嗡地闹着，大小的蝴蝶飞来飞去。野花遍地是：杂样儿，有名字的，没名字的，散在花丛里，像眼睛，像星星，还眨呀眨的。

选自朱自清《春》

　　【简析】描写动静结合，虚实相生，从视觉、听觉、触觉角度写出了五彩缤纷的春花图。

例五　总领型语段

　　设计者和匠师们因地制宜，自出心裁，修建成功的园林当然各个不同。可是苏州各个园林在不同之中有个共同点，似乎设计者和匠师们一致追求的是：务必使游览者无论站在哪个点上，眼前总是一幅完美的图画。为了达到这个目的，他们讲究亭台轩榭的布局，讲究假山池沼的配合，讲究花草树木的映衬，讲究近景远景的层次。总之，一切都要为构成完美的图画而存在，决不容许有欠美伤美的败笔。他们唯愿游览者得到"如在画图中"的美感，而他们的成绩实现了他们的愿望，游览者来到园里，没有一个不心里想着口头说着"如在画图中"的。

选自叶圣陶《苏州园林》

【简析】概括介绍了苏州园林"完美如画"的特点，并从亭台轩榭的布局等四方面对下文的内容作提示，是全文的总领段。

例六　过渡型语段

从保和殿出来，下了石级，是一片长方形小广场，西起隆宗门，东到景运门。它把紫禁城分为前后两大部分。广场以南，主要建筑是三大殿和东西两侧的文华殿，武英殿，叫"前朝"。广场北面乾清门以内叫"内廷"，是皇帝和后妃们起居生活的地方，主要建筑有乾清宫、交泰殿、坤宁宫和东六宫西六宫。

选自黄传惕《故宫博物院》

【简析】这一段从结构上说，具有承上启下的作用：既是对上文说明太和殿、中和殿和保和殿的小结，又点出下文对乾清宫、交泰殿和坤宁宫的说明；既呼应前文的第 2 段，又照应了后文的第 21 段，使全文结构严谨，浑然一体。从内容上说，既概述了故宫建筑群的巧妙布局，又提示了全文说明的主要对象。

例七　总结型语段

春天，像刚落地的娃娃，从头到脚都是新的，它生长着。
春天像小姑娘，花枝招展的，笑着，走着。
春天像健壮的青年，有铁一般的胳膊和腰脚，领着我们向前去。

选自朱自清《春》

【简析】作者用三个语段，分别赞美春天的"新"、"美"、"健"。

【写作指导】

语段，如果离开了篇章，离开了具体的语言环境，那它就失去了研究的价值。因此我们不能把语段孤立起来，不能把它从文章中抽出来单独进行教学，而应把它放在具体的段落环境中，考察它在全文中的地位和作用，使段的教学和篇的教学有机结合起来，为完成教学目标服务。

我们来看鲁迅的《藤野先生》批评解剖图一段：

可惜我那时太不用功，有时也很任性。还记得有一回藤野先生将我叫到他的研究室里去，翻出我那讲义上的一个图来，是下臂的血管，指着，向我和蔼的说道："你看，你将这条血管移了一点位置了。自然，这样一移，的确比较的好看些，然而解剖图不是美术，实物是那么样的，我们没法改换它。现在我给你改好了，以后你要全照着黑板上那样的画。"但是我还不服气，口头答应着，心里却想:"图还是我画的不错;至于实在的情形,我心里自然记得的。"

　　从整体来看,这个只有三层次的语段,构造十分严密。语段的第一句,"可惜我那时太不用功,有时也很任性",关合前段,引起下文;"可惜"两字承上,表示所写内容将发生转折;"太不用功",所以解剖图出错,引出先生的批评;"也很任性",所以受了批评之后,"口头答应着",心里还在做童子之想。而中间一段藤野先生的话,则是严格地按照提出问题、分析问题和解决问题的逻辑顺序写成的,反映了作为学者、教育家的风范。当然,这里的"不用功"和"很任性",是作者自抑的写法,它构成了对先生慈祥和认真态度的反衬。

　　记叙文的中心思想都是通过具体的人和事形象地反映出来的,因此写作时要特别重视集中刻画主要人物的语段。

　　我们来看《守财奴》中描写葛朗台的一段:

　　终于他主意拿定了,晚饭时分回到索漠,决意向欧也妮屈服,巴结她,诱哄她,以便到死都能保持家长的威风,抓着几百万家财的大权,直到咽最后一口气为止。老头儿无意中身边带着百宝钥匙,便自己开了大门,轻手蹑脚地上楼到妻子房里,那时欧也妮正捧了那口精美的梳妆匣放到母亲的床上,趁葛朗台不在家,母女俩很高兴地在查理母亲的肖像上咂摸一下查理的面貌。

　　"这明明是他的额角,他的嘴!"老头儿开门进去,欧也妮正这么说着。

　　一看见丈夫瞪着金子的眼光,葛朗台太太便叫起来:

　　"上帝呀,救救我们!"

　　老头儿身子一纵,扑上梳妆匣,好似一头老虎扑上一个睡着的婴儿。

　　"什么东西?"他拿着宝匣往窗前走去。"噢,是真金!金子!"他连声叫嚷,"这么多的金子!有两斤重。啊!啊!查理把这个跟你换了美丽的金洋,是不是?为什么不早告诉我?这交易划得来,小乖乖!你真是我的女儿,我明白了。"

　　选段在刻画葛朗台时主要运用了细节描写、动作描写、语言描写。当葛朗台看见梳妆匣时,"瞪着金子的眼光"是写他的眼神,是一笔细节描写。一个"瞪"字活画出他看到金子占有金子的执着狂的形象。"身子一纵,扑上梳妆匣,好似一头老虎扑上一个睡着的婴儿"是动作描写,用老虎扑食的动作来形容他抢梳妆匣的情景,特别是一"纵"一"扑",对于一个七十六岁高龄的老头子来说,更显出他为了抢到金匣子不顾一切的丑态。他满口"金子"、"金洋",处处是生意上交易术语,如"这交易划得来"等,这种个性化的语言反映出他这个暴发户、投机商的身份和地位,暴露了他把人与人之间的一切关系都看成交易的肮脏灵魂。

　　有些托物言志、借物喻人的抒情散文,往往运用象征手法,通过对具体事物的深入细致的描绘语段，曲折含蓄地表现文章的中心思想。教学这类课文，就要抓住精细描绘具体事物的语段。

【写作练习】

1. 展示"秋"的相关图片，让同学们抓住眼中"秋"的一两方面的特点，写出心中"秋"的风韵，不少于300字。

2. 描写自己班上的一位同学，要求刻画出他们各自的外貌和性格特征。不少于200字。

3. 利用视频，以2004年备受国人瞩目和鼓舞的《刘翔雅典百米冲刺》的录像资料激发学生的思考兴趣，畅谈自己的"亮点"，然后用前世界重量级拳王乔·弗雷基的座右铭"我能行"为题目写一篇作文。

参考资料：

1.《中学生作文资料大全》（徐惠芳主编，内蒙古人民出版社，2005年版）
2.《写作学高级教程》（周姬昌主编，武汉大学出版社，1989年版）

第二单元　目标与行动

单元学习提示

　　一个人要想成功，最关键的一步就是要为自己树立一个明确的奋斗目标。现实生活中，我们有许多目标看起来一时难以实现，但我们可以把一个大目标分割成若干可以达成的小目标，然后集中精力想办法去逐一实现这些小目标。当这些小目标全部实现时，你的大目标也就实现了，最终累积成所企望的成功。

　　当个人设定了合理的目标后，关键就在于行动。如果没有行动，目标也就失去了意义。歌德有句名言："仅有愿望是不够的，我们必须行动。"在某个促销会上，美国某公司的经理请与会者站起来，看看自己的座椅下有什么东西。结果每个人都在自己的座椅下发现了钱，少则一枚银币，多则上百美元。经理说："这些钱都归你们了。"没有人能猜出这是为什么。最后经理一字一顿的说出了个中原由。他说："世界就在你面前，但你想要什么，不能坐着不动，坐着不动是永远也赚不到钱的。因为它是不会自动飞到你面前的，要站起来争取，要立即行动！"只有立即行动，才会让我们的梦想变成现实。

　　本单元的课文从不同的角度揭示了一个道理：成功在于树立合理的目标和持之以恒的行动。我们在学习课文时要注意把握文章结构，理清思路，理解文章所带给我们的人生启示。

► 项目一　阅读与欣赏

5　退步原来是向前[①]

刘　静

课文导读

文章选取了李连杰和胡一虎的故事，他们都在自己处于事业的巅峰时刻急流勇退，分别选择了进军好莱坞和加盟凤凰卫视，面对从零开始的新事业，他们调整心态、自降身价，目的是争取更大的发展机会。最终，他们都收获了更大的成功。

理清文章脉络，整体把握文意，探寻作者是如何论证"退步原来是向前"这一观点的。

最近，偶然看到《鲁豫有约》节目采访李连杰的片段。节目中，李连杰讲了一段他闯荡好莱坞的经历。

初到美国，李连杰一切从零开始。在好莱坞，票房的号召力就是压倒一切的硬道理，而在亚洲电影圈叱咤风云的李连杰在这里只是个无名小子，没有人承认甚至很少有人知道他的成绩和才华。在中国内地和香港，李连杰从来都是被导演高酬邀请的。在美国，李连杰得一次次去试镜，巨大的落差让他体会到异乡生存的艰难，更深悟机会的可贵。凭着对电影事业的执着，他一直坚持着。

终于，有导演找上门来了。"100万美元，干不干？"很狂妄的语气，李连杰答应了，虽然对方态度不怎么样。"70万！"对方却又压低了价格，李连杰愤怒了，没遇到过这样的待遇！但转念一想，这是机会，去吧。"50万！"这次，对方分明是在刁难人。

故事到这里，包括主持人在内的所有人都替李连杰下了决心："咱不干了！"

"好，没问题！"李连杰答应了导演，毫不犹豫。

李连杰说，我要的是机会，是让人看到我才能的机会，这个机会是我一直等待的，这个机会是多少钱都买不来的！

[①]　选自《做人与处世》，2008年第8期。

那部电影是美国大制作《致命武器4》，李连杰演的是出场只有10分钟的反派配角。电影上映后，观众满意度调查出来了，主演梅尔吉勃逊8.5分，李连杰7.5分。接着，又有导演来找李连杰出演另一部电影的男一号，李连杰从此敲开了好莱坞的大门。

李连杰说他很喜欢一首诗，"手把青秧插满田，低头便见水中天；六根清净方为道，退步原来是向前。"李连杰总是忘了第三句，但重要的是，他实践着"退步原来是向前"的哲理，并借此开辟出了事业上的另一片天。

李连杰的故事让我想到了凤凰卫视的著名主持人——胡一虎。

加盟凤凰卫视前，胡一虎正值事业的巅峰期，是台湾主持界"一哥"，是当地电视台争夺的"香饽饽"①。那时的凤凰卫视还名不见经传，只在香港海逸大厦租用了两层楼的部分空间；胡一虎所在的台湾"华视"拥有14层大楼，顶部还有小型停机坪，相比之下，"凤凰"充其量是只五脏俱全的"麻雀"。

而胡一虎看到的是一个更大的舞台，一个更广阔的天地，是一次走出台湾迈进大中华冲向全世界的机遇。20世纪90年代末，世纪交替之际，世界风云变幻，中国异军突起，凤凰卫视"拉近全球华人的距离"的定位昭示着它无可估量的未来；在凤凰卫视，摒弃陈规，倡导求新，这样的工作氛围激发着每个人的潜能……

于是，30岁的胡一虎选择了"麻雀"。在小小的演播室、在拥挤的化妆间和方寸之间的办公桌前，胡一虎在最风光的时候选择了低姿态，做一个最"敬业"的新人。每一次出场，每一句台词，每一个道具，胡一虎都下足了工夫，和他一起工作的同事都"叫苦连天"，却又争着受他的"折磨"。

天道酬勤，从《媒体大拼盘》《球连线》到《纵横中国》，再到《一虎一席谈》，当凤凰卫视以知名媒体的姿态傲视同业时，胡一虎也正以"凤凰著名主持人"的名衔收获来自国内外的累累硕果。

退步原来是前进，更简单点可以这样说，以后退的姿态往前走。退步，不是谦让或退缩，是给自己腾出更多的空间；退步，是策略，给自己找到一个迈向更高峰的起点；退步，是自信，前提是知道自己有足够能量去追逐梦想；退步，是换一种方式前进。

人生坎坷，起落寻常。在做职业选择的时候，在人生转折点，甚至只是在平常的工作生活中，都不要藐视任何一次"不起眼"的机会。掂掂你的分量，正视你的理想，该"退步"时就"退步"。

退步，是一种境界，是一种眼光。

---

① ［香饽饽（bō·bo）］比喻受欢迎的人。

思考与练习

一、解下列词语：
1. 叱咤风云——
2. 异军突起——

二、全文的中心句是什么？

三、胡一虎在事业巅峰期从台湾"华视"加盟到凤凰卫视，当时的凤凰卫视与"华视"相比有何差距？

四、理清课文，讲讲李连杰和胡一虎"退步原来是向前"的故事。

6 忘却只需7秒[①]

琴 台

课文导读

《忘却只需7秒》一文告诉人们：在人生道路上要做一条善于忘记的鱼，忘却一生的烦恼只需7秒。世上没有永远平坦的路，人的一生也不会永远一帆风顺，乐观者学会了忘记，忘记曾经的烦恼与伤痛，轻装上阵，直面未来的人生。像文中的雷庆瑶，竟然感谢命运馈赠给自己残缺的现实，她的话语感动着我们每一个人：什么是勇敢？敢于面对缺失才是最大的勇敢；什么是乐观？善于忘记伤痛才是最强的乐观。

学习本文，联系自己的实际，让学生积极参与到课堂中来。

一帮人凑在一起做心理测试：如果可以选择变成一种动物，你会选择什么？朋友们的选择五花八门，而我在纸上轻轻画出一条快乐的小鱼。

心理测验的结果显示我的选择象征着自由和浪漫。也许吧，但我选择"鱼"，是因为我的家乡有个传说，鱼的记忆只有7秒，7秒之后它就不记得过去的事情，一切全新，所以即使在小小的鱼缸里，它也永远不会觉得无聊。

人这一生，忘记和铭记都是一种智慧，它和每个人的人生质量息息相关。世间所有人其实都可以简单的分成两类：快乐的，不快乐的。仔细观察不难发现，善于忘记是所有快乐者的共同特点，而沉湎执着于斤斤计较的小烦恼，又

[①] 选自《中国青年》，2008年第23期。

是所有不快乐者的通病。心理学上有这样的说法：如果你的童年记忆选择了悲伤，那么一生就有了忧伤的底色；反之选择的是快乐，一生也就有了幸福的基调。我曾就这个命题在身边人中做过试验，的确如此。每个人的生活都是自己做主，忘记忧伤，就会春暖花开。

故事新编上有这样一个小故事。上帝曾造了两个人下派到人间，以了解人间境况。一人叫作"忘记"，另一人唤作"铭记"。"忘记"是一个快活的小伙子，他对人间的万物产生了浓厚兴趣，整天高兴不已。"铭记"则是一名中年汉子，他到人间之后，将所经之事一一铭记在心。当二人被重新召回之时，上帝询问此行人间的感受。"忘记"说："人间实在是太有趣了！"问到"铭记"，他说："做人太累！"

也难怪，"铭记"在人间从头至尾都在铭记，以致背上了沉重的思想包袱，岂能不累？

29届百花奖最佳新人奖颁给了影片《隐形的翅膀》中的女主角雷庆瑶。电视直播现场，当雷庆瑶走上星光璀璨的舞台的那一瞬间，我惊呆了。如此青春灿烂的一个女孩儿，竟然没有双臂。雷庆瑶眼含热泪地表示感谢，感谢剧组，感谢百花奖，最后她竟然感谢命运馈赠给自己如此残缺的现实。她说："手臂的残缺让我比一般人更加懂得，一双隐形的翅膀充满着怎样的力量。"

我无法想象缺少双臂的青春会是多么的残酷。身体的残缺是生命中的沼泽，而雷庆瑶却选择忘记那片沼泽，转而铭记沼泽上的春天。那一刻，我忍不住潸然①泪下。什么是勇敢？敢于面对缺失才是最大的勇敢；什么是乐观？善于忘记伤痛才是最强的乐观。

30岁之后，我开始有意训练自己"忘记"的能力。

遇到欺瞒隐瞒甚至恶意中伤，我的愤怒不会超过7秒，7秒之后，就好像用抹布抹去灰尘一样，我将这些偶然的垃圾统统忘记。

生活中的困难挫折和苦闷，让我屡屡碰壁，这样的尴尬也只保留7秒，7秒之后，我自动清零所有困境，初生牛犊一样，闯进广阔天地，奋发图强。

理想和现实的距离，还有无法跨越的沟壑②，每每念起总让人乏力灰心，这时我就去看鱼缸里那些快乐的鱼。相比于江河湖泊中的同类，它们缺少更自由的空间和更畅快的深度，但是，善于忘记的鱼却只记住了身在水中，而忘记了拘禁的鱼缸。

在鱼仅有的7秒钟记忆里，我也看到了个人生命的永恒主题：无论外在如

---

① ［潸（shān）然］流泪的样子。
② ［沟壑（hè）］山沟或大水坑。

何不完美，我们都要活着，而且要活得更好。就像鹰隼①的翅膀上沾染的只有阳光，这不代表搏击长空的鹰隼没有遭遇风暴和灰尘，乃是他总在抖动翅膀，把尘埃丢弃在身后。

哲人说，人生是一道减法，不断减去琐碎和烦恼，正确的答案就会越来越近。我也总结出了几条善于忘记的小智慧：一、开拓视野，不拘囿鸡毛蒜皮；二、多尝试了解不同人的生活；三、及时吸收新的知识、新的朋友、新的快乐，存储空间有限，快乐过分充足，烦恼自动清零。

唱唱那首歌吧："一天到晚游泳的鱼啊，不停的游，沧海空阔，不要再回首。"做一条善于忘记的鱼，一生的烦恼只有7秒。

思考与练习

一、仔细阅读课文，找出"忘记"和"铭记"的各自对象是什么？
二、你是如何理解"手臂的残缺让我比一般人更加懂得，一双隐形的翅膀充满着怎样的力量"？
三、课文列举了哪些事例？各自说明了什么？
四、学习这篇课文后，当你面对各种烦恼时，你是否也能做到忘记只需7秒？

7　放任错误②

肖　华

课文导读

文中提到的两个事例，都因人们对所犯的错误付出了代价而感到心安理得，这种方法对改正错误没有丝毫的帮助。错误伴随着人的一生，无论你学问有多高，修养有多好，都会犯错。在面临这个问题的时候要有一个最好的心态，并寻求最佳的解决办法，像文中提倡的："放任"错误，让人产生内疚感，从而改正错误。这也不失为一种好的方法。

学习本文时，可让学生开展"放任错误"好不好展开讨论，以加深对课题的理解。

伦敦是世界上最拥挤的城市，高峰时汽车只能排着队一点儿一点儿地向前

---

① ［鹰隼（sǔn）］鸟类的一科，翅膀窄而尖，嘴短而宽，上嘴弯曲并有齿状突起。飞得很快，善于袭击其他鸟类，是凶猛的鸟。
② 选自《青年文摘》，2009年第3期。

项目一　阅读与欣赏　43

挪动。在拥挤程度最甚的街道上，车速甚至在12英里/时之下。2003年，伦敦行车速度继续下滑到8.69英里/时，平均每行进一公里就得等待2.3分钟。面对这种状况，政府发出了号召，要人们减少私车出行，乘公交车。状况虽有好转，但依然很拥挤。

2003年，伦敦政府采纳了一个建议，对机动车收取拥堵费。当天或者之前交费每辆8英镑，第二天交费每辆10英镑，两天之内不交拥堵费的车主，将收到100英镑的罚单。开始的一段时间，伦敦街道拥堵的状况有所好转，可是随着时间的推移，拥堵又出现反弹。不久，拥堵达到了最大化。伦敦行车速度只能在8英里/时以下，平均每行进一公里就得等待2.7分钟。

这是为什么呢？原来，在收取拥堵费之前，许多私家车主觉得城市的拥堵也有自己的责任，不自觉地产生了一种"负罪感"，从而有意无意地减少驾车出行的时间。可是当他们交了8英镑的拥堵费之后，就认为自己为"错误"付出了代价，驾车出行理直气壮，没有了"负罪感"。

无独有偶。美国的一家幼儿园，要求家长每天按时接送孩子。可是几乎每天都有少数家长迟到。在这种情况下，这家幼儿园想出了一个办法，就是家长迟到一次要交5美元。

幼儿园本来想靠这个办法杜绝家长迟到的现象。但是事实却出乎意料。自从实行"5美元"的办法后，迟到的家长不是少了，而是多了。这让幼儿园不得其解。后来，经过调查，终于知道了答案。原因就出在这"5美元"上。在不交5美元的时候，许多家长都为自己的迟到而自责和内疚。可是交了5美元之后，他们的这种内疚感减轻甚至没有了，认为自己已经为错误付出了代价，不应当再受到指责。

是的，很多时候，面对别人犯下的错误，我们总想让对方付出代价。可这往往不是最好的方法。有时候，最好的方式就是宽容甚至"放任"他的错误。只有这样，他才会产生内疚感，从而能长时间地记住这个错误，永远不犯同样的错误。

思考与练习

一、面对别人所犯的错误，一般会采取什么办法来解决？作者又提出了什么解决办法？

二、如果面对的是自己犯的错误，你会怎么办？

三、谈谈你对"放任错误"的理解？

8　刘墉短篇精选[①]

课文导读

刘墉的两篇小品文，都蕴含着深邃的生活哲理。

《扶树与扶人》中的某人刚开始生意失败时，死要面子活受罪，最后他意识到了自己的错误，摆脱了这一劣根性，战胜了自己是可喜可贺的。其实，受到挫折并不可怕，可怕的是人受到挫折后的心理再也承受不起任何打击。

《富翁的大方檐》告诉人们：人和人是有距离的，帮人也不例外。做事要注意方法，做好事也得想想怎么做会更好。要不有时出于好意，但是人家不理解，好事可能会变成坏事。

扶树与扶人

某人做生意失败了，但是他仍然极力维持原有的排场，唯恐别人看出他的失意。宴会时，他租用私家车去接宾客，并请表妹扮作女佣，佳肴一道道地端上，他以严厉的眼光制止自己久已不知肉味的孩子抢菜。虽然前一瓶酒尚未喝完，他已砰然打开柜中最后一瓶 XO。

但是当那些心里有数的客人酒足饭饱，告辞离去时，每一个人都热烈地致谢，并露出同情的眼光，却没有一个主动提出帮助。

某人彻底失望了，他百思不解，一个人行走街头，突然看见许多工人在扶正那被台风吹倒的行道树，工人总是先把树的枝叶锯去，使得重量减轻，再将树推正。

某人顿然领悟了，他放弃旧有的排场和死要面子的毛病，重新从小本生意做起，并以低姿态去拜望以前商界的老友，而每个人知道他的小生意时，都尽量给予方便，购买他的东西，并推介给其他的公司。没有几年，他又在商场上站立了起来，而他始终记得锯树工人的一句话："倒了的树，如果想维持原有的枝叶，怎么可能扶得动？"

[①] 刘墉，祖籍北京，画家，作家。

富翁的大房檐

从前有位善心的富翁，盖了一栋大房子，他特别要求营造的师傅，把那四周的房檐，建得加倍的长，使贫苦无家的人，能在下面暂时躲避风雪。

房子建成了，果然有许多穷人聚集檐下，他们甚至摆摊子做起买卖，并生火煮饭，嘈杂的人声与油烟，使富翁不堪其扰。不悦的家人，也常与在檐下的人争吵。

冬天，有个老人在檐下冻死了，大家交口骂富翁不仁。

夏天，一场飓风，别人的房子都没事，富翁的房子因为屋檐特长，居然被掀了顶。村人们都说这是恶有恶报。

重修屋顶时，富翁要求只建小小的房檐，因为他明白：施人余荫总让受施者有仰人鼻息的自卑感，结果由自卑成了敌对。

富翁把钱捐给慈善机构，并盖了一间小房子，所能荫庇的范围远比以前的房檐小，但是四面有墙，是栋正式的屋子。许多无家可归的人，都在其中获得暂时的庇护，并在临走时，问这栋小房是哪位善人捐建的。

没有几年，富翁成了最受欢迎的人，即使在他死后，人们还继续受他的恩泽而纪念他。

思考与练习

一、填空

本文作者是_____，他是著名的_____家，_____家，著有畅销的励志书_____，_____，_____。

二、富人的大屋檐告诉我们什么样的人生哲理？

三、《扶树与扶人》中，倒了的树的枝叶比喻某人的什么？"他又在商场上站立了起来，而他始终记得锯树工人的一句话：倒了的树，如果想维持原有的枝叶，怎么可能扶得动？"给了他什么启示？

*9 汪国真诗文[①]

课文导读

汪国真的诗：抒情、凝练、警策、清丽。读他的作品，可以获得很多的思想启迪和美的享受。

---

① 汪国真（1956~ ），祖籍福建厦门，生于北京，是当代著名诗人。作者对诗歌、书画、音乐均有研究。

《热爱生命》告诉我们：热爱生命，就要学会抗争，并且要敢于胜利！活着，就要经历痛苦，就会遇到各种各样的艰难，失意和挫折；活着，就要面对来自各方面的压力和阻力；既然选择了生存，就应该具有生存的勇气和信念，要有和所有困难作斗争的心理准备，就应该为生存的付出无怨无悔。

《山高路远》是一篇充满希望和奋斗的诗作，它勉励人们：为了远方的呼唤，为了大山的召唤，我们要努力走向彼岸，因为"没有比脚更长的路，比人更高的山"。

热爱生命

我不去想是否能够成功
既然选择了远方
便只顾风雨兼程

我不去想能否赢得爱情
既然钟情于玫瑰
就勇敢地吐露真诚

我不去想身后会不会袭来寒风冷雨
既然目标是地平线
留给世界的只能是背影

我不去想未来是平坦还是泥泞
只要热爱生命
一切，都在意料之中

山高路远

呼喊是爆发的沉默
沉默是无声的召唤
不论激越
不是宁静
我祈求
只要不是平淡
如果远方呼喊我
我就走向远方
如果大山召唤我
我就走向大山
双脚磨破
干脆再让夕阳涂抹小路

双手划烂
索性就让荆棘变成杜鹃
没有比脚更长的路
没有比人更高的山

思考与练习

一、《热爱生命》，可以说是汪国真的代表作之一，这首诗以四个肯定的回答表达出为何要热爱生命的哲理。四个段落，看似相似，却各有其趣。四个段落分别以_____、_____"奋斗历程"和"未来"为意象进行分析和回答。

二、《山高路远》堪称汪国真诗歌的代表作。这首诗抒发了一种进取、执着、_____、_____的情感，表现了当代青年搏击、奋进、昂扬、向上的精神风貌。

三、《山高路远》，它将抽象的思考化作新颖而美好的形象，在形象的议论中暗示情感。请说出"双脚磨破/干脆再让夕阳涂抹小路/双手划烂/索性就让荆棘变成杜鹃，"包含了什么样的形象在里面，暗示了作者什么样的情感。

▶ 项目二　语文综合实践活动

我 的 专 业

【活动主题】

让学生了解自己所学专业的特点及职业前景。

【活动目标】

1. 通过活动培养学生查阅资料、收集信息的能力。

2. 通过活动引导学生合作互助和探究学习，让学生了解所学专业在社会经济发展中的重要作用。

【活动要求】

一、活动形式

1. 小组活动。学生根据老师的要求分成五个小组，分别收集相关专业的以下信息：发展变化、专业特点及社会职能。在活动中，各小组学生记录活动进程的情况将信息整理归类，制作PPT，完成配图说明。

2. 全班活动。各小组根据活动情况，向全班同学汇报。

二、知识准备

信息的整理和归类。

信息的整理和归类其意义在于：一是信息实现其使用价值；二是可以开发出信息的潜在价值。信息的归类方法大致有以下三种类型：

按实用归类。这是一种很灵活也很常用的信息整理方法，其特点是目的性很强即从大量而芜杂的信息中，只挑选自己所需要的，排除所有无关的。按照自己使用的方向，目标明确地将信息整理归类，工作效率就会大为提高。

按性质归类。这种信息的整理方法基于对某事物的性质已有初步的认识，并按照这种初步的认识归纳有关的信息，通过集中整理，使事物的性质充分显现出来。这种方法可以帮助我们更迅速地认识事物的性质，也可以帮助我们集中充分的材料把自己对某一事物的认识传达给别人。

按现象归类。这是一种带有研究性质的信息归类方法，也就是把有联系的现象集中在一起，通过分析归纳，达到透过表象认识事物本质的目的。在进行严肃的科学研究的时候，尤其需要这种信息归类方法，尊重客观现象，从表象中寻找事物的本质。

【活动步骤】

一、学生5~7人一小组分工进行，收集信息的内容有：自己专业的发展沿革、发展前景分析或其他相关内容（如会计专业的可收集我国的会计制度、记账形式和会计工具的演变，会计的社会职能等信息）。

二、每个小组根据以上内容分工合作收集相关的资料完成老师安排的任务。信息收集的内容以文字、图片、视频、PPT。

三、小组汇报。汇报时，各小组可选派代表汇报，小组成员也可以补充。

四、老师总结提升，明确会计的发展史及会计对社会发展的重要意义。

五、思考与练习：

通过本次活动，你的最大收获是什么？

教学参考资料

中国会计的发展史

我国会计制度源远流长，在古代社会发展进程中，经历了一个由简单到复杂、从原始记录计量到单式簿记再到复式簿记不断发展、不断完善的沿革过程。

中国有关会计事项记载的文字，最早出现于商朝的甲骨文；而"会计"称号的命名、会计的职称则均起源于西周，其含义是通过日积、月累的零星核算和终的总合核算，达到正确考核王朝财政经济收支的目的。根据《周礼》记载，早在西周时代，就已经建立起一套完整的会计工作组织系统，有"司会"、"司书"等会计官员专门从事会计工作。职内、职岁和职币等会计官员分别记录收入、支出和结余会计账簿。并建立了定期会计报表制度、专仓出纳制度、财物稽核制度等。这表明大约在西周前后，我国初步形成会计工作组织系统。当时已形成文字叙述式的"单式记账法"。

东汉及以后，我国逐步形成了一套以"四柱清册"为核心的记账算账会计方法。在11世纪，中国的会计方法在当时世界上依然具有先导性作用。

进入12世纪后，南宋的"审计院"设置，以及明朝的"都察院制度"、财物出纳印信勘合制度、黄册制度，以及继承两宋之制所实行的《会计录》编纂制度与钱粮"四柱清册"编报制度等，也依然闪烁着中式会计的历史光辉，为世界会计史研究者所肯定。

公元 10 世纪至 15 世纪中叶，随着封建经济的发展和资本经济萌芽在沿海地区的出现，中国的民间会计也有了一定发展，在此期间，不仅以"四柱结算法"为核心的中式会计的方法体系建立完善，而且账房组织制度已经形成，故中式会计在当时世界会计发展史上依然占有一定地位。明末清初还出现了以四柱为基础的"龙门账法"和"天地合账法"等记账方法。

从 15 世纪中叶起，中国开始在政治、经济、文化及科学技术方面落后于西方国家，自此，文明古国的会计占主导地位的时代过去了，近 500 年左右的世界会计史一直朝着西方经济发达国家占主导地位的方向发展。新中国建立后，特别是改革开放以后，中国的会计在吸收西方会计精华的同时，自身取得了长足的进展，假以时日，中国会计一定能重现历史的辉煌。

项目三 听说训练

说　　话

【训练主题】

通过训练标准发音和说话的条理性，以提高学生的口头表达能力。

【训练目标】

1. 掌握汉字的标准发音。
2. 懂得说话要有先后顺序，做到条理清晰。
3. 说话要言简意赅，中心明确。

【基础知识】

说话是人思维的物质外化，人们常说想得清才能说得好，说得好才算会说。因此，我们可以简明扼要地说，说话是一个人素养、能力和智慧的综合体现。具体地说，说话是在交谈、交友、演讲和辩论等口语交际活动中，表达者根据特定的交际目的和任务，切合特定的言语交际环境，准确、得体、生动地运用连贯、标准的有声语言，并辅之以适当的肢体语言表情达意，以取得圆满交际效果的口头表达能力。

言语是日常生活中必不可少的一种工具，通过频繁使用而发展成为一种极为有效的表情达意的手段，说话更是一种极为重要的人类活动。怎样才能做到把话说得清楚明了呢？

一、发音准确，吐字清晰。

一般说，通常的对话环境下，说话人的音色、音量和音域，关系不是很大，发音吐字却是交际中至关重要的问题。

在口语交际中，只有发准每一个字、词的读音，交际活动才能正常的进行下去，否则就会造成歧义和误解。例如，有位青年农民进城办事，需要住旅馆。他问路人："同志，雷馆有没有？"路人一听，立即射出警惕的目光，厉声问道："雷管是国家禁止私人买卖的爆炸品，你要它干什么？"经过再三解释，方知是青年农民发音不准，将"旅馆"说成"雷管"。像这样的情况在生活中时有发生。一般情况下，当面说话，有手势、表情等辅助手段，听者还能估摸出点意思来，可是，远距离通信联络，如果发音不准，吐字不清，就很容易产生误差，影响表达效果。苏联艺术语言大师符·阿克肖诺夫说："吐字不好，不清楚，就像是键子坏了的破钢琴似的，简直叫人讨厌"。所以，我们应该注意克服发音吐字方面的不良习惯。如鼻音（音色暗淡，枯涩，听起来像感冒声，从鼻中发出的堵塞的声音）、喉音（声音闷在喉咙里，生硬，沉重，弹性差）、捏挤（单薄，发扁，声音似从口腔挤出）、虚声（小声小气的声音，有时在换气时带有一种明显的呼气声）等等。只有这样，才能做到发音圆润动听，吐字清晰悦耳。

二、说话要有条理，先说什么，后说什么，要有一个合理的顺序。在《烛之武退秦师》中，烛之武一开头就表明自己是为秦国的利益来做说客的，这样就消除了对方的戒心。接着从地理位置分析灭郑对秦有害，存郑对秦有益。最后指明晋国才是秦国的潜在敌人，提请秦穆公考虑，因灭郑而加强晋国对自己是否合算。这番话说得有条有理，使人一听就信服。如果颠三倒四，头绪不清，人们听了不得要领，就很难有什么说服力了。

要使说话中心突出，条理清楚，就要在说话前理清思路和线索。紧紧抓住中心，把无关的枝节统统去掉，切勿求全求多；把材料的先后安排好，力求层次清晰，眉目分明，避免东一榔头西一棒子乱了套。

【活动情境一】
绕口令练习
1. 双唇音练习。
八百标兵奔北坡，炮兵并排北边跑；
炮兵怕把标兵碰，标兵怕碰炮兵炮。
2. 唇齿音。
我们要学理化，他们要学理发。
理化理发要分清，学会理化却不会理发，
学会理发却不懂理化。
3. 舌尖音。
白石塔白石搭，白石搭白塔，白塔白石搭，
搭好白石塔，白塔白又大。
4. 舌根音。
哥挎瓜筐过宽沟，赶快过沟看怪狗。
光看怪狗瓜筐扣，瓜滚筐扣哥怪狗。
5. 舌面音。
氢气球，气球轻，

轻轻气球轻擎起，擎起气球心欢喜。

6. 平翘舌（z、c、s 和 zh、ch、sh）的区分。

三山四水，三山屹四水，四水绕三山。

三山四水春常在，四水三山四时春。

7. 前后鼻音训练。

同姓和通信，

同姓不能念成通信，通信不能念成同姓，

同姓可以通信，通信的可不一定同姓。

【活动情境二】

学生模拟新闻直播

提示：4人一组，其中两人模拟新闻联播，其余两人在旁纠正发音。

【活动情境三】

丁晓明放学回家后向哥哥说的一段话：

"哥哥，今天我们班里发生了一件令人痛心的事情。明天我们班和二班举行篮球赛，刘伟不能上场，我们班的实力就会受到影响。我的同桌刘伟是我们班的班长，学习可棒了，每次考试都是全班第一名。他还是我们班篮球队的队长，是组织前半场进攻的主力。运动会上，他又是全校的短跑冠军，百米决赛像飞的一样，我怎么也跑不过他。今天第三节体育课，老师进行百米测试，6个人一组，每组跑两次，选一次最快的成绩作为考试成绩。我和刘伟分在一组，第一次赛跑，刘伟比我快0.3秒，第二次他又跑在最前面，可是最后冲刺时，他摔了一跤，脚扭伤了，肿得老高，结果我跑了第一。本来有把握赢球，现在看来胜负难分，大家都很担心。"

1. 请学生思考：丁晓明要告诉他哥哥什么事？
2. 丁晓明的话存在什么问题？
3. 丁晓明对哥哥说的那段话应如何修改才能显得有中心、条理明确？

项目四 写作训练

记叙文——记叙方法

【训练主题】
学习记叙的基本方法，掌握记叙基本技巧。
【训练目标】
1. 学习并运用记叙的基本方法，掌握记叙的基本技巧。
2. 能选取一个生活事件进行写人记事。
【基础知识】

记叙文是以记叙、描写为主要表达方式，以记人、叙事、写景、状物为主要内容的一种文体。它的主要特点是通过生动的形象和事件来反映生活，表达作者的思想感情；文章的中心思想是蕴含在具体材料之中的，是通过对人、事、景物的生动描写来表现的。记叙文的另一特点，就是以记叙为主，采用综合表达方法，包括记叙中的描写、记叙中的说明、记叙中的议论和抒情等。

一篇记叙文，要写清楚人物和事件，就要交代清楚记叙的要素。记叙的要素包括时间、地点、人物和事件的原因、经过和结果。一般来说，每篇记叙文都应具备这六要素，把这些要素交代清楚，内容则显得完整，眉目才清楚。例如《桃花源记》一文，把六要素交代得清清楚楚：时间——晋代；地点——武陵；人物——渔人；原因——渔人误入桃花源；经过——进入桃花源、在桃花源所见、做客及辞去；结果——渔人离开桃花源后，太守派人先后探访桃花源未果。由于六要素交代得清楚，使全文眉目清晰，故事完整。再看《背影》一文：时间——推算为六年前，即1919年；地点——南京车站；人物——"父亲"、"我"；起因——"我"去北京念书，父亲到车站送别；经过——回家为祖母奔丧、到南京与父亲分手、父亲到车站送别；结果——怀念父亲。作者在交代清楚六要素的基础上，集中刻画了父亲的"背影"，表达了父子之爱这一永恒的主题。

在一篇记叙文中，为了抒发作者的感情，通常是通过记事来写人或直接写人的活动来实现。生活是五彩缤纷的，生活中的人是千姿百态，生活中的事是无奇不有的。在写记叙文时，除了通过具体事情的叙述表现人物外，还必须灵活运用描写方法和技巧，着力刻画人物的思想性格，才能把人物写得栩栩如生，从而突出文章的中心思想。

【写作指导】

运用记叙方法，进行写人记事。

德国大作家歌德曾经说过："一个人只要能把一件事说得很清楚，他也就能把许多事都说得清楚了。"怎样记叙好一件简单的事呢？

1. 要交代清楚事情发生的地点、时间；要把事情的经过、因果写明白。

一件事，总离不开时间、地点、人物、起因、经过、结果等六个方面的内容，因此，只有把这些方面写清楚了，才能使别人明白你写了一件什么事。

然而，交代这六个方面内容不应该呆板，要根据文章的需要灵活掌握。时间、地点也并不是非要直接点明不可的，有时候可以通过描述自然景物的特征及其变化，将它们间接表示出来。如"鸡喔喔叫了起来"，就是指天将亮了；"西边的太阳就要落山了"，指的是傍晚，等等。

2. 要把事情经过写具体，并做到重点突出。

在记叙文六个方面的内容中，起因、经过和结果，是构成事情最主要的环节。为了把事情写得清楚、明白，在记叙中一定要写好事情的起因、经过和结果，特别要把事情的经过写具体，给人留下完整而深刻的印象。

3. 记叙的条理要清晰。

一件事都有发生、发展和结果的过程，按照事情发展的顺序记叙，文章的条理就会清楚明白。

确定记叙的顺序以后，还要安排好段落层次。适当地分段，可以使文章眉目清楚。要做到记叙的条理分明，必须在动笔之前，仔细地想一想，文章应该先写什么，再写什么，然后写什么，把记叙的轮廓整理出来。写记叙文，必须考虑哪些先写，哪些后写，安排好记叙的顺序，否则就会头绪杂乱，条理不清。

一篇文章，好比一架运转正常的机器，文章中的一个个段落就好比机器中那些大大小小的零件，这些零件不仅相互照应，而且那些大零件需要小零件把它们连接起来。文章里的段落也需要相互照应，也需要一些"小零件"，即过渡段和过渡句把它们自然、紧密地连接起来。不然，文章就会显得支离破碎。所以，写文章时，一定要注意段与段之间的过渡和照应。

一般说，记叙文在下面几种情况需要过渡：

（1）由这件事转到另一件事时需要过渡。

（2）记叙的时间发生变化时需要过渡。

（3）由倒叙转入顺叙时需要过渡。

（4）运用插叙时的起止处需要过渡。

一般来说，插叙内容写完以后要注意与原来的叙事线索衔接。叙事中的照应有三种情况：

（1）文题照应。在叙事过程中，我们所写的内容务必切题，要和文章的标题相照应。

（2）首尾呼应。文章的开头和结尾遥相呼应，可以使文章结构紧凑。

（3）前后照应。在一篇文章中，前面的内容和后面的内容要互相照应。

总之，过渡和照应，是叙事文章中必不可少的，我们在作文时千万不能忽视。

习作例文

家乡新变化

湖北省公安县章庄中学　粟　钦

周末放假时，班主任拿来一叠纸片分发给我们，还说："时代不同了，现在学校也要和你们和家长建立密切的联系。今天发给你们的就是联系卡，回家后按要求填好，下周返校时交。"（开篇拓开一笔，看似与作文主题毫无关系，其实已交代行文线索。）

时代真的不同了吗？回头一想，倒也是。（回忆，插入一笔。）在我们家乡，土墙茅屋不是已经成为文物了吗，两层、三层的楼房正一栋栋的傲然耸立。（"土墙茅屋"与"楼房"对比鲜明。）记得上学期五一放长假，刚好碰上二舅的新房子竣工。大伙儿在二舅的新房里又说又笑。二舅也很高兴，大声说："今年把房子修起，明年再搞装潢，还买台空调，大暑天也凉飕飕的，像躲在冰窖里一般。"刘伯打趣说："那你当心点别冻成冰糕咯。"大家"哈哈"地笑了起来。（"今日"详写，刘伯的打趣更显今日生活的欣欣向荣。）

"喏，你的联系卡。"同桌对我说。我这才从回忆中醒过来，拿起联系卡一看，呵，要填的内容还不少呢。管他，回家再说吧。

下了车走进家门，爸爸妈妈已经做好饭等候多时了，一见我就说："怎么才回来？快吃了饭做作业，明天到你二舅家去。"我边掏书包边说："学校要你们给填联系卡呢。"爸爸接过看了看说："这早就该联系了。现在通讯方便，有什么事也好讲一声。"妈妈说："还要填家庭电话呢……""就写我的手机号码，免得我们不在家找不到人，"爸爸一面填联系卡一面说，"你们学校想的还真周到。"（看似家庭絮语，实则无处不在暗扣"家乡新变化"。乘车回家、手机电话，皆是"变化"的产物。）

吃饭时，爷爷感慨的说（又一段插叙，不过极为巧妙。）："福都让你们享了。你爸爸那在南平读高中，一学期回来不到两次，你奶奶挂念极了，就叫我去南平看看。一去一来一走就是一百多里路。"爸爸说："我不是好好的吗？一百多里路走都要走断腿。"我说："干嘛不乘车呢，又快又舒服。"爸爸笑了："你当是现在哪，早些时书记镇长到县里开会都是一二一走去的。"（书记镇长步行与"我"乘车回家对比，爷爷的探望与爸爸的电话联系对比。）我不做声了。妈妈又问："他二舅明天做什么？"爸爸说："老二买了台电脑，说是搞什么信息技术，让我们的'大学生'过去参详参详。"

"真的？我早就想玩电脑了，"我又惊又喜，如果不是在吃饭，我早就跳起来了，"太好了。其实我们老师也要我们如果条件允许，就应该自己买电脑的。不然，就跟不上时代了……"我滔滔不绝地说，忽然发现爸爸好像看怪物似的看着我，不觉不好意思地笑了。（电脑也在家人的谈话中不经意出现，变化之喜已可窥一斑。特写结尾，留给读者广阔的想象空间。）

【简评】咋看本文似乎与"家乡新变化"毫无关系，然而仔细读来，却无处不在写家乡的变化。作者以"联系卡"为线，先后写进了空调、手机、电脑等现代社会物品，从一个侧面写出了家乡的变化。全文是典型的时间先后顺序，但文中较多的运用了插叙的记叙方法，第二段"我"的回忆、第五段爷爷的话即是如此。前者为后文作铺垫，后者与今天对比，均恰如其分的表现了主题。

（选自http://www.pep.com.cn/）

【写作练习】

1. 从进小学到现在，我们经历了各种各样的考试，其实人生就是一场考试，请你以《我经历的一场考试》为题，写一篇600字左右的记叙文。

2. 在生活、学习中，当面对一个具体问题时，我们往往要在多种解决方案中进行取舍，每当这时，你是当机立断，还是思考再三？你是自己做主，还是听从他人？或是……

请以《我的一次选择》为题写一篇记叙文，不少于600字。

3. 我们生活学习的班集体里，每天都有大大小小的事情发生，请以《发生在班里的一件事》为题写一篇记叙文，叙述事件要生动、具体。要有适当的议论、抒情。不少于600字。

第三单元　沟通与交流

单元学习提示

　　学会共处，不只是学习一种社会关系，它也意味着人和自然的和谐相处。从我国古代"天人合一"的思想传统到当代世界倡导的"环境保护"和"可持续发展"，无不指明了学会与自然"共处"的重要性。这种学习，像其他学习一样，也包括了知识、技能和态度、价值观念的学习和养成。

　　知识经济的时代，人人需要终身学习。学什么？怎么学？"国际21世纪教育委员会"郑重提出21世纪教育的四大支柱：学会求知、学会做事、学会共处、学会做人。本单元的《多年父子成兄弟》、《琐忆》等五篇文章从不同角度记述了的不同的感人故事，不仅在写人记事中有生动的人物形象，而且表达了作者深厚的情感，还告诉我们如何通过沟通与交流的道理，达到和谐共处的目的。

> 项目一 阅读与欣赏

10 多年父子成兄弟

汪曾祺[①]

课文导读

  作者通过自身的故事向我们阐述了一种新型的父子关系：一个现代化的、充满人情味的家庭。文中的"我"既是儿子，又为父亲，兼具两重角色。作者选择这一角度展开记叙，利于从不同的角度书写家庭亲情，从而引出对两辈关系的看法——父子之间首先必须做到"没大没小"。只有这样父子之间才能更好地沟通和交流，和睦相处。

  这是我父亲的一句名言。

  父亲是个绝顶聪明的人。他是画家，会刻图章，画写意花卉。他会摆弄各种乐器，弹琵琶，拉胡琴，笙箫管笛，无一不通。

  父亲是个很随和的人，我很少见他发过脾气，对待子女，从无疾言厉色。他爱孩子，喜欢孩子，爱跟孩子玩，带着孩子玩。我的姑妈称他为"孩子头"。春天，不到清明，他领一群孩子到麦田里放风筝，放的是他自己糊的蜈蚣。放风筝的线是胡琴的老弦。老弦结实而轻，这样风筝可笔直的飞上去，没有"肚儿"。他会做各种灯。用浅绿透明的"鱼鳞纸"扎了一只纺织娘，栩栩如生。在小西瓜上开小口挖净瓜瓤，在瓜皮上雕镂出极细的花纹，做成西瓜灯。

  父亲对我的学业是关心的，但不强求。我小时上学，国文成绩一直是全班第一。我的作文，时得佳评，他就拿出去到处给人看。我的数学不好，他也不责怪，只要能及格，就行了。我小时字写得不错，他倒是给我出过一点主意。在我写过一阵《圭峰碑》和《多宝塔》以后，他建议我写写《张猛龙》。我初中时爱唱戏，唱青衣，在家里，他拉胡琴，我唱。学校开同乐会，他应我的邀请，到学校给我去伴奏。父亲那么大的人陪着几个孩子玩了一下午，还挺高兴。

[①] 选自《汪曾祺全集》（北京大学出版社，1998年版）。汪曾祺（1920~1997），江苏高邮人，当代作家、散文家、戏剧家。在短篇小说创作上颇有成就。著有小说集《邂逅集》，小说《受戒》、《大淖记事》，散文集《蒲桥集》，大部分作品，收录在《汪曾祺全集》中。

我十七岁初恋，暑假里，在家写情书，他在一旁瞎出主意。我们的这种关系，他人或以为怪。父亲说："我们是多年父子成兄弟。"

我和儿子的关系也是不错的。我戴了"右派分子"的帽子下放张家口农村劳动，儿子那时从幼儿园刚毕业，刚刚学会汉语拼音，用汉语拼音给我写了第一封信。我也只好赶紧学会汉语拼音，好给他回信。"文化大革命"期间，我被打成"黑帮"，送进"牛棚"。偶尔回家，孩子们对我还是很亲热。我的老伴告诉他们："你们要和爸爸'划清界限'。"儿子反问母亲："那你怎么还给他打酒？"只有一件事，两代之间，曾有分歧。他下放山西忻县"插队落户"，按规定，春节可以回京探亲。不料他带回了一个同学。他这个同学的父亲是一位正受林彪迫害，搞得家破人亡的空军将领。这个同学在北京已经没有家，按照规定是不能回北京的。但是这孩子很想回北京，在一伙同学的秘密帮助下，我的儿子就偷偷地把他带回来了。他连"临时户口"也不能上，是个"黑人"。我们留他在家住，等于"窝藏"了他，公安局随时可以来查户口，街道办事处的大妈也可能举报。当时人人自危①，自顾不暇②，惹了这么一个麻烦，使我们非常为难。我和老伴把他叫到我们的卧室，对他的冒失行为表示很不满。我的儿子哭了，哭得很委屈，很伤心。我们当时立刻明白了：他是对的，我们是错的。我们这种怕担干系③的思想是庸俗的。我们对儿子和同学之间的义气缺乏理解，对他的感情不够尊重。他的同学在我们家一直住了四十多天，才离去。

对儿子的几次恋爱，我采取的态度是"闻而不问"。了解，但不干涉。

我的孩子有时叫我"爸"，有时叫我"老头子"！连我的孙女也跟着叫。我的亲家母说这孩子"没大没小"。我觉得一个现代化的、充满人情味的家庭，首先必须做到"没大没小"。父母叫人敬畏，儿女"笔管条直"，最没有意思。

儿女是属于他们自己的。他们的现在，和他们的未来，都应由他们自己来设计。一个想用自己理想的模式塑造自己的孩子的父亲是愚蠢的，而且，可恶！另外，作为一个父亲，应该尽量保持一点童心。

思考与练习

一、借助下面这段评价鉴赏的文字自读课文，并回答问题？

1. 这段文字着重从哪两个方面进行评论？这段评论文字说，"作者不动声色，只一件一件地叙说看似琐碎的往事……使人物的个性不断地凸显出来"。

---

① [人人自危] 人人都感到自身危险而恐怖不安。
② [自顾不暇] 顾自己还来不及。暇：空闲。不暇，忙不过来，没有时间。
③ [干系] 牵涉到责任或能够引起纠纷的关系。

2. 课文叙说了哪些"看似琐碎的往事"？表现了父亲怎样的个性？
3. 这段评论文字说，作者内心对父亲有着"强烈的钦佩、感激和爱"。试从课文中举出一两个例句。

　　这篇散文中所写的两对父子关系，其实是感人至深的。但作者不动声色，只一件一件地叙说看似琐碎的往事——这往事都是经过精心挑选的，每一件都独特生动，使人物的个性不断地凸显出来——在朴素平淡之中，人物变得越来越丰满。我们终于明白了作者的写作意图，读懂了作者内心对父亲的强烈钦佩、感激和爱。我们终于被感动了。这种感动，是从大量平淡的描述中逐渐凝聚成的，是自然形成的，一如我们在生活中慢慢地自己发现了真理和美一样。这种效果往往要比充满外在激情的灌输可靠得多，深入内心的力量也强烈得多。

　　全文基本保持了淡淡的笔调，只在两处有一点小小的"突破"：一是在"文革"中责备儿子，儿子伤心地哭了，作者写道："我们当时立刻明白了：他是对的，我们是错的。"虽说文字简洁而收敛，但看得出作者动了情。我读这几句时几乎落泪。二是最后那段中的"而且，可恶"！他这是忍无可忍，情不自禁，两个带着鄙薄的字眼冲口而出。可见，要写好平淡的文章，或许该有个前提，即作者的内心恰恰倒是不平淡的。

（摘自《当代美文百篇》，刘绪源评）

二、叙述描写人物的细枝末节，可以更好地突出人物的个性。试分析第3自然段有关做灯的一段文字（从"他会做各种灯"到"非常羡慕"），说说它表现了父亲怎样的个性以及"我"的什么感情。

三、找出本文的"文眼"——点明主旨、直接抒发作者思想体验的关键性的语句。

四、讨论研究。

1. 比较研究：本文的前半部以及朱自清的《背影》都是作者从儿子的角度写自己的父亲，感受父爱，展现他的性格。比较这两篇文章：
① 两篇文章所表现的父爱有什么共同点？又各有什么个性特点？
② 两篇文章在刻画父亲的时候，选材的角度以及所用的表达方式有什么异同？
③ 两篇文章所透露出的"我"对父爱的感受有什么不同？
2. 问题讨论：在家庭生活以及社会生活中，应该怎样看待和处理好两代人的关系？

11　第六枚戒指

［美］安·佩普[①]

课文导读

　　这篇文章记叙17岁的"我"在经济大萧条时期艰难地谋到第一份工作后发生的一件事。主要情节是说圣诞节前的一天，自己在忙碌中不慎碰落了一只盛有六枚精美戒指的碟子，慌乱中捡回了五枚，第六枚却怎么也找不到了。碟子落地时，顾客中一个约30岁的失业男子在场，此时他正要离去。当他伸手拉门的一瞬间，"我"领悟到戒指在哪里了。怎么

[①] 选自《读者文摘》（现改名为《读者》），1988年第1期。

收回这一枚关系着"我"的命运的戒指呢?接着就是一段精彩的交际描写,写"我"怎样"智取"而非"力夺"的文明较量。

  这段交往的主要特点是:(1)尊重对方的人格,即使对方有不自重的嫌疑行为时。这种尊重是建立在用心观察对方的特征以及准确判断对方的心理和处境的基础之上的。(2)将心比心,以诚相待,设法取得对方的理解,然后以诚挚的语言拨动对方的心弦让对方信赖而给以回报。(3)在对话过程中始终抓住对方的思路,暗示利害关系;运用促使对方思考、答问的句式,让对方向自己靠拢,自己也向对方贴近,达成双方心灵沟通,进而和谐交往。由于沟通与交流的成功,"我"如愿收回了第六枚戒指,因而使问题得到圆满的解决。

  我17岁那年,好不容易找到一份临时工作。母亲喜忧参半:家有了指望,但又为我的毛手毛脚操心。

  工作对我们孤女寡母太重要了。我中学毕业后,正赶上大萧条,一个差事会有几十个甚至上百的失业者争夺。多亏母亲为我的面试赶做了一身整洁的海军蓝,才得以被一家珠宝行录用。

  在商店的一楼,我干得挺欢。第一周,受到领班的称赞。第二周,我被破例调往楼上。

  楼上珠宝部是商场的心脏,专营珍宝和高级饰物。整层楼排列着气派很大的展品橱窗,还有两个专供客人看购珠宝的小屋。

  我的职责是管理商品,在经理室外帮忙和传接电话,要干得热情、敏捷,还要防盗。

  圣诞节①临近,工作日趋紧张、兴奋,我也忧虑起来。忙季过后我就得走,恢复往昔可怕的奔波日子。然而幸运之神却来临了。

  一天下午,我听到经理对总管说:"艾艾那个小管理员很不赖,我挺喜欢她那个快活劲。"

  我竖起耳朵听到总管回答:"是,这姑娘挺不错,我正有留下她的意思。"这让我回家时蹦跳了一路。

  翌日,我冒雨赶到店里。距圣诞节只剩下一周时间,全店人员都绷紧了神经。

  我整理戒指时,瞥见②那边柜台前站着一个男人,高个头儿,白皮肤,大约三十来岁。但他脸上的表情吓我一跳,他几乎就是这不幸年代的贫民缩影。一脸的悲伤、愤怒、惶惑,有如陷入了他人置下的陷阱。剪裁得体的法兰绒服装

---

 ① 圣诞节:基督教纪念耶稣诞生的节日。世界多数教会规定以12月25日为圣诞节。
 ② [瞥(piē)见]一眼看见。瞥:很快地看一下。

已是褴褛①不堪，诉说着主人的遭遇。他用一种永不可企的绝望眼神，盯着那些宝石。

我感到因为同情而涌起的悲伤。但我还牵挂着其他事，很快就把他忘了。

小屋打来要货电话，我进橱窗最里边取珠宝。当我急急地挪出来时，衣袖碰落了一个碟子，六枚精美绝伦的钻石戒指滚落到地上。总管先生激动不安地匆匆赶来，但没有发火。他知道我这一天是在怎样干活，只是说："快捡起来，放回碟子。"

我弯着腰，几欲泪下地说："先生，小屋还有顾客等着呢。"

"我去那边，孩子。你快捡起这些戒指！"

我用近乎狂乱的速度捡回五枚戒指，但怎么也找不到第六枚。我寻思它是滚落到橱窗的夹缝里了，就跑过去细细搜寻。没有！我突然瞥见那个高个男子正向出口走去。顿时，我明白戒指在哪儿了。碟子打翻的一瞬，他正在场！

当他的手就要触及门柄时，我叫道："对不起，先生。"

他转过身来。漫长的一分钟里，我们无言对视。我祈祷着，不管怎样，让我挽回我在商店里的未来吧！跌落戒指是很糟，但终会被忘却，要是丢掉一枚，那简直不敢想象！而此刻，我若表现得急躁——即便我判断正确——也终会使我所有美好的希望化为泡影。

"什么事？"他问。他的脸肌在抽搐。

我确信我的命运掌握在他手里。我能感觉得出他进店不是想偷什么。他也许想得到片刻温暖和感受一下美好的时辰。我深知什么是苦寻工作而又一无所获。我还能想象得出这个可怜人是以怎样的心情看这社会：一些人在购买奢侈品，而他一家老小却无以果腹。

"什么事？"他再次问道。猛地，我知道该怎样作答了。母亲说过，大多数人都是心地善良的。我不认为这个男人会伤害我。我望望窗外，此时大雾弥漫。

"这是我头回工作。现在找个事儿做很难，是不是？"我说。

他长久地审视着我，渐渐，一丝十分柔和的微笑浮现在他脸上。"是的，的确如此。"他回答，"但我能肯定，你在这里会干得不错。我可以为你祝福吗？"

他伸出手与我相握。我低声地说："也祝您好运。"他推开店门，消失在浓雾里。

我慢慢转过身，将手中的第六枚戒指放回了原处。

---

① ［褴褛（lán lǚ）］：衣衫破烂，也作蓝缕。

思考与练习

一、"我"是如何从那位男顾客手中取回第六枚戒指的？成功取回戒指的过程体现了礼貌交往的哪些基本规则？联系日常生活中自己或他人交际成功或挫败的事例，谈一谈体会。

二、交际要看对象，说话要以听者为主，不能以说者为中心。课文中"我"是怎样以那位男子为中心说话的？

三、活动

1. 紧扣语言环境，分角色模拟朗读"我"和那位男子的对话，体味对话的特点。
2. 讨论：你对课文中那位男子的表现有什么看法？

四、比较经理与总管、总管与"我"、"我"与那位男子三处对话的不同特点。

12 琐 忆

唐 弢[①]

课文导读

鲁迅先生有两句诗："横眉冷对千夫指，俯首甘为孺子牛。"这是他自己的写照，也是他作为一个伟大作家的全部人格的体现。

他是一个伟大的思想家、文学家。他平易近人，对青年人在生活上给予帮助、学习上给予开导、政治上给予关怀，使他与许多青年人结下了深厚的师生情谊，通过本篇文章这个小的窗口，更多地了解鲁迅先生这位伟大的导师是如何与他人相处的，进而学习鲁迅的崇高精神。

鲁迅先生有两句诗："横眉冷对千夫指，俯首甘为孺子牛。"这是他自己的写照，也是他作为一个伟大作家的全部人格的体现。当我还不曾和他相识的时候，时常听到有人议论他："鲁迅多疑。"有些人还绘声绘色，说他如何世故，如何脾气大，爱骂人，如何睚眦[②]必报，总之，鲁迅是不容易接近的，还是不去

[①] 选自岭南教育出版社《语文》第四册。唐弢（1913～1992）原名端毅，浙江镇海人。从20世纪30年代开始从事业余创作，以散文和杂文为主，其风格接近鲁迅。20世纪40年代，唐弢与友人合作创办《周报》，后又主编过《文汇报》副刊《笔会》。新中国成立后，唐弢先后担任复旦大学教授、上海市文化局副局长、《文艺月报》副主编等职。

[②] ［睚眦（yázì）］发怒时瞪眼睛，引申为极小的仇恨。

和他接近好。中国有句成语，叫做"众口铄金，积毁销骨"①，一次一次的造谣毁谤，也可以将真相埋没。我于是相信了，不敢去接近他。不过也曾有过一个时期，的确很想见见鲁迅先生。一九三三年至一九三四年之间，鲁迅先生经常在《申报》副刊《自由谈》上写稿，攻击时弊，为了避免反动派的检查，他不断更换笔名。我当时初学写作，也在这个副刊上投稿，偶尔写些同类性质的文章。我的名字在文艺界是陌生的，由于产量不多，《自由谈》以外又不常见，那些看文章"专靠嗅觉"的人，就疑神疑鬼，妄加揣测起来，以为这又是鲁迅的化名。他们把我写的文章，全都记在鲁迅先生的名下，并且施展叭儿狗的伎俩，指桑骂槐，向鲁迅先生"呜呜不已"。自己作的事情怎么能让别人去承担责任呢？我觉得十分内疚，很想当面致个歉意，但又害怕鲁迅先生会责备我，颇有点惴惴不安。正当想见而又不敢去见的时候，由于一个偶然的机缘，我却不期而遇地晤见了鲁迅先生，互通姓名之后，鲁迅先生接着说：

"唐先生写文章，我替你在挨骂哩。"

一切都在意料之中，一切又都出于意料之外。我立刻紧张起来，暗地里想：这回可要挨他几下了。心里一急，嘴里越是结结巴巴。鲁迅先生看出我的窘态，连忙掉转话头，亲切地问：

"你真个姓唐吗？"

"真个姓唐，"我说。

"哦，哦，"他看定我，似乎十分高兴，"我也姓过一回唐的。"

说着，就呵呵地笑了起来。

我先是一怔，接着便明白过来了：这指的是他曾经使用"唐俟"这笔名，他是的确姓过一回唐的。于是，我也笑了起来。半晌疑云，不，很久以来在我心头积集起来的疑云，一下子，全都消尽散绝了。

从那一次和以后多次的交谈中，鲁迅先生给我的印象始终是：平易近人。他留着浓黑的胡须，目光明亮，满头是倔强得一簇簇直竖起来的头发，仿佛处处在告白他对现实社会的不调和。然而这并不妨碍他的平易近人，"能憎，才能爱。"或者倒可以说，恰恰是由于这一点，反而更加显得他的平易近人了吧。和许多伟大的人物一样，平易近人正是鲁迅先生思想成熟的一个重要的标志。

对待青年，对待在思想战线上一起作战的人，鲁迅先生是亲切的，热情的，一直保持着平等待人的态度。他和青年们谈话的时候，不爱使用教训的口吻，从来不说"你应该这样"、"你不应该那样"一类的话。他以自己的行动，以有

---

① ［众口铄（shuò）金，积毁销骨］意思是众口一词，就是金石也可以被销毁；一次一次的毁谤，久而久之，也能置人于毁灭之地。比喻舆论的力量极大。

趣的比喻和生动的故事，作出形象的暗示，让人体会到应该这样，不应该那样！有些青年不懂得当时政治的腐败，光在文章里夸耀中国地大物博；看得多了，鲁迅先生叹息说："倘是狮子，夸说怎样肥大是不妨事的，如果是一口猪或一匹羊，肥大倒不是好兆头。"有些青年一遇上夸夸其谈的学者，立刻便被吓倒，自惭浅薄；这种时候，鲁迅先生便又鼓励他们说："一条小溪，明澈见底，即使浅吧，但是却浅得澄清，倘是烂泥塘，谁知道它到底是深是浅呢？也许还是浅点好。"记得在闲谈中，鲁迅先生还讲起一些他和青年交往的故事，至于自己怎样尽心竭力，克己为人，却绝口不提。他经常为青年们改稿，作序，介绍出书，资助金钱，甚至一些生活上琐碎的事情，也乐于代劳。有一次，我从别处听来一点掌故，据说在北京的时候，有个并不太熟的青年，靴子破了，跑到鲁迅先生住着的绍兴县馆，光着脚往床上一躺，却让鲁迅先生提着靴子上街，给他去找人修补。他睡了一觉醒来，还埋怨补得太慢，劳他久等呢。

"有这回事吗？"我见面时问他。

"呃，有这回事，"鲁迅先生说。

"这是为的什么呢？"

"进化论嘛！"鲁迅先生微笑着说，"我懂得你的意思，你的舌头底下压着个结论：可怕的进化论思想。"

我笑了笑，没有承认也没有否认。

"进化论牵制过我，"鲁迅先生接下去说，"但也有过帮助。那个时候，它使我相信进步，相信未来，要求变革和战斗。这一点终归是好的。人的思想很复杂，要不然……你看，现在不是还有猴子吗？嗯，还有豸①。我懂得青年也会变猴子，变豸，这是后来的事情。现在不再给人去补靴子了，不过我还是要多做些事情。只要我努力，他们变猴子和豸的机会总可以少一些，而且是应该少一些。"

鲁迅先生沉默了，眼睛望着远处。

如果把这段话看作是他对"俯首甘为孺子牛"的解释，那么，"横眉冷对千夫指"呢？鲁迅先生对待敌人，对待变坏了的青年，是决不宽恕，也决不妥协的，也许这就是有些人觉得他不易接近的缘故吧。据我看来，"横眉冷对"是鲁迅先生一生不懈地斗争的精神实质，是他的思想立场的概括。就战斗风格而言，又自有其作为一个成熟了的思想战士的特点。他的气度，他的精神力量，在面对任何问题的时候，仿佛都有一种居高临下的优势：从容不迫，游刃有余。讽刺显示他进攻的威力，而幽默又闪烁着反击的智慧。对社会观察的深刻，往

---

① ［豸（zhì）］小虫的通称。

往往使他的批判独抒新见，入木三分。鲁迅先生的后期杂文，几乎都是讽刺文学的典范，他的谈话，也往往表现了同样的风格。日本占领东北以后，国民党政权依赖美国，宣传美国将出面主持"公道"，结果还是被人家扔弃了。当宣传正在大吹大擂地进行的时候，鲁迅先生为我们讲了个故事，他说："我们乡下有个阔佬，许多人都想攀附他，甚至以和他谈过话为荣。一天，一个要饭的奔走告人，说是阔佬和他讲了话了，许多人围住他，追问究竟。他说：'我站在门口，阔佬出来啦，他对我说：滚出去！'"听讲故事的人莫不大笑起来。还有一次，国民党的一个地方官僚禁止男女同学，男女同泳，闹得满城风雨。鲁迅先生幽默地说："同学同泳，皮肉偶尔相碰，有碍男女大防。不过禁止以后，男女还是一同生活在天地中间，一同呼吸着天地中间的空气。空气从这个男人的鼻孔呼出来，被那个女人的鼻孔吸进去，又从那个女人的鼻孔呼出来，被另一个男人的鼻孔吸进去，淆乱乾坤，实在比皮肉相碰还要坏。要彻底划清界限，不如再下一道命令，规定男女老幼，诸色人等，一律戴上防毒面具，既禁空气流通，又防抛头露面。这样，每个人都是……喏！喏！"我们已经笑不可抑了，鲁迅先生却又站起身来，模拟戴着防毒面具走路的样子。这些谈话常常引起我好几天沉思，好几次会心的微笑，我想，这固然是由于他采取了讽刺和幽默的形式，更重要的，还因为他揭开了矛盾，把我们的思想引导到事物内蕴的深度，暗示了他的非凡的观察力。

我又想起一件事情。我的第一本书，最初也是经鲁迅先生介绍给一家书店，而后又由另一家拿去出版了的。当时因为杂志上一篇《闲话皇帝》的文章，触犯了日本天皇，引出日本政府的抗议，国民党政权请罪道歉，慌做一团，检查官更是手忙脚乱，正在捧着饭碗发抖。书店把我的原稿送去审查，凡是涉及皇帝的地方，不管是中国的还是外国的——从秦始皇到溥仪，从恺撒大帝到路易十六，统统都给打上红杠子，删掉了。好几处还写着莫名其妙的批语。我一时气极，带着发还的原稿去见鲁迅先生，把这些地方指给他看。

"哦，皇帝免冠啦！"鲁迅先生说。

"您看，还给我加批呢。强不知以为知，见骆驼就说马肿背，我真不懂得他们为什么要讲这些昏话！"

"骗子的行当，"鲁迅先生说，"总要干得像个骗子呀。其实他们何尝不知道是骆驼，不过自己吃了《神异经》里说的'讹兽'的肉，从此非说谎不可，这回又加上神经衰弱，自然就满嘴昏话了。"

鲁迅先生站起身，在屋子里踱了几步，转身扶住椅背，立定了。

"要是书店愿意的话，"他说，"我看倒可以连同批语一起印出去。过去有钦定书，现在来它一个官批集，也给后一代看看，我们曾经活在什么样的世界里。"

"还要让它'流芳'百世吗?"

"这是官批本,"鲁迅先生认真地说,"你就另外去印你自己的别集。快了!一个政权到了对外屈服,对内束手,只知道杀人、放火、禁书、掳钱的时候,离末日也就不远了。他们分明的感到:天下已经没有自己的份,现在是在毁别人的、烧别人的、杀别人的、抢别人的。越是凶,越是暴露了他们卑怯和失败的心理!"

听着鲁迅先生的谈话,昏沉沉的头脑清醒过来,我又觉得精神百倍了。在苦难的梦魇①一样的日子里,鲁迅先生不止一次地给我以勇气和力量。他的深刻的思想时时散发出犀利的光彩。说话时态度镇静,亲切而又从容,使听的人心情舒畅,真个有"如坐春风"的感觉。"如坐春风",唔,让人开怀令人奋发的春风呵!每当这种时候,我总是一面仔细地吟味着每句话的含义,一面默默地抑制着自己的感情。不然的话,我大概会呼喊起来。真的,站在鲁迅先生面前,我有好几次都想呼喊,我想大声呼喊:我爱生活!我爱一切正义和真理!

思考与练习

一、选出下列句子中有一个错字的一项是( )。

A. 有些人还绘声绘色,说他如何事故,如何脾气大,爱骂人,如何睚眦必报。

B. 中国有句成语,叫作"众口铄金,积毁消骨",一次一次的造谣毁谤,也可以将真像埋没。

C. 鲁迅先生叹息说:"倘是狮子,夸说怎样肥大是不防事的,如果是一口猪或是一匹羊,肥大倒不是好兆头。"

D. 他经常为青年们改稿,作序,介绍出书,资助金钱,甚至一些生活上琐碎的事情,也乐于代劳。

二、依次填入下列各句横线处的词语,恰当的一项是:

①"能憎,才能爱。"_____倒可以说,恰恰是由于这一点,_____更显得他的平易近人了吧。

②我想,这_____是由于他采取了讽刺和幽默的形式,更重要的,还_____他揭开了矛盾,把我们的思想引导到事物内蕴的深度,暗示了他的非凡的观察力。

　　　A. 也许　反而　固然　在于　　　　B. 或者　却　可能　因为

　　　C. 或者　反而　固然　因为　　　　D. 也许　却　可能　在于

三、这些琐事和文中引用鲁迅的两句诗有什么关系?这些小事应该怎样分类?

四、作者写鲁迅先生,为什么舍"大事"而取"琐事"呢?想一想,我们曾学过的哪些课文也是这样舍"大事"而取"琐事"的。

---

① [梦魇(yǎn)] 梦中遇到可怕的事而呻吟、惊叫。

*13　我看《中国孩子在海外》

孙云晓[①]

课文导读

在信息化时代，如何"学会共处"，这正是我们每个"地球村"公民共同面对的基本课题，也是本篇文章所表达的主题。文章告诉我们每个人，首先要学会发现他人优点、学会尊重他人，才能与他人共处，但这些是必须在生活中培养的。

读了几十篇《中国孩子在海外》的征文，我心头奔涌着种种强烈的感受，竟一时难以言表。人民日报海外版记者部举办的此次征文活动，其意义远远超出了一般的征文，而是东西方之间和两代人之间一次内涵极其丰富的交流，其深远的影响是不可估量的。

中国改革开放20年，是中国人走出国门机会最好、人数最多的20年，几乎世界的每个角落都有了中国人。可以说，这是中国了解世界和世界了解中国的黄金时代。然而，由于诸多原因，这个相互了解的过程有时候困难重重，甚至伴随着某些痛苦。温宪的《站在大酋长身边》一文，便显示了这样一种过程：9岁的儿子听说要去黑人城镇谈虎色变，连连摆手说"不去！"即使黑人警察热心帮助他们乘车参观，儿子也怀疑他们"不会是坏人吧？"温宪感慨道："一些中国人对黑人的偏见并不比南非白人逊色。"事实上，这种"偏见"在发达国家也屡见不鲜，只是换了形式罢了。

今天，当人类走向21世纪，当信息化使世界变为"地球村"，教育面临前所未有的挑战。譬如，教育是开放的还是封闭的，国际交往是合作性的还是竞争性的，是信任的还是怀疑的，是尊重历史的还是篡改历史的等等。因此，在探讨21世纪教育主题时，国际21世纪教育委员会提出了"学会共处"的重要思想，即学会发现他人、学会尊重他人、学会共处、学会合作。换句话说，要认识世界的多样性，承认多元文化的合理性，并与之和平共处。也许，这正是我们每个"地球村"公民共同面对的基本课题。

[①] 选自《人民日报海外版》1998–08–07第9版。孙云晓系中国青少年研究中心副主任兼《少年儿童研究》主编、中国作家协会全国委员。

值得欣慰的是，许多在海外的中国人已经在磨难中学会共处。那位恐惧黑人的9岁中国男孩子，不但主动与黑人大酋长合影留念，还学着黑人阿姨的舞姿扭动起来。曾经自称是"日本孩子"的中国女孩海培，发出了"要一个没有种族差别的学校"的呼吁，并提出"能与外国朋友友好相处，互教互学，这样的学校将成为日本一流甚至世界一流的学校。"毫无疑问，在孩子们变化的背后，是父母炽热的爱中华爱人类的博大情怀和非凡的教育艺术，而这也许正是中国孩子在海外的真正希望。

当然，就适应环境包括语言和新技术而言，孩子往往超过父母。我们中国青少年研究中心正在进行"向孩子学习"的大型研究。可以肯定地说，学会共处的许多奥妙与法则将在"向孩子学习"中发现，而"两代人共同成长"必定成为不争的现实。

思考与练习

一、将下列词语中的错别字指出来并加以改正。
　　内函　　感概　　脉博　　忸呢　　癖如
二、本文第二段对9岁的儿子的描写是什么描写？这个描写突出表现了什么？
三、从结构上，本文第五段"那位恐惧黑人的9岁中国男孩子……舞姿扭动起来"与第二段对"9岁的儿子的描写"二者是什么关系？反映了这个中国男孩从思想和行为上发生了哪些转变？
四、本文表达的主题是"学会共处"，那么谈谈你是如何与陌生的人相处并成为好朋友的。

*14　梁大夫有宋就者

[西汉] 刘　向[①]

课文导读

本文讲述的是梁大夫宋就以"浇瓜之惠"解决梁、楚边亭之怨的著名故事，宋就以德报怨，不因小事而引起纷争，宽容为怀的人物形象很鲜明。用具体的事例来写一个人的胸怀和品质，以事写人的手法很突出。

作为成语"浇瓜之惠"的出处，本文蕴含的道理在今天也有很强的启示作用：在处理

---

① 选自《新序·杂事》。刘向（约前77～前6）原名更生，字子政，西汉经学家、目录学家、文学家。刘向根据战国史书整理编辑了《战国策》。

人际关系和各种社会关系中，凡事要宽容大度，以大局为重，"退一步海阔天空"的做法绝不是怯懦，而是以退为进，将冲突的可能化解掉，从而把矛盾和对立的紧张局势转化为双方有力的和平共处局面。

梁大夫有宋就者，尝为边县令①，与楚邻界。梁之边亭，与楚之边亭②，皆种瓜，各有数。梁之边亭人劬力③，数④灌其瓜，瓜美。楚人窳⑤而稀灌其瓜，瓜恶⑥。楚令因以梁瓜之美，怒其亭瓜之恶也。楚亭人心恶⑦梁亭之贤己⑧，因夜往窃搔⑨梁亭之瓜，皆有死焦者矣。

梁亭觉之，因请其尉⑩，亦欲窃往报⑪搔楚亭之瓜，尉以请宋就。就曰："恶⑫！是何可？构怨祸之道⑬也，人恶亦恶⑭，何褊⑮之甚也。若我教子，必每暮令人往，窃为楚亭夜善灌其瓜，勿令知也。"于是梁亭乃每暮夜窃灌楚亭之瓜。

楚亭旦而行瓜⑯，则又皆以⑰灌矣，瓜日以美，楚亭怪而察之，则乃梁亭之为也。楚令闻之大悦，因具以闻楚王，楚王闻之，怃然愧⑱，以意自悯⑲也，告吏曰："微搔瓜者得无有他罪乎⑳？此梁之阴让㉑也。"乃谢以重币㉒，而请交于梁王，楚王时则称说梁王以为信㉓，故梁楚之欢㉔，由宋就始。

---

① ［边县令］边境县份的县令。令，县的行政长官。
② ［亭］战国时国与国间边境上负责防卫和治安的区域单位，秦汉时发展为乡下面的一级行政单位。
③ ［劬（qú）力］勤劳，勤力。
④ ［数（shuò）］屡，频频。
⑤ ［窳（yǔ）］懒惰。
⑥ ［恶（è）］丑，坏，不好。
⑦ ［恶（wù）］憎恶，讨厌。
⑧ ［贤己］超过自己。贤，胜过，超过。
⑨ ［窃搔（sāo）］偷偷地抓翻。窃，偷偷地，暗中。
⑩ ［请其尉］向他们的县尉请示。县尉是县令的下属，负责治安。
⑪ ［报］报复。
⑫ ［恶（wù）］感叹词，表示惊讶。
⑬ ［怨祸之道］结怨招祸的做法。构，构成。
⑭ ［人恶（è）亦恶（è）］别人做坏事自己也跟着做坏事。
⑮ ［褊（biǎn）］狭隘。
⑯ ［旦而行瓜］早上巡视所种的瓜。旦，早晨。行，巡视，巡察。
⑰ ［以］同"已"。
⑱ ［怃（nì）然愧］忧虑地感到惭愧。怃然，忧思的样子。
⑲ ［以意自悯］在思想上自己责备自己。悯，病。自悯，认为自己有毛病。
⑳ ［微搔瓜者得无有他罪乎］追问搔瓜的人莫非还有别的罪过吗。征，召，追问。得无，莫非，该不会。他，其他，别人。
㉑ ［阴让］暗中责备。让，责备。
㉒ ［重币］厚重的财物。币，财物。
㉓ ［信］诚实，真诚。
㉔ ［欢］交好。

语曰:"转败而为功,因祸而为福。"老子①曰:"报怨以德②。"此之谓也。夫人既不善,胡③足效哉?

思考与练习

一、简要概述本文中心思想。

二、在《梁大夫宋就者》中,梁楚边亭发生纠纷后,宋就在处理这件事时说了一番话,这番话反映了宋就什么样的思想品格?他这样处理产生了什么效果?

三、翻译下列各组句子,并区别其中加着重号的词的意义和用法。

恶 ①楚人窳而稀灌其瓜,瓜恶
　　②楚亭人心恶梁亭之贤己
　　③恶!是何可

报 ①亦欲窃往报搔楚亭之瓜
　　②老子曰:"报怨以德。"
　　③具以沛公言报项王(《鸿门宴》)

信 ①楚王时,则称说梁王以为信
　　②信以为真
　　③海客谈瀛洲,烟涛微茫信难求

---

① [老子] 相传是春秋时的思想家,姓李,名耳,字伯阳,楚国苦县(今河南省鹿邑县东)人。做过周朝管理藏书的史官,后来退隐。著有《道德经》(又称《老子》)一书。

② [报怨以德] 语见《老子》第六十三章,意思是:用恩德回报与别人之间的仇恨。

③ [胡] 何,怎么。

▶▪▪▪ 项目二　语文综合实践活动

生 活 趣 事

【**活动主题**】讲述生活中有趣的事。

【**活动目标**】

1. 通过活动学会观察生活，热爱生活，热爱人生，学会共处。

2. 通过查阅资料、收集信息，培养学生获取信息、处理信息、形成知识的能力。

3. 设计情境，联系实际，引导学生合作互动和探究学习，进一步提高口头表达能力。

4. 设计开放式的训练，让学生从生活中获得如何做人处事的启示，学会感悟，激发兴趣，提高写作技巧。

【**相关知识**】

语言表达知识

1. 什么是"趣事"？

趣事是指有趣味的事。有趣就是能使人感到高兴，有意思或能引起人的好奇心。其实这个"趣"字，可以从多种角度去体现：童年时的探索、发现、刨根问底，虽然稚气可爱，可反映了你希望了解外界奥秘的求知欲望，是一种"意趣"；你天真可爱，极富情感，对父母的亲情、对伙伴的友情，同样很有趣，是一种"情趣"；好玩、寻开心是你的特点，生活也常会有许多寻开心的"乐趣"；你常会做傻事、蠢事，闹出种种笑话，这种"傻趣"也往往最能反映你纯真的心。

2. 如何依"漫画"说文、写文章？

漫画作文是学生较常见的具象材料作文。依"漫画"说文字，要运用观察与分析相结合的方法，从所画的物体、背景、题目及相互关联中读懂图画的整体思想。一是要会审视画，注意画面的整体性；二是会说明画面内容；三是读懂"画"，并准确表述它的寓意。

以漫画为话题的作文，在读懂画意，明确画旨之后，要抓住形象特征，展开联想、想象，与现实进行对接；最后才组织文章。若写议论文，其大概思路是先从所供漫画的蕴涵谈起，引发现实社会的种种景象，即"引——发——析——束"，其行文结构的基本型为"揭旨——联系——阐释——归结"。

【案例一】

毛泽东幽默趣事："是一个反'手'"

　　1945年国共重庆谈判期间，毛泽东应邀对文艺界人士作演讲，演讲结束后，突然有人向他提了一个很尖锐而又很不好回答的问题："假如此次和谈失败，国共再度开战，毛先生有无信心战胜蒋先生？"毛泽东没作长篇宏论，却是借蒋介石和自己的姓氏幽默作答："国共两党的矛盾代表两种不同利益的矛盾。至于我和蒋先生嘛……蒋先生的'蒋'字是将军的'将'字头上加一棵草，他不过是草头将军而已。"说完他发出一阵豪爽的笑。不等那人问完，毛泽东接着说："我的'毛'字可不是毛手毛脚的'毛'，而是一个反'手'。意思很明显，代表大多数中国人民根本利益的共产党，要战胜代表少数人利益的国民党，易如反掌。"此言一出，全场掌声雷动。

　　【简评】毛泽东是伟大领袖，也是幽默大师。他以超常的智慧和卓越的思想，以幽默作武器，尖锐辛辣，打击敌人。语言揶揄嘲讽，不卑不亢，幽默中闪耀着真理的光辉，充满着必胜的革命信念。

【案例二】

校园生活趣事多
杨花玲

　　生活就像一本书，在一夜之间翻到了如此精彩的一页。在五中，丰富的校园生活给我带来了许多的惊喜和乐趣。

　　最有趣的是夜里偷吃零食，这件事回忆起来就会让同学们津津乐道。那是刚开学不久，有一天晚上十点多钟，老师查完房走了，我们几个同学迅速从床上一跃而起，就像训练有素的特工，迫不及待地蹑手蹑脚来到橱子旁边，轻轻地打开橱门，把从家里带来的各种美味食物放在桌上，大家像饿狼一般扑了上去，飞快地嚼起来。

　　为防意外，我们轮流到门边听动静，以防老师突然杀"回马枪"，其他人则放心地享受美食。谁知听动静的那位同学实在受不住这美味的诱惑，发出假"警报"，可把我们吓坏了。余文捷赶紧吐掉嘴里的美食，像小老鼠一样迅速地钻进被窝。我一步跳跃，跨到床上，抖开被子将自己从头到脚蒙个严严实实，躲在被窝里细细吞咽口中未尽的美食。只有那位望风的张传昕却镇定自若，悠然坐在桌旁吃着食物，嘴里发出响亮的咂吧声。此时，我才知道上当了，跳下床立刻装出一副"凶神恶煞"的样子。他被我们吓得飞快地躲到卫生间里，那速度之快捷，动作之滑稽，令全寝室的人捧腹大笑。在欢快的笑声中我们又吃了起来。谁知，笑声惊动了查房的老师，突然"咔嚓"一声房门开了，老师悄无声息地站在门口，这下我们可真的被逮了个正着。可想而知，是多么难堪。尽管如此，我们却依旧"贼"心不死，伺机再饱口福。

课外活动同样也是趣味盎然的。快看，篮球场上我们初一（1）班的篮球高手们又在与年级的老师们一决高低了。"传球！""进了！"球场边传来一阵欢乐的呼喊声，走近一看，我们班的篮球四大天王个个身怀绝技，和老师比赛，一点也不示弱。那漂亮的传球，利索的抢篮板，命中率很高的投篮，把人高马大的老师们吓了一跳。看，一次快攻，天王之一的陈诚晃过几位老师，一路如旋风般直奔篮板下，起跳上篮，球进了！动作之潇洒，令场内外的人喝彩不已，真是酷毙了！老师们可没这么容易善罢甘休，他们联手反攻，数学老师凭借个子高大的优势，连抢几个篮板，语文老师凭借灵巧的身手，在我们几大天王之间左冲右突，和生物老师互相配合，连中几球，场内场外，高潮迭起，叫声、喝彩声此起彼伏，好一幅师生同趣图。

中学校园的生活是如此新鲜而有趣，在这里，我不仅学到了文化知识，而且还锻炼了独立生活的能力，体会到同学、师生之间的亲情、友情。我爱五中的美丽校园，更爱它丰富多彩的校园生活。

（大江网——《江南都市报》）

【简评】事情有趣，写得也有趣。最大特点是记叙细腻，"偷吃零食"和"师生球赛"两件事因此具体可感，让人看到紧张校园生活的另一面——愉快，看到师生间的亲密关系。要问：如何才能发现校园生活的亮点？答：像作者这样，热爱生活、热爱学习、热爱学校。

【案例三】

一张被抛弃的纸

四张纸被放在一个商店的角落里。

这时，有一个诗人走向它们。第一张纸对诗人说："诗人，请人不要打扰我！我只是一张普通的纸，承受不了您的激情，忍受不了笔尖的锋利。"

诗人对它笑了笑，只好拿走了第二张纸。

一会儿，一个企业家走了过来。第一张纸又对企业家说："请你不要摸我！你那么大一个企业，有我不多，没我不少，与其在你那里受冷落，还不如在这里悠闲呢。"结果，企业家拿走了第三张纸。

又一天，一位小朋友走了过来。第一张纸吓得瑟瑟发抖："小朋友，求求你不要把我撕成碎片，商店里有许多好玩的玩具……"小朋友只好拿走第四张纸。

诗人在拿走的第二张纸上写了首举世震惊的作品，那纸因为是诗人的手稿而身价倍增，后来被一家博物馆精心收藏了。

企业家在拿走的第三张纸上签了一份很重要的合同，后来被细心地存档了。

小朋友在幼儿园老师的指导下，在第四张纸上画了一幅水彩画，而且还在国际比赛中获得了奖。

第一张纸因为自卑，怯懦和傲慢，在那个角落待了一段时间后，在一个黄昏被狂风卷上了天空。最后，它被风撕得粉碎。

【趣事寓理】喜欢固执己见，久而久之就错过了一次次施展自身价值的机会，从而也变得愈发平庸和无能。

【活动情境一】

诵译童趣古文，说悟生活趣事

材料一：

童 趣
沈 复

余忆童稚时，能张目对日，明察秋毫，见藐小之物，必细察其纹理，故时有物外之趣。

夏蚊成雷，私拟作群鹤舞于空中。心之所向，则或千或百，果然鹤也；昂首观之，项为之强。又留蚊于素帐中，徐喷以烟，使之冲烟而飞鸣，作青云白鹤观，果如鹤唳云端，为之怡然称快。

余常于土墙凹凸处，花台小草丛杂处，蹲其身，使与台齐；定神细视，以丛草为林，以虫蚁为兽，以土砾凸者为丘，凹者为壑，神游其中，怡然自得。

一日，见二虫斗草间，观之，兴正浓，忽有庞然大物，拔山倒树而来，盖一癞虾蟆，舌一吐而二虫尽为所吞。余年幼，方出神，不觉呀然一惊。神定，捉虾蟆，鞭数十，驱之别院。

材料二：

李嘉诚和一枚硬币

一次在取汽车钥匙时，李嘉诚不慎丢落一枚2元硬币，硬币滚到车底。当时他估计若汽车开动，硬币会掉到坑渠里。李嘉诚及时蹲下身欲拾取。此时旁边一名印度籍值班见到，立即代他拾起。李嘉诚收回该硬币后，竟给他100元酬谢。李嘉诚对此的解释是：

"若我不拾该2元，让它滚到坑渠，该2元便会在世上消失。而100元给了值班，值班便可将之用去。我觉得钱可以用，但不可以浪费。"

训练题一：

1. 材料一中沈复的《童趣》蕴涵什么哲理？请以小组为单位接龙翻译，归纳文章主旨。
2. 材料二中"李嘉诚和一枚硬币"的趣事说明了什么？你受到什么启发？
3. 查阅资料、搜集信息，每位同学准备三则以上的名人奇闻趣事，在小组交流竞说。
4. 童年如梦，知其快乐，童趣涟涟……少年如花，青年如诗，生活如歌，体验生活，趣事多多。让我们比一比，看谁说的事情有趣。

要求：

1. 把全班同学分为8个组，以小组合作竞赛的形式。
2. 教师适当点评，激励评价。

【活动情境二】

传递信息，体验趣事，畅谈感受

材料一：

很久很久以前，有个农夫他姓顾，有一天他去集市买布和醋。买了布跟醋，他肩上扛着布，手里提着醋，迈着脚步，样子很酷，突然发现一只小兔，他放下布，摆好醋，就去追兔，结果打翻了醋弄湿了布，还跑了兔，在那守株待兔，样子非常恐怖。

材料二：

有一天，有个农民工拿着三千块钱到农村信用社存款。储蓄员劈头就问了一句行内话："要死的？还是活的？"农民工吓了一跳，收起钱拔腿就跑。

材料三：

晚饭后，母亲和女儿一块儿洗碗盘，父亲和儿子在客厅看电视。突然，厨房里传来打破盘子的响声，然后一片沉寂。儿子望着他父亲，说道："一定是妈妈打破的。""你怎么知道？""她没有骂人。"

训练题二：

1. 做趣事信息传递的游戏，交流心得，体验沟通的艺术。

请各小组选派5名同学参加，按1～5号分号次序；请每组的1号出列，把事先准备好的趣事故事（如材料一）讲述给各组的1号听，接着，各组的1号同学把他所听到的故事复述给本组的2号，然后2号复述给3号听，以此类推。将请各小组的最后一名成员复述他们所听到的故事，复述完整的一组获胜。（游戏过程中听者不允许提问或作记录；请各小组独立完成，其他成员不得给本组的学员提示或影响其他小组。）请参与游戏的小组代表谈谈心得体会。

2. 创设材料二、材料三的情境，请同学互动角色扮演——情境讨论，体验生活，畅谈感受，分享收获，提高综合能力。

3. 沟通的方式因场合而异，要根据不同的对象、不同的场合而选择不同的方式。请把安·佩普《第六枚戒指》[美]的小说改编为课本剧，请同学以小组合作的形式表演交流，学会沟通和与人相处的技巧。

【活动情境三】

欣赏漫画，展开想象，抒写文章

1. 展示一组生活趣事的漫画。

2. 播放视频《超级搞笑的生活趣事》等（视频参见有关课件中），让学生感受生活趣事的快乐。

训练题三：

1. 请观察右面几幅漫画，指出漫画中画了些什么？充分发挥联想，说出漫画中有什么"趣事"，图中的意蕴。请同学任选一幅漫画看图讲故事或写漫画作文。

2. 2007年6月9日是我国第二个"文化遗产日"，学校开展了保护文化遗产的宣

传活动。如果你是该校的志愿者,发现游客在景区文物上刻字留言,你将如何劝阻?请针对以下不同对象,各写一句话。要求:语言得体,有说服力,每句不越过30字。

(1) 对同龄人:_____。

(2) 对年长者:_____。

3. 在生活中会发生很多有趣的事,有趣的事总会让我们感觉快乐,有些趣事越沉淀越值得回味,让我们每每想起都感觉生活很幸福,脸上都会充满笑意。想记录下你身边发生的趣事吗?请观察生活,挖掘生活素材,以"生活趣事,学会共处"为主题,写一篇文章,题目自拟。让我们一起来感受你的快乐!

活动要求:

1. 可发扬团队精神,共同参与、资源共享,增强小组的凝聚力。
2. 交流写作角度,广泛开掘对生活的认识,激发兴趣,提高写作水平。

项目三　听说训练

交　谈

【训练主题】
学习与人交谈的方式、技巧。
【训练目标】
1. 交谈时态度要真诚。
2. 学习交谈技巧。
【基础知识】
　　交谈，是社交活动中必不可少的内容。它是人们传递信息和情感，彼此增进了解和友谊的重要方式。然而，交谈要谈得"情投意合"，却不是件轻而易举的事。在交际应酬中，要使交谈圆满成功，就得讲究交谈的礼仪，主要应记住下列基本原则。
　　1. 态度真诚、神态专注。
　　在任何社会场合，真诚和热情是交谈的基础。古语云：与人善言，暖若锦帛；与人恶言，深于矛戟。只有开诚相见、坦率耿直、谦虚谨慎、尊重他人的谈话，才能使人感到亲切融洽。若是虚情假意敷衍搪塞，满口"外交辞令"，就会出现"话不投机半句多"的尴尬局面。如果盛气凌人、妄自尊大或油腔滑调、避实就虚，都会使人反感，导致双方产生隔阂。
　　交谈时神态要专注。切忌东张西望，左顾右盼，坐卧不安，心不在焉，或者翻阅书报，自顾自处理一些与交谈无关的事务。这都是极不礼貌的表现，会使对方感到被你轻视而不悦。在交谈中，也不要面带倦容，随意打哈欠、伸懒腰，显出一副疲惫不堪的样子。
　　2. 善于倾听和呼应。
　　洗耳恭听对方的谈话，是成功的交谈所不可缺少的要素。倾听是尊重对方、谈话的一种方式。所以，听别人讲话时要有耐心，要尽量让对方把话说完，不要轻易打断或抢接他人的话题，这一点在国外甚至有法律约束。有的国家对随便插话者，按破坏言论自由论处。1985年，居住在英国的美国新闻记者皮凯特，就因在伦敦著名的自由论坛——海德公园经常打断演讲者的话，被控为"破坏英国言论自由"，因而受到伦敦法庭的罚款。可见，对倾听他人谈话之重视。当然，倘若别人讲话时你必须要插话，应以商量的口气问一声："请允许我打断一下"或"请等等，让我插一句"，这样可以避免不必要的误解。

听话时还要以恰当的呼应来主动地"参与"交谈。因为，若没有呼应、共鸣，常会使对方扫兴。呼应可用简洁的语句来表示："是的"、"哦，是这么回事"、"对，我明白"等等。也可利用无声体态语言来呼应，如微微的点头、专注的神情、闪烁的目光、会心的微笑、牵动的嘴角，乃至掐灭一个烟蒂、绞紧一方手帕等，都能使谈话人看到你的真诚，获得鼓舞。

3. 注意谈话技巧。

交谈技巧能体现出一个人随机应变的能力，直接影响着交际效果。首先，要善于创造一种轻松愉快的谈话气氛，使对方处于精神松弛的状态。如，当你访友拜客有求于人时，应先热情地寒暄几句。假如开门见山，直说来意，会给人以"无事不登三宝殿"之嫌。如果光是"今天天气真好"之类的无话找话，又会令人感到乏味。最好是巧妙地结合所处环境，自然而然地引出话题。比如是在被访者的家里，不妨先欣赏、赞美一番其居室布置，待气氛融洽后再渐渐切入正题，这样能收到好的交际效果。其次，提问要讲究艺术性，要因人设问。交谈对象不同，提问内容也要有所区别。对挚友，可以互相询问："你工资多少？谈过恋爱吗？"然而小伙子决不可向刚由人介绍的女友提出类似问题。看准时机巧妙得体的提问，能活跃交谈气氛，丰富谈话内容。

4. 避开忌讳话题。

与人交谈要收到"投机"、"合拍"的良好效果，还要注意交谈中的"忌讳"。譬如，同失恋者忌谈爱情与婚姻问题；同不幸者忌谈他遭受不幸的往事；同残疾人忌提其生理缺陷。与外宾交谈，谈话内容一般不要涉及疾病、死亡等不愉快的事情。一般不询问妇女的年龄、婚否，不径直询问对方的工资收入、家庭财产、衣饰价格等私人生活方面的问题。

【活动情境一】

以下两组表达A和B表达哪一种好？为什么？

{ A. 就这么决定！你说什么也不能动摇我的想法！
  B. 你所说的固然也有道理，但我真的已经决定了。

{ A. 你觉得这样不好！那你说出更好的来！说呀！
  B. 这样也许不是最好，但我实在想不出更好的办法来，也许你有？

【活动情境二】

阅读下列材料，说说年轻人和主考官的交谈哪一个不妥，为什么？你有过这样的经历吗？如果有，请说说。

　　一位20岁的年轻人来到一家大企业想应聘推销员一职，主考官将他上下打量了一番，然后漫不经心地对年轻人说："这位置不适合你！看你的样子就知道你不行。"年轻人诚恳地请求道："请相信我，给我一次机会吧，我一定行的。"他主考官又说："你说你可以，那好！说出你可以的根据来。说啊！你怎么不说啊！"之后，扔下几声冷笑。

　　【活动情境三】
　　阅读下面一则材料，回答文后问题：
　　在一家大企业的来年工作计划决策会议上，一位中级职务的管理者引起了高层注意。但见他举止端正，措辞得当，尤其是他的几点"补充建议"更是令到会者心悦诚服。大家给他以热烈的掌声，他谦恭地说："抛砖引玉之谈，谢谢大家厚爱。不过最后几点建议确实有一定的可行性，尤其是其中关于……我觉得这同三十六计中的'掩耳盗铃'之计有异曲同工之妙……"

　　会场死一般地沉默，接着传出几声窃笑。决策者的脸上露出失望。

　　思考与练习：上文中与会者为什么窃笑？决策者为什么失望？

项目四 写作训练

说明文(一)

【训练主题】
学习说明文的说明方法。
【训练目标】
1. 了解说明文常用的说明方法。
2. 学会运用常用说明方法写简易说明文。
【基础知识】
说明文是客观的说明事物的一种文体,目的在于给人以知识:或说明事物状态、性质、功能的特征;或解说事物的发展变化;或阐述某一种道理;或解说事物之间的关系。

说明文的表达方式是以说明为主,为了把事物特征说清楚,或者把事理阐释明白,必须使用恰当的说明方法。常用的说明方法有以下几种:

1. 举例子:为了说明事物的情况或事理,有时光从道理上讲,人们不太理解,这就需要举些既通俗易懂又有代表性的例子来加以说明。如《中国石拱桥》把古代的赵州桥和卢沟桥作为具有代表性的例子,对我国建设石拱桥历史的悠久、成就的杰出作了说明。

2. 分类别:要说明事物的特征或事理,从单方面往往不容易说清楚,可以根据形状、性质、成因、功能等方面的异同,把事物或事理按一定的标准分成若干类,然后依照类别,逐一加以说明。如《向沙漠进军》一文将沙漠进攻的方式分成"游击战"和"阵地战"两类。

3. 列数字:数字是从数量上说明事物特征或事理的最精确、最科学、最有说服力的依据。如《死海不死》一文用大量的数字说明死海之所以浮力大的原因,非常清晰。

又如《中国石拱桥》一文中有这样一段话:"赵州桥横跨在洨河上……修建于公元六〇五年左右,到现在已经一千三百多年了,还保持着原来的雄姿……赵州桥非常雄伟,全长五十点八二米,两端宽约九点六米,中部略窄,宽约九米。"

这段话中的数字,有的是约数,有的是确数。因为赵州桥在哪年建成,史书上已经找不到确凿的记载,所以只能说个约数;而赵州桥的长度,却精确到小数点后两位,这不但要说明实有其桥,而且从这些具体精确的数字,可以看出我国古代劳动人民的智慧。写说明文,一定要下功夫选取"最恰当的"、"最精确的"语言来表达。

4. 作比较:为了把事物或事理说得通俗易懂,有时可以从人们已有的感性知识出发,利用人们生活中熟悉的事物或事理作比较,从而唤起读者的想象,获得一个深刻的印象。如《苏州园林》一文中将苏州园林同其他园林作比较。

5. 下定义:为了突出事物或事理的主要内容或主要问题,常常用简明扼要的语言给事物下定义。这是说明事物特征或事理、揭示事物或事理的本质的一种方法。如《食物从何处来》一文中就给"食物""自养""异养""光合作用"等概念下了定义。

6. 打比方:打比方就是修辞方法中的比喻。在说明文中运用打比方的方法,可以使人们不了解的事物或抽象的事理变得具体、生动、形象。如《中国石拱桥》中"石拱桥的桥洞成弧形,就像虹",让读者更形象、更清晰地了解了石拱桥的特点。

7. 画图表:有些事物的关系抽象而复杂,仅用文字说明还不能使读者明白,这就需要附上示意图,或按比例精确绘制出如产品设计图、军事行动路线图等。有时,被说明的事物项目较多,也可制成统计表,将有关数字分别填入表中,使人看了一目了然。

8. 作诠释:这是对事物进行解释的一种说明方法。

下定义与作诠释的区别是:定义要求完整,即定义的对象与所下定义的外延要相等,并且要从一个方面完整地揭示概念的全部内涵;而诠释并不要求完整,只要揭示概念的一部分内涵就可以了,并且解释的对象与做出的解释外延也可以不相等。如"词是能独立运用的最小语言单位"这个定义,主语与宾语的内涵与外延完全一致,可以颠倒。即说"能独立运用的最小的语言单位是词"也行。而"铀,是银白色的金属",则是诠释,其内涵与外延都不相等,"铀"的外延要小于"银白色的金属"的外延,因而主语与宾语不能倒过来说,即不能说"银白色的金属是铀"。

9. 摹状貌:就是通过具体的描写揭示事物的特征,有助于把被说明的对象说得更具体、生动。如《中国石拱桥》中"这些石刻的狮子,有的母子相抱,有的交头接耳,有的像倾听水声,千态万状,惟妙惟肖"。这样的说明显得十分生动、活泼。

一篇文章采用什么说明方法，是由说明目的和说明内容决定的。要写好一篇说明文，除了要恰当地运用说明方法，还要抓住事物的特征、安排合理的说明顺序、准确地使用说明语言等。

【写作训练】

1. 题目：推荐一本好书

　　提示与要求：写清楚说明的对象。注意说明的顺序。可采用多种说明方法。

2. 题目：常见错别字

　　提示与要求：结合我们平时作文的实际，至少要采用举例子的说明方法。这样会有说服力。

3. 题目：我学会了_____（填一种技能）

　　提示与要求：根据所写的说明对象补足题目，注意写清楚过程。

第四单元　成功与失败

单元学习提示

　　生活中总要面对成功和失败这人生的两个极端，它们近在咫尺，又远隔天涯。成败的转换有时只是瞬息之间，如《群英会蒋干中计》，周瑜巧施反间计，利用蒋干向曹操提供了错误信息，糊涂一时的曹操错杀了战将导致赤壁大战的失败。没有永远的失败者，也没有永恒的成功者。《高等教育》中的强是高考落榜的失败者，却成功地成为经理；《差别》里的阿诺德和布鲁诺，由于处事方法的不同，一个青云直上，另一个却原地踏步。因此，要了解成功的必备条件，才有机会迈向成功。

　　本单元课文是小说，小说的三要素是人物、情节和环境。请在阅读与欣赏时认真体会人物形象塑造上不同的手法，情节展开的特别之处，以及环境描写的烘托作用。

▶ 项目一　阅读与欣赏

15　群英会蒋干中计①

罗贯中②

课文导读

　　本文叙写的是赤壁之战中，周瑜利用蒋干前来说降之机巧施反间计，致使曹操误杀战将的经过。这篇课文虽是长篇小说的节选，但故事情节有相对的完整性，分开端、发展、高潮、结局和尾声几个部分，组织严密，引人入胜。同时，人物形象的刻画亦颇具特色。周瑜"胸怀大志，腹有良谋"，蒋干愚而自负、志大才疏，曹操骄矜多疑、狡诈权变，准确传神地塑造了不同性格的人物形象。

　　两军对垒，能否掌握准确的军事情报往往是取得胜利的成功关键所在。学习本课，在赏析其精彩的情节和人物刻画的同时，应联系收集信息对作战及其他方面的重要意义深入思考，只有"知己知彼"，才能"百战不殆"。

　　却说周瑜送了玄德，回至寨③中，鲁肃入问曰："公既诱玄德至此，为何又不下手？"瑜曰："关云长，世之虎将也，与玄德行坐相随，吾若下手，他必来害我。"肃愕然。忽报曹操遣使送书至。瑜唤入。使者呈上书看时，封面上判云④："汉大丞相付周都督开拆。"瑜大怒，更不开看，将书扯碎，掷于地下，喝斩来使。肃曰："两国相争，不斩来使。"瑜曰："斩使以示威！"遂斩使者，将首级付从人持回。随令甘宁⑤为先锋，韩当为左翼，蒋钦为右翼。瑜自部领⑥诸将接应。来日四更造饭，五更开船，鸣鼓呐喊而进。

---

① 节选自《三国演义》第四十五回。群英会，英雄豪杰们的聚会。中，读zhòng。《三国演义》是我国第一部长篇历史章回体小说。
② 罗贯中（约1330～约1400），名本，号湖海散人，元末明初小说家。
③ ［寨］军营。
④ ［判云］批道，写道。
⑤ ［甘宁］和下文的韩当、蒋钦，都是东吴的大将。
⑥ ［部领］统率。

却说曹操知周瑜毁书斩使，大怒，便唤蔡瑁、张允①等一班荆州降将为前部，操自为后军，催督战船，到三江口②。早见东吴船只，蔽江③而来。为首一员大将，坐在船头上大呼曰："吾乃甘宁也！谁敢来与我决战？"蔡瑁令弟蔡壎前进。两船将近，甘宁拈弓搭箭，望蔡壎射来，应弦而倒④。宁驱船大进，万弩齐发。曹军不能抵当。右边蒋钦，左边韩当，直冲入曹军队中。曹军大半是青、徐⑤之兵，素不习水战，大江面上，战船一摆，早立脚不住。甘宁等三路战船，纵横水面。周瑜又催船助战。曹军中箭着炮者，不计其数，从巳时⑥直杀到未时⑦。周瑜虽得利，只恐寡不敌众，遂下令鸣金⑧，收住船只。

曹军败回。操登旱寨，再整军士，唤蔡瑁、张允责之曰："东吴兵少，反为所败，是汝等不用心耳！"蔡瑁曰："荆州水军，久不操练；青、徐之军，又素不习水战。故尔致败。今当先立水寨，令青、徐军在中，荆州军在外，每日教习精熟，方可用之。"操曰："汝既为水军都督，可以便宜从事⑨，何必禀我！"于是张、蔡二人，自去训练水军。沿江一带分二十四座水门⑩，以大船居于外为城郭，小船居于内，可通往来，至晚点上灯火，照得天心水面通红。旱寨三百余里，烟火不绝。

却说周瑜得胜回寨，犒赏三军，一面差人到吴侯⑪处报捷。当夜瑜登高观望，只见西边火光接天。左右告曰："此皆北军灯火之光也。"瑜亦心惊。次日，瑜欲亲往探看曹军水寨，乃命收拾楼船一只，带着鼓乐，随行健将数员，各带强弓硬弩，一齐上船迤逦前进。至操寨边，瑜命下了矴石，楼船上鼓乐齐奏。瑜暗窥他水寨，大惊曰："此深得水军之妙也！"问："水军都督是谁？"左右曰："蔡瑁、张允。"瑜思曰："二人久居江东⑫，谙习⑬水战，吾必设计先除此二人，然后可以破曹。"正窥看间，早有曹军飞报曹操，说："周瑜偷看吾寨。"操命纵船擒捉。瑜见水寨中旗号动，急教收起矴石，两边四下一齐轮转橹

---

① ［蔡瑁、张允］原来都是荆州刺史（刺史是汉代的地方行政长官）刘表的部下，后来投降了曹操。
② ［三江口］在现在的湖北省黄冈县西。
③ ［蔽江］遮蔽了江面（形容船只多）。
④ ［应弦而倒］随着弓弦的响声（被射中了）倒在地上。
⑤ ［青、徐］青州和徐州，现在的山东省和江苏省一带。
⑥ ［巳时］指上午9点到11点。
⑦ ［未时］指下午1点到3点。
⑧ ［鸣金］敲锣，古代作战时收兵的信号。
⑨ ［便宜从事］看怎么方便就怎么办。
⑩ ［水门］用战船在水上布置了作战的阵地，从阵地通向外面的门。
⑪ ［吴侯］指东吴的最高统治者孙权。
⑫ ［江东］长江在芜湖、南京间作西南偏南、东北偏北流向，隋、唐以前，是南北往来主要渡口的所在地，习惯上称从这里以下的长江南岸地区为江东。三国时，江东的孙权的根据地，所以当时又称孙吴统治下的全部地区为江东。这里指的是前面的一种说法，下文的"江东"指的是后面的一种说法。
⑬ ［谙（ān）习］熟习。

棹，望江面上如飞而去。比及曹寨中船出时，周瑜的楼船已离了十数里远，追之不及，回报曹操。

操问众将曰："昨日输了一阵，挫动①锐气；今又被他深窥吾寨。吾当作何计破之？"言未毕，忽帐下一人出曰："某自幼与周郎同窗交契②，愿凭三寸不烂之舌，往江东说此人来降。"曹操大喜，视之，乃九江人，姓蒋，名干，字子翼，现为帐下幕宾③。操问曰："子翼与周公瑾相厚乎？"干曰："丞相放心。干到江左④，必要成功。"操问："要将何物去？"干曰："只消一童随往，二仆驾舟，其余不用。"操甚喜，置酒与蒋干送行。

干葛⑤巾布袍，驾一只小舟，径到周瑜寨中，命传报："故人蒋干相访。"周瑜正在帐中议事，闻干至，笑谓诸将曰："说客至矣！"遂与众将附耳低言，如此如此。众皆应命而去。瑜整衣冠，引从者数百，皆锦衣花帽，前后簇拥而出。蒋干引一青衣小童，昂然而来。瑜拜迎之。干曰："公瑾别来无恙！"瑜曰："子翼良苦：远涉江湖，为曹氏作说客耶？"干愕然曰："吾久别足下，特来叙旧，奈何疑我作说客也？"瑜笑曰："吾虽不及师旷之聪⑥，闻弦歌而知雅意⑦。"干曰："足下待故人如此，便请告退。"瑜笑而挽其臂曰："吾但恐兄为曹氏作说客耳。既无此心，何速去也？"遂同入帐。

叙礼⑧毕，坐定，即传令悉召江左英杰与子翼相见。须臾，文官武将，各穿锦衣；帐下偏裨将校，都披银铠：分两行而入。瑜都教相见毕，就列于两傍而坐。大张筵席，奏军中得胜之乐，轮换行酒⑨。瑜告众官曰："此吾同窗契友也。虽从江北到此，却不是曹家说客。公等勿疑。"遂解佩剑付太史慈⑩曰："公可佩我剑作监酒：今日宴饮，但叙朋友交情；如有提起曹操与东吴军旅之事者，即斩之！"太史慈应诺，按剑⑪坐于席上。蒋干惊愕，不敢多言。周瑜曰："吾自领军以来，滴酒不饮；今日见了故人，又无疑忌，当饮一醉。"说罢，大笑畅饮。座上觥筹交错⑫。饮至半酣，瑜携干手，同步出帐外。左右军士，皆全

---

① [挫动] 挫折。
② [交契] 交情深厚。契，情意相投。
③ [幕宾] 这里指军队里的参谋。
④ [江左] 古人以东为左，以西为右，所以江东又称江左。
⑤ [葛] 一种植物，纤维可以织布。
⑥ [师旷之聪] 师旷那样耳朵灵。师旷，春秋时代晋国的乐师，善于辨别音乐。
⑦ [雅意] 高雅的含义。
⑧ [叙礼] 行礼。
⑨ [行酒] 敬酒。
⑩ [太史慈] 东吴的将领。
⑪ [按剑] 用手抚剑。
⑫ [觥（gōng）筹交错] 酒杯和酒筹交互错杂。筹，酒筹，行酒令（用游戏方法决定饮酒的次序）用的竹签。

装贯带①，持戈执戟而立。瑜曰："吾之军士，颇雄壮否？"干曰："真熊虎之士也。"瑜又引干到后一望，粮草堆如山积。瑜曰："吾之粮草，颇足备否？"干曰："兵精粮足，名不虚传。"瑜佯醉大笑曰："想周瑜与子翼同学业时，不曾望有今日。"干曰："以吾兄高才，实不为过。"瑜执干手曰："大丈夫处世，遇知己之主，外托君臣之义，内结骨肉之恩②，言必行，计必从，祸福共之。假使苏秦、张仪、陆贾、郦生③复出，口似悬河，舌如利刃，安能动我心哉！"言罢大笑。蒋干面如土色。

  瑜复携干入帐，会诸将再饮；因指诸将曰："此皆江东之英杰。今日此会，可名群英会。"饮至天晚，点上灯烛，瑜自起舞剑作歌。歌曰："丈夫处世兮立功名；立功名兮慰平生。慰平生兮吾将醉；吾将醉兮发狂吟④！"歌罢，满座欢笑。

  至夜深，干辞曰："不胜酒力矣。"瑜命撤席，诸将辞出。瑜曰："久不与子翼同榻，今宵抵足而眠。"于是佯作大醉之状，携干入帐共寝。瑜和衣卧倒，呕吐狼藉。蒋干如何睡得着？伏枕听时，军中鼓打二更，起视残灯尚明。看周瑜时，鼻息如雷。干见帐内桌上，堆着一卷文书，乃起床偷视之，却都是往来书信。内有一封，上写"蔡瑁张允谨封。"干大惊，暗读之。书略曰："某等降曹，非图仕禄，迫于势耳。今已赚⑤北军困于寨中，但得其便，即将操贼之首，献于麾下。早晚人到，便有关报⑥。幸勿见疑。先此敬覆。"干思曰："原来蔡瑁、张允结连东吴！"遂将书暗藏于衣内。再欲检看他书时，床上周瑜翻身，干急灭灯就寝。瑜口内含糊曰："子翼，我数日之内，教你看操贼之首！"干勉强应之。瑜又曰："子翼，且住！……教你看操贼之首！……"及干问之，瑜又睡着。干伏于床上，将近四更，只听得有人入帐唤曰："都督醒否？"周瑜梦中做忽觉之状，故问那人曰："床上睡着何人？"答曰："都督请子翼同寝，何故忘却？"瑜懊悔曰："吾平日未尝饮醉；昨日醉后失事，不知可曾说甚言语？"那人曰："江北有人到此。"瑜喝："低声！"便唤："子翼。"蒋干只装睡着。瑜潜出帐。干窃听之，只闻有人在外曰："张、蔡二都督道：急切不得下手，……"后面言语颇低，听不真实。少顷，瑜入帐，又唤："子翼。"蒋干只是不应，蒙头假睡。瑜亦解衣就寝。

---

  ①［全装贯带］全副武装，束着腰带。
  ②［外托君臣之义，内结骨肉之恩］意思是说，一方面是君臣，一方面彼此有骨肉一样的恩情。
  ③［陆贾、郦生］汉代有名的辩士。陆贾，楚人，汉初曾随高祖定天下，长出使诸侯做说客。郦生，就是郦食其(lì·yì·jī)秦汉之际多次给刘邦献计，后说齐王田广归汉。
  ④［发狂吟］唱出放荡不羁的歌。
  ⑤［赚］诱骗。
  ⑥［关报］报告。

干寻思:"周瑜是个精细人,天明寻书不见,必然害我。"睡至五更,干起唤周瑜;瑜却睡着。干戴上巾帻①,潜步出帐,唤了小童,径出辕门②。军士问:"先生那里去?"干曰:"吾在此恐误都督事,权且告别。"军士亦不阻当。干下船,飞棹回见曹操。操问:"子翼干事若何?"干曰:"周瑜雅量高致,非言词所能动也。"操怒曰:"事又不济③,反为所笑!"干曰:"虽不能说周瑜,却与丞相打听得一件事。乞退左右。"

　　干取出书信,将上项事逐一说与曹操。操大怒曰:"二贼如此无礼耶!"即便唤蔡瑁、张允到帐下。操曰:"我欲使汝二人进兵。"瑁曰:"军尚未曾练熟,不可轻进。"操怒曰:"军若练熟,吾首级献于周郎矣!"蔡、张二人不知其意,惊慌不能回答。操喝武士推出斩之。须臾,献头帐下,操方省悟曰:"吾中计矣!"后人有诗叹曰:"曹操奸雄不可当,一时诡计中周郎。蔡张卖主求生计,谁料今朝剑下亡!"众将见杀了张、蔡二人,入问其故。操虽心知中计,却不肯认错,乃谓众将曰:"二人怠慢军法,吾故斩之。"众皆嗟呀不已。

　　操于众将内选毛玠④、于禁为水军都督,以代蔡、张二人之职。细作⑤探知,报过江东。周瑜大喜曰:"吾所患者,此二人耳。今既剿除,吾无忧矣。"肃曰:"都督用兵如此,何愁曹贼不破乎!"瑜曰:"吾料诸将不知此计,独有诸葛亮识见胜我,想此谋亦不能瞒也。子敬试以言挑之,看他知也不知,便当回报。"正是:还将反间成功事,去试从旁冷眼人。未知肃去问孔明还是如何,且看下文分解。

思考与练习

　　一、复述课文的故事梗概。
　　二、周瑜为什么一定要除掉蔡瑁、张允两人?他根据什么作出这样的决定?由此谈谈收集信息的重要性。
　　三、蒋干传递了什么错误信息?他是如何获得这些信息的?由此谈谈收集信息时要避免哪些失误。
　　四、阅读小说要注意分析人物的言行表现。周瑜在接待蒋干时有六次"笑"。请找出来,并说说它们表现了周瑜怎样的思想性格?

---

① [巾帻(zé)] 头巾。
② [辕门] 军营的门。也指衙署的外门。
③ [不济] 不成功。
④ [玠] 念 jiè。
⑤ [细作] 侦探。

16 林教头风雪山神庙[①]

施耐庵[②]

课文导读

课文选自《水浒传》第十回"林教头风雪山神庙,陆虞侯火烧草料场"。写的是林冲由逆来顺受、委曲求全到奋起反抗的故事。

本文节选的部分,情节相对完整。故事的引子是:林教头沧州遇故旧;开端是:陆虞侯贿买管营、差拨,密谋陷害林冲;发展是:林冲买刀寻敌未果,又派掌管草料场;高潮和结局是:风雪夜火烧草料场林冲复仇。

小说以起伏跌宕的情节,辅以景物描写的渲染烘托,将林冲思想变化过程鲜明地展示了出来。同时,小说通过描写人物的语言、行动、心理活动等塑造了林冲这一鲜明的艺术形象。

话说当日林冲正闲走间,忽然背后人叫。回头看时,却认得是酒生儿[③]李小二。当初在东京时,多得林冲看顾。这李小二先前在东京时,不合[④]偷了店主人家财,被捉住了,要送官司同罪。却得林冲主张陪话[⑤],救了他免送官司。又也陪了些钱财,方得脱免。京中安不得身,又亏林冲赍发[⑥]他盘缠,于路[⑦]投奔人。不想今日却在这里撞见。林冲道:"小二哥,你如何也在这里?"李小二便拜道:"自从得恩人救济,赍发小人,一地里投奔人不着。迤逦[⑧]不想来到沧州,投托一个酒店里姓王,留小人在店中做过卖[⑨]。因见小人勤谨,安排的好菜蔬,调和的好汁水[⑩],来吃的人都和喝彩,以此买卖顺当。主人家有个女儿,就

[①] 节选自《水浒传》(71回本)第十回。林教头,即林冲。林冲原是北宋京城的80万禁军(保卫京城的军队)枪棒教头(教官)。

[②] 施耐庵(1296~1371),名彦端,字肇瑞,号子安,别号耐庵。元末明初小说家。

[③] [酒生儿]酒店里的活计。

[④] [不合]不该。

[⑤] [主张陪话]出头做主,为他说好话。

[⑥] [赍(jī)发]资助。

[⑦] [于路]沿路。

[⑧] [迤逦(yǐ·lǐ)]曲折连绵,这里是一路走去,绕来绕去的意思。

[⑨] [过卖]堂倌,酒食店里招待顾客的伙计。

[⑩] [汁水]羹汤之类。

招了小人做女婿。如今丈人丈母都死了，只剩得小人夫妻两个，权在营前①开了个茶酒店。因讨钱过来，遇见恩人。恩人不知为何事在这里？"林冲指着脸上道："我因恶了高太尉②，生事陷害，受了一场官司，刺配③到这里。如今叫我管④天王堂，未知久后如何。不想今日到此遇见。"

李小二就请林冲到家里面坐定，叫妻子出来拜了恩人。两口儿欢喜道："我夫妻二人正没个亲眷，今日得恩人到来，便是从天降下。"林冲道："我是罪囚，恐怕玷辱你夫妻两个。"李小二道："谁不知恩人大名，休恁地说。但有衣服，便拿来家里浆洗缝补。"当时管待林冲酒食，至晚送回天王堂。次日，又来相请。因此林冲得李小二家来往，不时间送汤送水，来营里与林冲吃。林冲因见他两口儿恭勤孝顺，常把些银两与他做本钱。不在话下。有诗为证：

才离寂寞神堂路，又守萧条草料场。
李二夫妻能爱客，供茶送酒意偏长。

且把闲话休题，只说正话。迅速光阴，却早冬来。林冲的绵衣裙袄，都是李小二浑身整治缝补。忽一日，李小二正在门前安排菜蔬下饭，只见一个人闪将进来，酒店里坐下，随后又一人入来。看时，前面那个人是军官打扮，后面这个走卒模样。跟着也来坐下。李小二入来问道："要吃酒？"只见那个人将⑤出一两银子与小二道："且收放柜上，取三四瓶好酒来。客到时，果品酒馔⑥只顾将来，不必要问。"李小二道："官人请甚客？"那人道："烦你与我去营里请管营⑦、差拨⑧两个来说话。问时，你只说有个官人请说话，商议些事务。专等专等。"李小二应承了，来到牢城里，先请了差拨，同到管营家里，请了管营，都到酒店里。只见那个官人和管营、差拨两个讲了礼⑨。管营道："素不相识，动问官人高姓大名。"那人道："有书在此，少刻便知。且取酒来。"李小二连忙开了酒，一面铺下菜蔬果品酒馔。那人叫讨副劝盘⑩来，把了盏⑪，相让坐

---

① 〔营前〕指牢城营前面。牢城，收管被发配的囚犯的地方。
② 〔恶（wù）了高太尉〕触怒了高太尉。恶，冒犯、触怒。太尉，官名，宋徽宗时武官的高级官阶。高太尉，指高俅，他是殿帅府太尉。
③ 〔刺配〕脸上刺上字，发配往远地充军。刺，古时的肉刑，在罪犯的额上或肌肤上刺上字，用墨染上颜色。配，发往远地充军。
④ 〔管〕看守。
⑤ 〔将〕拿出。将，拿。
⑥ 〔馔 zhuàn〕饭食。
⑦ 〔管营〕看管牢城营的官吏。
⑧ 〔差拨〕看牢狱的公差。
⑨ 〔讲了礼〕见了礼。
⑩ 〔劝盘〕敬酒时放酒杯的托盘。
⑪ 〔把了盏〕敬了酒。

了。小二独自一个穿梭也似伏侍不暇。那跟来的人,讨了汤桶①,自行烫酒。约计吃过十数杯,再讨了按酒,铺放桌上。只见那人说道:"我自有伴当烫酒。不叫,你休来。我等自要说话。"

　　李小二应了,自来门首叫老婆道:"大姐,这两个人来的不尴尬②。"老婆道:"怎么的不尴尬?"小二道:"这两个人语言声音是东京人。初时又不认得管营。向后我将按酒入去,只听得差拨口里呐③出一句高太尉三个字来。这人莫不与林教头身上有些干碍④?我自在门前理会。你且去阁子背后听说什么。"老婆道:"你去营中寻林教头来认他一认。"李小二道:"你不省得⑤。林教头是个性急的人。摸不着⑥便要杀人放火。倘或叫的他来看了,正是前日说的什么陆虞侯,他肯便罢?做出事来,须连累了我和你。你只去听一听再理会。"老婆道:"说的是。"便入去听了一个时辰,出来说道:"他那三四个交头接耳说话,正不听得说什么。只见那一个军官模样的人,去伴当怀里,取出一帕子物事⑦,递与管营和差拨。帕子里面的莫不是金银。只听差拨口里说道:'都在我身上,好歹要结果了他性命。'"正说之间,阁子里叫:"将汤来。"李小二急去里面换汤时,看见管营手里拿着一封书。小二换了汤,添些下饭。又吃了半个时辰,算还了酒钱。管营、差拨先去了。次后,那两个低着头也去了。转背没多时,只见林冲走将入店里来,说道:"小二哥,连日好买卖。"李小二慌忙道:"恩人请坐。小人却待正要寻恩人,有些要紧话说。"有诗为证:

　　　潜为奸计害英雄,一线天教把信通。
　　　亏杀有情贤李二,暗中回护有奇功。

　　当下林冲问道:"什么要紧的事?"小二哥请林冲到里面坐下,说道:"却才有个东京来的尴尬人,在我这里请管营、差拨吃了半日酒。差拨口里呐出高太尉三个字来。小人心下疑,又着浑家听了一个时辰。他却交头接耳说话,都不听得。临了只见差拨口里应道:'都在我两个身上,好歹要结果了他。'那两个把一包金银,都与管营、差拨。又吃一回酒,各自散了。不知什么样人。小人心下疑,只怕恩人身上有些妨碍。"林冲道:"那人生得什么模样?"李小二道:"五短身材⑧,白净面皮,没什髭须。约有三十余岁。那跟的也不长大,紫

---

①　[汤桶] 热水桶。
②　[不尴尬(gān·gà)] 鬼鬼祟祟,不正派。也作"尴尬"或者"不尴不尬"。
③　[呐] 同"讷",说话迟钝或口吃,这里的意思是小声地说出。
④　[干碍] 关涉,妨碍。
⑤　[不省得] 不明白。
⑥　[摸不着] 料不定。
⑦　[物事] 东西。
⑧　[五短身材] 指身躯和四肢都短小。

棠色①面皮。"林冲听了，大惊道："这三十岁的正是陆虞侯。那泼贱贼②也敢来这里害我！休要撞着我，只教他骨肉为泥！"李小二道："只要提防他便了。岂不闻古人言：'吃饭防噎，走路防跌。'"林冲大怒，离了李小二家，先去街上买把解腕尖刀③，带在身上。前街后巷，一地里去寻。李小二夫妻两个，捏着两把汗。

当晚无事。次日，天明起来，早洗漱罢，带了刀又去沧州城里城外，小街夹巷，团团④寻了一日。牢城营里都没动静。林冲又来对李小二道："今日又无事。"小二道："恩人，只愿如此。只是自放仔细便了。"林冲自回天王堂，过了一夜。街上寻了三五日，不见消耗⑤，林冲也自心下慢⑥了。到第六日，只见管营叫唤林冲到点视厅⑦上，说道："你来这里许多时，柴大官人面皮，不曾抬举的你⑧。此间东门外十五里，有座大军草场⑨，每月但是纳草纳料的，有些常例钱取⑩觅。原是一个老军看管。如今，我抬举你去替那老军来守天王堂。你在那里寻几贯盘缠⑪。你可和差拨便去那里交割⑫。"林冲应道："小人便去。"当时离了营中，迳到李小二家，对他夫妻两个说道："今日管营拨我去大军草场管事，却如何？"李小二道："这个差使，又好似⑬天王堂。那里收草料时，有些常例钱钞。往常不使钱⑭时，不能勾这差使。"林冲道："却不害我，倒与我好差使，正不知何意？"李小二道："恩人休要疑心。只要没事便好了。只是小人家离得远了，过几时那工夫⑮来望恩人。"就时家里安排几杯酒，请林冲吃了。

话不絮烦，两个相别了。林冲自来天王堂取了包裹，带了尖刀，拿了条花枪，与差拨一同辞了管营。两个取路投草料场来。正是严冬天气，彤云⑯密布，

---

① [紫棠色] 黑里带红的颜色。
② [泼贱贼] 歹毒无赖的奸贼。
③ [解腕尖刀] 日常应用的一种小佩刀。
④ [团团] 转来转去。
⑤ [消耗] 消息。
⑥ [慢] 这里是轻忽、松懈的意思。
⑦ [点视厅] 点验犯人的大厅。
⑧ [柴大官人面皮，不曾抬举的你]（虽然有）柴大官人的面子，（却如今）没有抬举过你。柴大官人，柴进。林冲到沧州前，在柴进庄上住过几天；临行时，柴进给沧州大尹和牢城管营、差拨带去书信，让他们看顾林冲。
⑨ [大军草场] 存放军用草料的场子。北宋时，沧州靠近宋王朝的边界，驻扎军队，所以有草料场。
⑩ [例钱取] 例行的贿赂钱。
⑪ [盘缠] 这里指零用钱。
⑫ [交割] 办交代。
⑬ [好似] 胜过。
⑭ [使钱] 行贿。
⑮ [那工夫] 那，这里同"挪"。
⑯ [彤云] 浓云。

朔风渐起，却早纷纷扬扬卷下一天大雪来。那雪早下得密了。怎见得好雪？有临江仙词为证：

　　作阵成团空里下，这回忒杀堪怜，剡溪冻住猷船。玉龙鳞甲舞，江海尽平填，宇宙楼台都压倒，长空飘絮飞绵。三千世界玉相连，冰交河北岸，冻了十余年。

　　大雪下的正紧，林冲和差拨两个，在路上又没买酒吃处，早来到草料场外。看时，一周遭有些黄土墙，两扇大门，推开看里面时，七八间草房做着仓廒①，四下里都是马草堆，中间两座草厅。到那厅里，只见那老军在里面向火②。差拨说道："管营差这个林冲来替你回天王堂看守。你可即使交割。"老军拿了钥匙，引着林冲，分付道："仓廒内自有官司封记③。这几堆草，一堆堆都有数目。"老军都点见④了堆数，又引林冲到草厅上。老军收拾行李，临了说道："火盆锅子碗碟，都借与你。"林冲道："天王堂内，我也有在那里。你要便拿了去。"老军指壁上挂一个大葫芦说道："你若买酒吃时，只出草场，投东大路去三二里，便有市井⑤。"老军自和差拨回营里来。

　　只说林冲就床上放了包裹被卧⑥，就坐下生些焰火起来。屋边有一堆柴炭，拿几块来，生在地炉里。仰面看那草屋时，四下里崩坏了，又被朔风吹撼，摇振得动。林冲道："这屋如何过得一冬？待雪晴了，去城中唤个泥水匠来修理。"向了一回火，觉得身上寒冷。寻思："却才老军所说，二里路外有那市井，何不去沽些酒来吃？"便去包里取些碎银子，把花枪挑了酒葫芦，将火炭盖了，取毡笠子戴上，拿了钥匙，出来把草厅门拽上。出到大门首，把两扇草场门反拽上锁了。带了钥匙，信步投东。雪地里踏着碎琼乱玉⑦，迤逦背着北风而行。那雪正下得紧。

　　行不上半里多路，看见一所古庙。林冲顶礼⑧道："神明庇佑⑨，改日来烧钱纸。"又行了一回，望见一簇人家。林冲住脚看时，见篱笆中挑着一个草帚儿⑩在露天里。林冲迳到店里。主人道："客人那里来？"林冲道："你认得这个葫芦么？"主人看了道："这葫芦是草料场老军的。"林冲道："如何便认的？"

---

① ［仓廒（áo）］存放粮食的仓库。
② ［向火］烤火。
③ ［官司封记］官家的封条。官司，旧时对官吏和政治的泛称。
④ ［点见］点清。
⑤ ［市井］市镇。
⑥ ［被卧］被褥。
⑦ ［碎琼乱玉］指地上的雪。琼，美玉。
⑧ ［顶礼］佛家最敬之礼，即跪拜。
⑨ ［庇佑］保佑。
⑩ ［草帚儿］当酒旗用的草把。

店主道:"既是草料场看守大哥,且请少坐。天气寒冷,且酌三杯,权当接风①。"店家切一盘熟牛肉,烫一壶热酒,请林冲吃。又自买了些牛肉,又吃了数杯,就又买了一葫芦酒,包了那两块牛肉,留下碎银子,把花枪挑了酒葫芦,怀内揣了牛肉,叫声相扰,便出篱笆门,依旧迎着朔风回来。看那雪到晚越下的紧了。古时有个书生,做了一个词,单题那贫苦的恨雪:

广莫严风刮地,这雪儿下的正好。扯絮挦绵,裁几片大如栲栳。见林间竹屋茅茨,争些儿被他压倒。富室豪家,却言道压瘴犹嫌少。向的是兽炭红炉,穿的是绵衣絮袄。手拈梅花,唱道国家祥瑞,不念贫民些小。高卧有幽人,吟咏多诗草。

再说林冲踏着那瑞雪,迎着北风,飞也似奔到草场门口,开了锁入内看时,只叫得苦。原来天理昭然,佑护善人义士。因这场大雪,救了林冲的性命。那两间草厅,已被雪压倒了。林冲寻思:"怎地好?"放下花枪、葫芦在雪里,恐怕火盆内有火炭延烧起来。搬开破壁子,探半身入去摸时,火盆内火种,都被雪水浸灭了。林冲把手床上摸时,只拽的一条絮被。林冲钻将出来,见天色黑了。寻思:"又没打火处,怎生安排?"想起:"离了这半里路上,有个古庙,可以安身。我且去那里宿一夜。等到天明,却做理会。"把被卷了,花枪挑着酒葫芦,依旧把门拽上锁了,望那庙里来。入的庙门,再把门掩上,傍边止有一块大石头,掇将过来靠了门。入的里面看时,殿上做着一尊金甲山神。两边一个判官,一个小鬼。侧边堆着一堆纸。团团看来,又没邻舍,又无庙主。林冲把枪和酒葫芦放在纸堆上,将那条絮被放开,先取下毡笠子,把身上雪都抖了,把上盖②白布衫脱将下来③。早有五分湿了。和毡笠放在供桌上。把被扯来盖了半截下身。却把葫芦冷酒提来便吃。就将怀中牛肉下酒。正吃时,只听得外面必必剥剥地爆响。林冲跳起身来,就壁缝里看时,只见草料场里火起,刮刮杂杂烧着。看那火时,但见:

一点灵台,五行造化,丙丁在世传流。无明心内,灾祸起沧州。烹铁鼎能成万物。铸金丹还与重楼。思今古,南方离位,荧惑最为头。绿窗归焰烬;隔花深处,掩映钓鱼舟。鏖兵赤壁,公瑾喜成谋。李晋王醉存馆驿,田单在即墨驱牛。周褒姒骊山一笑,因此戏诸侯。

当时张见草场内火起,四下里烧着,林冲便拿枪,却待开门来救火,只听得前面有人说将话来。林冲就伏在庙听时,是三个人脚步响,且奔庙里来。用

---

① [接风] 设宴接待远方来的来客。
② [上盖] 上身的外衣。
③ [脱将下来] 脱下来。

手推门，却被林冲靠住了，推也推不开。三人在庙檐下立地①看火。数内一个道："这条计好么？"一个应道："端的②亏管营、差拨两位用心。回到京师，禀过太尉，都保你二位做大官。这番张教头没的推故了③。"那人道："林冲今番直吃我们对付了④。高衙内这病必然好了。"又一个道："张教头那厮，三回五次托人情去说：'你的女婿殁了。'张教头越不肯应承。因此衙内病患看看重了。太尉特使俺两个央浼⑤二位干这件事。不想而今完备了。"又一个道："小人直爬入墙里去，四下草堆上点了十来个火把，待走那里去？"那一个道："这早晚烧个八分过了。"又听一个道："便逃得性命时，烧了大军草料场，也得个死罪。"又一个道："我们回城里去罢。"一个道："再看一看，拾得他一两块骨头回京府里见太尉和衙内时，也道我们也能会干事。"

  林冲听那三个人时，一个是差拨，一个是陆虞侯，一个是富安。林冲道："天可怜见⑥林冲，若不是倒了草厅，我准定被这厮们烧死了！"轻轻把石头掇开，挺着花枪，一手拽开庙门，大喝一声："泼贼那里去！"三个人急要走时，惊得呆了，正走不动。林冲举手，胳察⑦的一枪，先搠⑧倒差拨。陆虞侯叫声饶命，吓得慌了手脚，走不动。那富安走不到十来步，被林冲赶上，后心只一枪，又戳倒了。翻身回来，陆虞侯却才行的三四步。林冲喝声道："好贼！你待那里去？"批胸只一提，丢翻在雪地上，把枪搠在地里，用脚踏住胸脯，身边取出那口刀来，便去陆谦脸上搁着，喝道："泼贼！我自来又和你无什么冤仇，你如何这等害我！正是'杀人可恕，情理难容。'"陆虞侯告道："不干小人事，太尉差遣，不敢不来。"林冲骂道："奸贼，我与你自幼相交，今日倒来害我，怎不干你事！且吃我一刀。"把陆谦上身衣服扯开，把尖刀向心窝里只一剜⑨，七窍迸出血来。将心肝提在手里。回头看时，差拨正爬将起来要走。林冲按住喝道："你这厮原来也恁的歹，且吃我一刀。"又早把头割下来，挑在枪上。回来把富安、陆谦头都割下来。把尖刀插了，将三个人头发结做一处，提入庙里来，都摆在山神面前供桌上，再穿了白布衫，系了胳膊⑩，把毡笠子带上，将葫芦里冷

---

  ① ［立地］站着。
  ② ［端的］果然。
  ③ ［这番张教头没的推故了］这一回，张教头没有理由推托了。张教头，林冲的岳父。推故，指林冲充军以后，高衙内（高俅的干儿子，"衙内"是宋元时代对官家子弟的称呼）几次威逼林冲的妻子嫁他，张教头总推托说："女婿会回来同女儿团聚。"
  ④ ［今番直吃我们对付了］这回可真被我们收拾了。
  ⑤ ［央浼（měi）］恳求，请托。
  ⑥ ［可怜见］向人乞怜的词，就是"可怜"。
  ⑦ ［胳察］形容枪扎下去的声音。
  ⑧ ［搠（shuò）］扎，刺。
  ⑨ ［剜（wān）］挖。
  ⑩ ［系了胳膊］一种布制的长带，中间有个袋，可以束在腰间。又可称"褡包"。

酒都吃尽了。被与葫芦都丢了不要。提了枪，便出庙门投东去。

思考与练习

一、围绕林冲的遭遇，课文情节的展开可以说张弛有致、波澜起伏，反映了林冲性格思想的变化过程，请根据故事发展的不同阶段，划分课文的段落层次，并写出各层次的内容大意。

二、仔细阅读课文，谈谈林冲的遭遇和他思想性格的变化，对于我们认识当时的社会现实有什么意义？

三、仔细阅读课文，找出课文有哪些细节描写？这些细节描写有什么作用？

四、课文多次描写了朔风和大雪。请找出这些景物描写的文字，并说说它们对烘托人物、渲染气氛、推进情节发展和深化主题等方面的作用。

五、林冲到草料场交割完毕，出门沽酒。文中多次描写风大雪"紧"："那雪正下得紧""看那雪，到晚越下得紧了"。鲁迅先生赞扬"紧"字富有"神韵"，当之无愧。请分析这个"紧"字的神韵之处。

*17 差 别[①]

[德] 布鲁德·克里斯蒂安森

课文导读

当今社会充满竞争，也充满了机遇。我们本应学会如何增长自己的智慧和才干，应对竞争，把握机遇。《差别》讲了一个普通而又意味深长的小故事：两个年轻人同在一家店铺工作，一个能够创造性地为老板做事，得到重用取得了成功；另一个不能灵活地处理问题，得不到重视。请仔细阅读课文，在领会微型小说的空白美的同时，可以获得做人做事的一些成功的道理。

两个同龄的年轻人同时受雇于一家店铺，并且拿同样的薪水。

可是一段时间后，叫阿诺德的那个小伙子青云直上，而那个叫布鲁诺的小伙子却仍在原地踏步。布鲁诺很不满意老板的不公正待遇。终于有一天他到老板那儿发牢骚了。老板一边耐心地听着他的抱怨，一边在心里盘算着怎样向他解释清楚他和阿诺德之间的差别。

"布鲁诺先生，"老板开口说话了，"您现在到集市上去一下，看看今天早

[①] 选自《微型小说》，1996年第4期，华霞译。布鲁德·克里斯蒂安森，德国作家，著作有微型小说《差别》等。

上有什么卖的。"

布鲁诺从集市上回来向老板汇报说，今早集市上只有一个农民拉了一车土豆在卖。

"有多少？"老板问。

布鲁诺赶快戴上帽子又跑到集上，然后回来告诉老板一共40袋土豆。

"价格是多少？"

布鲁诺又第三次跑到集上问来了价格。

"好吧，"老板对他说，"现在请您坐到这把椅子上一句话也不要说，看看别人怎么说。"

阿诺德很快就从集市上回来了，向老板汇报说到现在为止只有一个农民在卖土豆，一共40口袋，价格是多少多少；土豆质量很不错，他带回来一个让老板看看。这个农民一个钟头以后还会弄来几箱西红柿，据他看价格非常公道。昨天他们铺子的西红柿卖得很快，库存已经不多了。他想这么便宜的西红柿老板肯定会要进一些的，所以他不仅带回了一个西红柿做样品，而且把那个农民也带来了，他现在正在外面等回话呢。

此时老板转向了布鲁诺，说："现在您肯定知道为什么阿诺德的薪水比您高了吧？"

思考与练习

一、从文中找出下列词的近义词，写在括号里。

工资（　　）　埋怨（　　）　廉价（　　）　说明（　　）

二、文中"盘算"一词可以换成学过的哪些词并且意思不变。

盘算（　　）（　　）（　　）（　　）

三、文章里阿诺德和布鲁诺的真正差别是什么？布鲁诺该怎样弥补这种差距？结合现实，谈谈你觉得自己更接近谁？从中你又得到什么启示？

四、请把下面的话改成阿诺德直接向老板说的话。

阿诺德汇报说土豆质量很不错，他带回来一个让老板看看。

*18　二十年后的……

[美] 欧·亨利[①]

课文导读

小说《二十年后》通过20年后的约会着重塑造了杰美·威耳斯和鲍柏两个人物形象。在整个故事发展的过程中,作者并没有用太多的笔墨进行人物的刻画,大部分是通过人物的对话来表现人物个性,轻描淡写、寥寥数笔就使人物形象突出,对比中更加鲜明。小说的故事情节的设计十分的巧妙和富有戏剧性。看似平淡无奇,但是随着故事的发展却是奇峰突起,尤其是结尾出乎意料而又合乎情理,这就是著名的欧·亨利式结尾。

纽约的一条大街上,一位值勤的警察正沿街走着。一阵冷飕飕的风向他迎面吹来。已近夜间10点,街上的行人寥寥无几了。

在一家小店铺的门口,昏暗的灯光下站着一个男子。他的嘴里叼着一支没有点燃的雪茄烟。警察放慢了脚步,认真地看了他一眼,然后,向那个男子走了过去。

"这儿没有出什么事,警官先生。"看见警察向自己走来,那个男子很快地说,"我只是在这儿等一位朋友罢了。这是20年前定下的一个约会。你听了觉得稀奇,是吗?好吧,如果有兴致听的话,我来给你讲讲。大约20年前,这儿,这个店铺现在所占的地方,原来是一家餐馆……"

"那餐馆5年前就被拆除了。"警察接上去说。

男子划了根火柴,点燃了叼在嘴上的雪茄。借着火柴的亮光,警察发现这个男子脸色苍白,右眼角附近有一块小小的白色的伤疤。

"20年前的今天晚上,"男子继续说,"我和吉米·维尔斯在这儿的餐馆共进晚餐。哦,吉米是我最要好的朋友。我们俩都是在纽约这个城市里长大的。从孩提时候起,我们就亲密无间,情同手足。当时,我正准备第二天早上就动身到西部去谋生。那天夜晚临分手的时候,我们俩约定:20年后的同一日期、同一时间,我们俩将来到这里再次相会。"

[①] 欧·亨利(1862~1910),是美国最著名的短篇小说家之一,曾被评论界誉为曼哈顿桂冠散文作家和美国现代短篇小说之父。

"这听起来倒挺有意思的。"警察说,"你们分手以后,你就没有收到过你那位朋友的信吗?"

"哦,收到过他的信。有一段时间我们曾相互通信。"那男子说,"可是一两年之后,我们就失去了联系。你知道,西部是个很大的地方。而我呢,又总是不断地东奔西跑。可我相信,吉米只要还活着,就一定会来这儿和我相会的。他是我最信得过的朋友啦。"

说完,男子从口袋里掏出一块小巧玲珑的金表。表上的宝石在黑暗中闪闪发光。"9点57分了。"

他说,"我们上一次是十点整在这儿的餐馆分手的。"

"你在西部混得不错吧?"警察问道。

"当然罗!吉米的光景要是能赶上我的一半就好了。啊,实在不容易啊!这些年来,我一直不得不东奔西跑……"

又是一阵冷飕飕的风穿街而过。接着,一片沉寂。他们俩谁也没有说话。过了一会儿,警察准备离开这里。

"我得走了,"他对那个男子说,"我希望你的朋友很快就会到来。假如他不准时赶来,你会离开这儿吗?"

"不会的。我起码要再等他半个小时。如果吉米他还活在人间,他到时候一定会来到这儿的。就说这些吧,再见,警官先生。"

"再见,先生。"警察一边说着,一边沿街走去,街上已经没有行人了,空荡荡的。

男子又在这店铺的门前等了大约20分钟的光景,这时候,一个身材高大的人急匆匆地径直走来。他穿着一件黑色的大衣,衣领向上翻着,盖住了耳朵。

"你是鲍勃吗?"来人问道。

"你是吉米·维尔斯?"站在门口的男子大声地说,显然,他很激动。

来人握住了男子的双手。"不错,你是鲍勃。我早就确信我会在这儿见到你的。啧,啧,啧!20年是个不短的时间啊!你看,鲍勃!原来的那个饭馆已经不在啦!要是它没有被拆除,我们再一块儿在这里面共进晚餐该多好啊!鲍勃,你在西部的情况怎么样?"

"喔,我已经设法获得了我所需要的一切东西。你的变化不小啊,吉米。我原来根本没有想到你会长这么高的个子。"

"哦,你走了以后,我是长高了一点儿。"

"吉米,你在纽约混得不错吧?"

"一般,一般。我在市政府的一个部门里上班,坐办公室。来,鲍勃,咱们去转转,找个地方好好叙叙往事。"

这条街的街角处有一家大商店。尽管时间已经不早了，商店里的灯还在亮着。来到亮处以后，这两个人都不约而同地转过身来看了看对方的脸。

突然间，那个从西部来的男子停住了脚步。

"你不是吉米·维尔斯。"他说，"20年的时间虽然不短，但它不足以使一个人变得容貌全非。"从他说话的声调中可以听出，他在怀疑对方。

"然而，20年的时间却有可能使一个好人变成坏人。"高个子说，"你被捕了，鲍勃。芝加哥的警方猜到你会到这个城市来的，于是他们通知我们说，他们想跟你'聊聊'。好吧，在我们还没有去警察局之前，先给你看一张条子，是你的朋友写给你的。"

鲍勃接过便条。读着读着，他微微地颤抖起来。便条上写着：

鲍勃：刚才我准时赶到了我们的约会地点。当你划着火柴点烟时，我发现你正是那个芝加哥警方所通缉的人。不知怎么的，我不忍自己亲自逮捕你，只得找了个便衣警察来做这件事。

思考与练习

一、这篇小说讲了一个怎样的故事？

二、你如何看待吉米最后的做法？试分析文中的吉米这个人物形象。

三、"欧·亨利式的结尾"在本文中是如何体现的？

19　高等教育

司玉笙[①]

课文导读

这篇以"高等教育"为题的美文仅千字，然而，文短意深，意蕴丰厚。强成为一个出色的人才，把公司打理得井井有条，他的人品让上上下下的人都对其产生敬意。他家很穷，

[①] 司玉笙，1956年生于新疆。现是河南省作家协会会员，郑州小小说学会副会长，商丘市作家协会副主席。1978年开始发表作品，在《北京文学》、《天津文学》、《小说界》、《杂文报》等报刊发表小说、诗歌、散文、杂文等作品1000余篇，约230万字。已出版作品集《巴巴拉拉之犬》《沉在水底的房间》等。近百篇作品获得省市以上奖项。多篇作品被译介至美国、加拿大、日本、东南亚诸国或改编成电视剧。代表作有《书法家》、《高等教育》、《老师三题》、《错变》、《不倒树》、《永远的阳光》等。

父母不识字。但从小就从一粒米、一根线开始教育他做好自个儿的事。"高等教育","高"在哪里呢?"高"就"高"在首先是"教"孩子"做人",做个正直的人、有良知的人、追求上进的人、勤奋肯干的人、品格高尚的人!这就是真正的"高等教育"。

阅读时请注意人物对话叙述上的特色。

强高考落榜后就随本家哥去沿海的一个港口城市打工。

那城市很美,强的眼睛就不够用了。本家哥说,不赖吧?强说,不赖。本家哥说,不赖是不赖,可总归不是自个儿的家,人家瞧不起咱。强说,自个儿瞧得起自个儿就行。

强和本家哥在码头的一个仓库给人家缝补篷布。强很能干,做的活儿精细,看到丢弃的线头碎布也拾起来,留作备用。

那夜暴风雨骤起,强从床上爬起来,冲到雨帘中。本家哥劝不住他,骂他是个憨蛋。

在露天仓垛里,强察看了一垛又一垛,加固被掀动的篷布。待老板驾车过来,他已成了个水人。老板见所储物资丝毫不损,当场要给他加薪,他就说不啦,我只是看看我修补的篷布牢不牢。

老板见他如此诚实,就想把另一个公司交给他,让他当经理。强说,我不行,让文化高的人干吧。老板说我看你行——比文化高的人身上的那种东西。

强就当了经理。

公司刚开始,需要招聘几个大专以上文化程度的年轻人当业务员,就在报纸上做了广告。本家哥闻讯跑来,说给我弄个美差干干。强说,你不行。本家哥说,看大门也不行吗?强说,不行,你不会把这里当自个儿的家。本家哥脸涨得紫红,骂道,你真没良心。强说,把自个儿的事干好才算有良心。

公司进了几个有文凭的年轻人,业务红红火火地开展起来。过了些日子,那几个受过高等教育的年轻人知道了他的底细,心里就起毛说,就凭我们的学历,怎能窝在他手下?强知道了并不恼,说,我们既然在一块儿共事,就把事办好吧。我这个经理的帽儿谁都可以戴,可有价值的并不在这顶帽上……

那几个大学生面面相觑,就不吭了。

一外商听说这个公司很有发展前途,想洽谈[1]一项合作项目。强的助手说,这可是条大鱼哪,咱得好好接待。强说,对头。

外商来了,是位外籍华人,还带着翻译、秘书一行。

强用英语问,先生,会汉语吗?

---

[1] [洽(qià)谈]接洽商谈。

那外商一愣，说，会的。强就说，我们用母语谈好吗？

外商就道一声"OK。"谈完了，强说，我们共进晚餐怎么样？外商迟疑地点了点头。

晚餐很简单，但有特色。所有的盘子都尽了，只剩下两笼包子，强对服务小姐说，请把这两个包子装进食品袋里，我带走。虽说这话很自然，他的助手却紧张起来，不住地看那外商。那外商站起，抓住强的手紧紧握着，说，OK，明天我们就签合同！

事成之后，老板设宴款待外商，强和他的助手都去了。

席间，外商轻声问强，你受过什么教育？为什么能做这么好？

强说，我家很穷，父母不识字。可他们对我的教育是从一粒米、一根线开始的。后来我父亲去世，母亲辛辛苦苦地供我上学，她说俺不指望你高人一等，你能做好你自个儿的事就中……

在一旁的老板眼里渗出亮亮的液体。他端起一杯酒，说，我提议敬她老人家一杯——你受过人生最好的教育——把母亲接来吧！

思考与练习

一、仔细阅读文章，强一共跟哪几个人物进行了对话？文章在叙述人物对话上有什么特点？

二、"那几个受过高等教育的年轻人……"中的"高等教育"和标题的高等教育是不是相同的意思？如果不同的话，各指什么？

三、《高等教育》共分几个情节，每个情节与主题"高等教育"有什么关系？

项目二　语文综合实践活动

我看诚信

【活动主题】
收集资料，说说对诚信的看法。
【活动目标】
1. 通过对诚信的了解，了解诚信对人生的重要影响。
2. 通过查阅资料、搜集信息，让学生懂得，诚信是个人品德的重要衡量标准，更是人生成功的保证。
3. 联系实际，让学生理解非诚信带给社会的危害，引导学生讲诚信人生。
4. 设计开放式的练习，帮助学生树立诚信意识，坚守诚信人生。
【相关知识】

（一）语言表达知识

1. 什么是辩论

正反双方用一定的理由来说明自己对事物或问题的见解，揭露对方的矛盾，以便最后得到正确的认识或共同的意见。而辩论本身产生，也具有两个要素。这两个要素，分别是：

一要有一个让参加辩论的人对于其认知产生不同观点的论题，亦即辩题，是辩论的主题。

二要作为主管能动者，参加辩论的人，可以根据自身持有的不同的观点分成几个方面，分别进行立论和驳论。立论就是提出本方的观点，而驳论，则是指对其他各方的立论进行分析之后指出其错误或者偏颇以进行驳斥。

2. 编绘手抄报

手抄报是语文课外综合训练形式之一，学生需直接参与编辑、撰写、制作等的全过程。手抄报的编绘制作一般分为四步：着手准备、版面设计、抄写文章、美化版面。（1）着手准备：主要是各种材料、工具的准备，具体包括准备好一张白纸（大小视需要而定）及书写、绘图工具，编辑、撰写有关的文字材料（文章宜多准备些）等。（2）设计版面：①报头拟定（即报名），形象生动地反映手抄报的主题思想。报头一般均设计在版面的上部或中部最醒目的位置，不宜放在下端；在设计与表现手法上力求简练明了；报头字号要大，字体或行或楷，或彩色或黑白。②文章排版，应根据文章内容及篇幅的长短进行。一般重要文章放在显要位置（即头版）；要注意长短文章穿插和横排竖排结合，并画好格子或格线，使版面既工整又生动活泼；字的排列以横为主以竖为辅，行距要大于字距；篇与篇之间要有空隙，篇与边之间要有空隙，且与纸的四周要有3cm左右的空边；报面始终要保持干净、整洁。③题头（即题花）设计，一般在文章前端或与文章题图结合在一起。设计题头要注意以题目文字为主，字略大；装饰图形须根据文章内容及版面的需要而定；文章标题字要书写得小于报题的文字而大于正文的文字。（3）抄写文章：①手抄报的用纸多半是白色，故文字的书写宜用黑墨水；②字体宜用行书和楷书，少用草书和篆书；③字的个头大小要适中（符合通常的阅读习惯）；④书写要工整，不能出现错别字。（4）美化版面：文章抄写完毕后，即可进行插图、尾花、花边的绘制（不宜先插图后抄写），将整个版面美化。这个过程是手抄报版面出效果的关键过程。①插图应根据内容及版面装饰的需要进行设计，好的插图既可美化版面又可帮助读者理解文章内容。②尾花多以花草或几何形图案为主。插图和尾花并不是所有的文章都需要的，也并非多多益善，能起到"画龙点睛"即可。③花边是手抄报中不可少的，常用的多是直线或波状线等。总之，手抄报应力求版式整齐规范，布局合理；图文并茂，美观大方；资料丰富，内容充实。

（二）实践活动知识

1. 诚信引发的信任危机

当今社会，各个领域里都出现了信任危机。企业的信任危机；政府信任危机；社交的信任危机；甚至国际交往间也存在信任危机。为什么随着经济、科技的发展，人们之间却失去了以往社会的"一言九鼎"，"君子一言，驷马难追"的诚信社会呢？

2. 信任危机的主要内容是什么？

诚信危机的主要内容有：

一是行业信用缺失。在学术领域，一些教材七拼八凑，一些学术著作剽窃他人成果。在教育领域，突出表现为教育乱收费，一些中小学校巧立名目收取费用。在传媒领域，一些媒体搞有偿新闻、虚假广告。在医药领域，一些医务人员对求诊者小病大治，开昂贵处方，哄抬药价，使患者和社会对医疗卫生的不信任感增加。在中介领域，一些中介组织必须坚守的诚信底线早已失守。

二是企业信用缺失。主要表现在：第一，企业经营管理制度不健全，尤其是奉行诚信和守法经营上的制度建设跟进不足、保障不力。第二，企业信用行为的积极因素被否定，转向违法、违规经营，主要是存在隐瞒经营、欺诈经营、幕后操纵经营、暗箱交易等非规范化甚至非法行为。第三，具体到企业经营运作上表现为产品交易以次充好，以劣充优；招商引资坑蒙拐骗，不信守合同；合作开发架空卖空；拖欠赊销款，转移投资集资款，等等。第四，企业微观经济行为上表现为做假账、开假发票、伪造证件、漏税、骗税、抗税、拖欠各种规费等。

三是官员信用缺失。经济社会快速发展的今天，商潮阵阵撞击着素称"清水衙门"的党政机关。一些"公仆"忽视了他们的应尽责任，对百姓冷漠，把政府为民众服务的正当关系颠倒过来，会议上信誓旦旦，私下里把诺言弃之脑后，丧失了诚信为政的根本原则。钱欲和物欲使少数拥有行政职能的人私心膨胀，利用手中的权力徇私获利。这些人的所作所为被老百姓称为"四乱"——乱收费、乱罚款、乱集资、乱摊派。他们损害了国家机关的形象，疏离了党群、干群的血肉关系。

四是诚信观念不被重视。在我们积极推进物质文明、精神文明和政治文明建设的今天，毋庸讳言的是，"诚信"的实践者往往受骗上当，坑蒙拐骗行径常常得不到追究，诚信的道德观念受到人们的怀疑，使得社会上人与人之间诚信不足，造成社会整体道德水平的滑坡，阻碍了我国社会有序、快速、健康发展。

3. 诚信给个人和社会带来怎样的影响？

"诚信"是人们安身立命所必须遵循的道德标准。而且，诚信不是个人私事，当一个人做出缺乏诚信的事情，"诚信危机"可能会殃及亲友，甚至更多的人。当不诚信的个体行为以个人形式出现的时候，它会给所在的群体带来损害，而当这种损害蔓延成灾的时候，它就会对人们的思维造成定势上的偏见。由此可见，"诚信迷失"绝非个人的事情，而是会对整个社会群体带来负面影响。诚信的迷失，甚至可以影响国家政策的推行。"诚信"是处理个人与社会、个人与个人之间相互关系的基本道德规范，是个人生存和社会发展的必然需要。孔子说："民无信不立。"《周易》也说："君子进德修业，忠信，所以进德也；修辞立其诚，所以居业也。"

【案例一】

曾子是孔子的学生。有一次，曾子的妻子准备去赶集，由于孩子哭闹不已，曾子妻许诺孩子回来后杀猪给他吃。曾子妻从集市上回来后,曾子便捉猪来杀,妻子阻止说:"我不过是跟孩子闹着玩的。"曾子说:"和孩子是不可说着玩的。小孩子不懂事,凡事跟着父母学,听父母的教导。现在你哄骗他,就是教孩子骗人啊。"于是曾子把猪杀了。

【简析】曾子深深懂得,诚实守信,说话算话是做人的基本准则,若失言不杀猪,那么家中的猪保住了,但却在一个纯洁的孩子的心灵上留下不可磨灭的阴影。父母不诚信,等于教导孩子也成为个不诚信的人。

【案例二】

20世纪90年代初,日本美津浓公司制造的运动衣,包装袋里有一张纸条,上写:"这种运动衣是采用日本最优秀的染料,用最先进的技术染色的。但我们觉得遗憾的是,茶色的染色还没有达到完全不褪色的程度,还是会稍微褪色的。"就因为这句话,使得该公司的运动衣成为当时人们公认的最可信赖的运动衣。这是露短营销的一个成功案例。

【简析】在商业领域,以诚从商、以诚待客,历来为市场竞争之本。企业和商家有一点要明白,产品的不足总有一天会暴露的,再大的优点也弥补不了不足,再大的谎言也包不住不足,如果不能以好的态度认识和承认不足,甚至想方设法掩饰不足,到头来失去的是顾客的信任,得到的却是市场的惩罚和淘汰。

【案例三】

有一家很大的外资公司在中国招聘雇员。条件是很苛刻的,前往应聘者都是具有高学历者。当第一位应聘者走进房间时,主考的美国人立即露出兴奋之色。像他乡遇知己一样热情地说:"你不是哈佛大学某某专业的研究生吗?我比你高一届,你不记得我了?"应聘的中国青年心里一震:"他认错人了。"在此时,承认自己有哈佛的学历对应聘绝对有好处。但这个青年认为,诚实的人比什么都重要。于是,他冷静而客气地说:"先生,你可能认错人了。我没有到美国哈佛大学学习过。我只有在中国读大学的学历。"

说着话的同时,他已做好了不被录用的心理准备。

没想到,主考的美国人又一次露出惊喜之色,他说:"你很诚实,刚才就是我们考试的第一关。现在我们进行第二关的业务水平测试……"

最终,这位青年被录取了。如果这个应聘者耍小聪明,不诚实守信,那么他连第一关都过不了,更别谈其他了。

【简析】不论哪种社会形态,做人都要诚实。而且,文明程度越高,就越重诚信。树立诚实做人的良好品质,是关系到人一生的事,是关系到自己的人格、品质和习惯的事,坚持诚信做人,最终对自己不亏。

【活动情境一】

阅读材料，合作探究

材料一：
　　珠海市第七中学，通过"无人监考"来推行"诚信教育"，师生之间建立起了相互信任的关系，学生的自主意识得到了加强，以往学生在学校接受教育的被动模式正逐渐地向自发思考和自我督促的方向发生了转变。开展无人监考实验，学生自己承诺上课要认真听讲，课间不要打闹，保证不抄袭作业，考试不作弊，值日不逃避，公物不损坏，同学之间不搞恶作剧。

材料二：
　　中国互联网协会反垃圾邮件中心前不久的调查显示，中国超过60%的互联网用户会收到垃圾邮件；而关于流氓软件的最新调查报告表明，竟然有超过98%的网民受过流氓软件的侵扰。而在貌似歌舞升平的互联网行业，这些诚信问题还只是冰山一角。随着互联网从"眼球"时代向"商业"时代的转型，在商业利益的驱动下，众多网络公司正在肆无忌惮地挑战着该行业的"诚信底线"。在2006年9月召开的第五届中国互联网大会上，"诚信"也引发了各方的高度关注。当前，曾在中国很多行业咤叱风云的"诚信危机"终于现身网络，仿佛成了互联网之不可承受之殇。（宋光磊/中证网）

材料三：
　　据一位中国银行的员工介绍，某高校200多名学生与他所在的银行签订了国家助学贷款协议，但是，仅有3名学生毕业后主动与他们联系还贷事宜。该员工很无奈地表示："国家助学贷款推动缓慢，大学生信用状况堪忧是其中一个突出的影响因素。"

训练题一
1. 材料中所涉及哪些环境里的诚信问题？
2. 这些环境里的诚信问题会造成什么样的危害？
3. 你在这样的环境里时，你怎么做了？
4. 联系材料三，个人的诚信行为对国家政策有什么影响？

要求：
1. 把全班分成两组，以"大学生要不要及时还贷款"为辩论正反方进行辩论。
2. 小组内采取任务分工式讨论方式，每组针对一项材料进行讨论。
3. 教师作适当点评。

【活动情境二】

欣赏诚信故事，强化诚信意识

1. 介绍名人因为诚信而成功的故事。
2. 展示诚信怎样为社会带来安全感，为国家带来经济的发展。例如金融风暴的源头美国次信贷危机。

训练题二
1. 以"诚信人生"为主题，设计1~2句环保广告词。
2. 查找诚信故事，告诉人们诚信对个人成功和国家决策有什么影响。
3. 办份诚信的手抄报，告诉人们社会需要诚信。

要求：
1. 在教师的组织下，成立学生评议组，拟定评比标准。
2. 通过评比，选出优秀的诚信广告词和手抄报，并给予适当的成绩奖励。
3. 教师最终点评，并对本次活动进行总结。

项目三　听说训练

复　　述

【训练主题】
学习复述的基本方法。

【训练目标】
1. 学习复述的基本知识。
2. 掌握复述基本方法。

【基础知识】
复述是以言语重复刚识记的材料，以巩固记忆的心理操作过程。

复述可分为以下几大类：

一、详细复述。按课文的顺序和内容做详细、具体的复述。这种复述能够巩固课文内容的掌握，有利于强化、促进学生学习，对发展学生的记忆能力和连贯思维、表达能力有很大好处。详细复述又可根据不同内容采用各种方法。

1. 支点法。即把课文或段落中的关键词（key words）或要点（key points）作为记忆交点，利用这些交点回忆已知的语言信息，复述文章内容。

2. 线索法。教师依照课文段落的顺序或情节发展的层次，列出提纲作为记忆线索，形成记忆网络。这种适合故事性较强的语篇。

3. 图画法。就是凭借图画，把抽象的教学内容直观、生动地展现给学生，让学生复述起来兴趣盎然，且能在脑海里留下长久的记忆，有助于学生的"再认"与"回忆"。

二、简要复述。根据课文顺序删去次要的内容或描写，并根据一定要求，抓住主要内容和情节进行复述，或只复述课文大意或梗概。这种复述有利于培养学生分析、比较和归纳的综合能力。简要复述要求学生具备很强的概括能力，这对学生运用语言有很大帮助，有利于学生学会用应用思维及自主学习。

三、创造性复述。要求在把握原文主题、故事情节发展的必然趋向基础上，进行大胆、合理的想象，对原文内容和形式进行加工、整理、改造后进行复述。创造性复述是一种难度较大，要求较高的复述形式，它对培养学生丰富的想象力有很大促进作用，有利于学生智力的开发。

1. 改变人称复述。这种变换人称复述，使得故事人物栩栩如生，如现眼前，增强了记忆效果。

2. 表演复述。通过学生扮演相应角色复述课文，学生上台表演，以话剧形式将文章内容复述出来，而且要求学生带着表情表演。这样把语言教学，置于"真实"的情境中，增强了交际效果。

思考与练习

简要复述课文《高等教育》。

课文复述注意事项：课文复述就是在理解、熟悉课文的基础上，讲述和转述原文的内容。它不同于简单地、机械地背诵原文，也不是介绍课文大意。一般可以分为以下三个层次：

第一层次是概要复述；第二层次是有感情地详细复述，有"感情地"，就是与课文情感性强的特点相结合的；第三层次创造性复述，让复述者把自己摆进去，参与创造，进行想象。

想一想
1. 如果要完整地复述文章，你将怎么复述？
2. 以线索法怎样来复述此文？
3. 以强的口气复述此文，怎样复述？

建议：

1. 不脱离文章意思，故事比较完整，可以适当用自己的语言。

2. 强在码头仓库冒雨抢救货物——强用自己的认真态度消除了大学生的不满——强和外商洽谈时的情况，以这个线索来复述。

3. 创造性复述。以第一人称来复述故事。

项目四 写作训练

议 论 文

【训练主题】

学习议论文的议论方法。

【训练目标】

1. 掌握议论文的基本要素。

2. 掌握议论文的基本议论方法。

3. 能用所学的议论方法写简易议论文。

【基础知识】

一、议论文三要素。

1. 论点：作者对所论述问题的见解和主张。

论点的位置往往在标题、开头、中间和结尾。

2. 论据：证明论点的根据。

论据分两大类：理论论据与事实论据。

3. 论证：用论据证明论点的过程。

一般分为立论和驳论。

二、议论文论证方法。

议论文的写法主要是论证。论证，从形式逻辑角度说，是运用论据证实论点的全部逻辑推理过程，这个过程表示论据和论点之间是用何种逻辑的方法联系起来或统一起来的。那么，论点和论据究竟是怎样联系起来的呢？或者论据是以怎样的方式证明论点的呢？这就是论证方法的问题。论证的方法同推理形式有联系，但又不尽相同。它是多种多样的，人们可以根据不同的需要灵活地运用。下面介绍几种比较常用的。

1. 例证法：举事例就是用典型的具体事实作论据来证明论点。通常所说的"摆事实"就是这种方法。这是运用归纳推理形式进行论证的一种方法，易于掌握，用得也普遍。

举事例论证，最重要的是注意论据和论点方向的一致性和紧密的统一，不可有距离。

2. 引证法：这种方法是用人们已知的事理论据来证明论点。这是运用演绎推理形式进行论证的一种方法，所以又有叫"演绎法"的。运用事理论证常常表现为引用名言警句。名言警句具有公认的真理性，用它们来证明某一具体事物的真实性，是极有说服力的。这类例子很多，就不再赘述。

3. 反证法：顾名思义，反证不是从正面直接来证明论点，而是从反面间接地证明论点。这是运用演绎推理形式进行论证的一种方法。在论证中，凡是为了证明自己主动提出的论点的正确，先证明与这个论点相矛盾的另一个论点是错误的，或者为了证明对方论点是错误的，先证明与其相矛盾的另外一个论点是正确的，都是反证法。

4. 类比法：这种方法是将一类事物的某些相同方面进行比较，以另一事物的正确或谬误证明这一事物的正确或谬误。这是运用类比推理形式进行论证的一种方法。在进行这种类比论证时，特别应当注意所类比的事物一定是一类，具有本质方面的相同点，如同上例。如果不属一类事物，虽有某些相似之点，只可以比喻，而不能类比，例如把革命人民对反动派的坚决斗争同武松对老虎的斗争相比，只能说是比喻而不能类比。

此外，还有以下几种：

1. 道理论证：用马列主义经典著作中的精辟见解，古今中外名人的名言警句以及人们公认的定理公式等来证明论点。

2. 对比论证：拿正反两方面的论点或论据作对比，在对比中证明论点。

3. 比喻论证：用人们熟知的事物作比喻来证明论点。

论证方法作为人类思维活动形式的反映，极具灵活性。在一篇文章中，一般不会单一出现。有时，我们所以感到难，除了由于书本介绍有关知识时显得过于零碎、抽象的原因之外，也有学习脱离实践的原因。联系实际，任何理论、知识都容易理解，也容易把握。掌握论证的方法，也是这样。只要把这方面知识的学习同我们日常的认识活动联系起来，再借鉴报刊上的优秀文章，又坚持练笔，一定会很熟练地运用这些方法。

三、议论文结构。

可分两大类：

1. 纵式：逐层深入的论述结构。
2. 横式：并列展开的论述结构。

有"总论—分论—总论"式，先提出论点，而后从几个方面阐述，最后总结归纳。

参考例文

例文一：

谈信念

做一个人，做一个合格的人，就必须有一根强大的精神支柱，失去了这根支柱，那就是一个碌碌无为的人。

那么这根支柱是什么呢？我想莫过于一个人的信念。一个人只要有一种信念，就会不顾一切，甚至不惜牺牲生命达到他的理想目标。

古时候，有个叫马拉松的人，他们的军队打败了入侵的敌人。为了把这个振奋人心的消息告诉祖国人民，指挥部把这个消息写在信上，交给马拉松，叫他快把这封信带回去交给祖国人民。马拉松接受了任务就日夜兼程不停地跑。他疲惫不堪，但脑子里却有一个信念：快把信送回，让人民尽快地享受胜利的喜悦。马拉松终于跑回了祖国，将信交给了人民，竭力全力地喊了声："我们胜利了！"之后便含笑闭上了眼睛……

当你看到这段感人的事迹时，你难道不理解"信念"对一个人来说是多么重要吗？一个人为了祖国，不惜牺牲自己的生命，如果没有一个坚强的信念，怎么能做到？当马拉松感到疲惫时，他完全可以休息一下，但他没有，他心里只想到：人民知道了这个消息，是多么激动，多么开心。坚强的信念支持着他跑到了目的地。完成了任务后，他的生命才最后离开了他。

只有坚信"坚守自己的信念，沉默而顽强地走自己认为应该走的路。毁誉无动于衷，荣辱在所不计"这个信念，我们就会做好自己的任何工作。

【简析】

1. 本文论点在结尾——坚守自己的信念，沉默而顽强地走自己认为应该走的路。毁誉无动于衷，荣辱在所不计。

2. 论据是事实论据——马拉松为了将信送回祖国，直至生命最后。

3. 本文运用的举例论证。

4. 本文的论证结构是横式结构，即"总论—分论—总论"。

例文二：

想和做

胡 绳

有些人只会空想，不会做事。他们凭空想了许多念头，滔滔不绝地说了许多空话，可是从来没认真做过一件事。

也有些人只顾做事，不动脑筋。他们一天忙到晚，做他们一向做惯的或者别人要他们做的事。他们做事的方法只是根据自己的习惯，或者别人的命令，或一般人的通例。自己一向这样做，别人要他们这样做，一般人都这样做，他们就"依葫芦画瓢"，照样做去。到底为什么要做这件事，为什么要这样做，有没有更好的办法，他们从来不想一想。

我们瞧不起前一种人，说他们是"空想家"，可是往往赞美后一种人，说他们能够"埋头苦干"。能够苦干固然是好的，但是只顾埋着头，不肯动动脑筋来想想自己做的事，其实并不值得赞美。

这种埋头做事不动脑筋的人简直是——说得不客气一点——跟牛马一样。拉磨的牛成年累月地在鞭子下绕着石磨转，永远不会想一想为什么要做这件事，为什么要这样做，有没有更好的办法。能够这样想的只有人。人在劳动中不断地动脑筋，想办法，才清清楚楚地知道自己做这件事为什么目的，有什么意义，有什么缺点，才渐渐想出节省劳力，提高效率的方法。人类能够这样劳动，能够一面做，一面想，所以文化能够不断地进步。要不，今天的人类就只能像几万年以前的人类一样，过着最原始最简单的生活了。

一事不做，凭空设想，那是"空想"。不动脑筋，埋头苦干，那是"死做"。无论什么事情，工作也好，学习也好，"空想"和"死做"都不会得到进步。想和做是分不开的，一定要联结起来。

想和做怎样才能够联结起来呢？我们常常听说"从实际出发"这句话，这就是想和做联结起来的一条路。想的时候要从实际出发，就不能"空想"，必须去接近实际。怎样才能够接近实际？当然要观察。光靠观察还不够，还得有行动。举个例子来说，人怎样学会游泳的呢？光靠观察各种物体在水中浮沉的现象，光靠观察鱼类和水禽类的动作，那是不够的；一定要自己跳下水去试验，一次，两次，十次，几十次地试验，才学会了游泳。如果只站在水边，先是一阵子呆看，再发一阵子空想，即使能够想出一大堆"道理"来，自己还是不会游泳，对于别的游泳的人也没有好处。这样空想出来的"道理"其实并不算什么道理。真正的道理是在行动中取得的经验，再根据经验想出来的。而且想出来的道理到底对不对，还得拿行动来证明：行得通的就是对的，行不通的就是错的。

一面做，一面想。做，要靠想来指导；想，要靠做来证明。想和做是紧密地联结在一起的。

在学校里，有些同学很"用功"，可是不会用思想。他们学习语文，就硬读课文。因为只读不想，同一个语言文字上的道理，在这一课里老师讲明白了，出现在别一课里，他们又不理解了。他们学习数学，就硬记公式。因为只记不想，用这个公式算出了一道题，碰到同类的第二道题就又不会算了。从旧经验里得到的道理，不能应用在新事物上，这就是不会用思想的缘故。另外也有些同学，他们能想出些省力的有效的方法，拿来记住动植物的分类，弄清历史的年代。我们固然不赞成为了应付考试想出一些投机取巧的办法；但是我们承认，在学习各种功课和训练记忆力上，是可以有一些比较省力的有效的方法的。这些方法也得从学习的经验中取得。假如只是埋头苦读，不动脑筋想一想，那就得不到。除了学习功课以外，做种种课外活动，也要把想和做联结起来。例如开会、演说、办壁报、组织班会和学术团体，这些实际的行动，如果光凭一腔热情，埋头苦干，不根据已有的成绩和经验，想想怎样才能把这些事情做得更好，更有效果，那么，结果常常会劳而无功。

无论什么人，不管他怎样忙，应该抽点工夫来想一想。想什么？想他自己做过的事，想自己做事得到的经验。这样，他脑子里所有的就不是空想，他的行动也就可以不断地得到进步。

【简析】

1. 本文的论点在第五自然段，论点是想和做是分不开的，一定要联结起来。

2. 本文的论证方法是举例论证和对比论证。

3. 本文的结构是纵式结构。

（1～5段）提出中心论点——想和做是分不开的，一定要联结起来。

（6～7段）分析想和做的辩证关系，阐述怎样把想和做联结起来。

（8段）联系实际，论述学生应当学会把想和做联结起来。

（9段）总结全文，强调想的重要。

全文的结构是逐层递进关系。

思考与练习

一、阅读下面的文段，回答问题

学贵有疑

（1）学问学问，要有所学，必先有问，要有所问，必先有疑。疑是发现问题，问是提出疑问，疑问解决了，就获得了学问。

（2）古今许多大学问家，都是学中有疑，善于发问的人。清朝乾隆年间，有一个学者，名叫戴震。他幼年读书时，就曾接二连三地向老师提出疑问，由于他读书总是打破沙锅问到底，勤于思考，敢于提问，在学业上取得了很大的成就，最后成了一个著名的思想家。

（3）在人们求知的道路上，怀疑犹如一粒学问的种子，没有它就绝不会开出知识的花，结出智慧的果。_____；没有对"地心说"的怀疑，就不会有哥白尼"日心说"的产生。法国伟大的作家巴尔扎克说："打开一切科学的钥匙都毫无疑义地是问号，而生活的智慧，大概就在于逢事都问个为什么。"

（4）但是应当指出的是，如何有效地怀疑，都必须以大量的实际材料为基础。比如达尔文对"物种不变论"所进行的挑战，绝不是一时的发现，而是他作了历时5年的环球旅行，收集了大量的动植物标本，潜心观察的结果。没有大量丰富的资料，达尔文绝不会提出有价值的怀疑。

（5）疑之所以贵，就贵在敢于思索，敢于设想，敢于创新，敢于发现真理。让我们举着问号这把钥匙，去打开知识宝库的大门吧！

1. 根据上下文，填入第（3）段横线中恰当的一句是（　　）。

A. 由于"物种不变论"被达尔文怀疑，因而创立了"进化论"

B. 由于达尔文对"物种不变论"怀疑，因而创立了"进化论"

C. 没有对"物种不变论"的怀疑，哪会有达尔文"进化论"的创立

D. 没有对"物种不变论"的怀疑，就不会有达尔文"进化论"的创立

2. 本文的中心论点是（　　）。

A. 疑问解决了，就获得了学问

B. 古今许多大学问家，都是学中有疑，善于发问的人

C. 任何有效的怀疑，都必须以大量的实际材料为基础

D. 学贵有疑

3. 第（3）段运用的论证方法有_____。

4. 第（3）（4）段都有达尔文创立"进化论"的事例，作者为什么要分开来写？

答：_____

二、下列论据可为哪些论点服务，请试一试把它写出来。

1. 文天祥宁死不屈。

南宋民族英雄文天祥，兵败被俘，坐了3年土牢，多次严辞拒绝了敌人的劝降。一天，元世祖忽必烈亲自来劝降，许以丞相之职，他毫不动摇，反而斩钉截铁地说："唯有以死报国，我一无所求。"临刑前，监斩官凑近说："文丞相，你现在改变主意，不但可免一死，还依然可当丞相。"文天祥怒喝道："死便死，还说什么鬼话！"文天祥面向南方慷慨就义了，给世人留下一首撼人心弦的《正气歌》。

论点：

2. 天下兴亡，匹夫有责。清·顾炎武《日知录·正始》。

论点：

3. 科学家献身祖国。

1946年，美国某大学以优厚的条件聘请著名数学家华罗庚为终身教授。但他回答说："为了抉择真理，为了国家民族，我要回国去！"终于带着妻儿回到了北平（今北京）。回国后，他不仅刻苦致力于理论研究，而且足迹遍布全国23个省、直辖市、自治区，用数学解决了大量生产中的实际问题，被誉为"人民的数学家"。

论点：

4. 朱老总孝敬双亲。

朱德总司令对父母的孝敬是有口皆碑的。他幼年在家时，对父母就非常敬重孝顺。乡亲们常对他赞不绝口。他后来从军当上军官，向父母寄物汇款恪尽孝道。参加革命后，当了总司令，指挥千军万马对敌作战，但他仍然挂念家乡的亲人。当他得到母亲去世的消息后，非常悲痛，写了感人肺腑的《母亲的回忆》，以寄托他对母亲的无限思念。

论点：

5. 谁言寸草心，报得三春晖。唐·孟郊《游子吟》

论点：

6. 塔哈·侯赛因，埃及作家，文学评论家，3岁时就双目失明，他顽强自信，留学法国，成为埃及历史上第一位博士。作品有小说《鹧鸪的叫声》、《不幸的树》、《失去的爱情》和自传性的《日子》等。还写有文学评论《前伊斯兰时代的文学》和《阿拉伯文学史》等大量作品，被誉为"阿拉伯文学支柱"。

论点：

三、分析下面几篇同题议论文的相同点和不同点。

坦然面对失去

月有阴晴圆缺，人有悲欢离合。在人生征途中，因种种原因，有许多人会出乎意料地遭遇失去——失去财物，失去既得利益，失去肢体健康健全，失去升学、就业、晋级、发财的机会……万一遭遇失去，我们该如何面对？

面对失去，应坦然视之。据史书记述：汉桓灵间，太原孟敏行途中不慎失手打碎瓦甑，掉头不顾，径然前行。名士郭泰见而奇之，随尾问其故，孟曰："瓦甑已破，不复能用，顾之何益？"孟敏在瓦甑破碎后那种"掉头不顾"的态度，值得我们仿效。那珍爱的东西、那美好的梦境，一旦失去了，就平静地让它失去！如果沉浸于对失去的惋惜中，悔恨中，痛苦中，那么，不仅会损害自身的健康，而且会失去前行的勇气和动能。

面对失去，应自信自强。李白诗云："天生我材必有用，千金散尽复还来。"陆游曾说："山重水复疑无路，柳暗花明又一村。"遭遇失败，陷入困境时，我们应有李太白的自信；错失良机，前途茫然时，我们应有重新开创的决心。古往今来，许多有志之士遭遇失去、身处困境却努力自强，他们终于活出卓越的人生。报载：岭西矿女工白素珍下岗失业后，不抱怨，不消沉，先是替别人打工，之后抓住外贸公司策划柳编工艺品的机遇，借助父亲会柳编的手艺，创立了小小的柳编厂，经过一番努力，其产品远销美国、日本、德国、意大利和法国，创出了一个年外销数十万元、且拥有专利产品的私营企业，而且还为近百名下岗女工创造了就业岗位。白素珍下岗不失志、创业成老板的事迹表明：自信自强，有可能失一得百。

面对失去，要扬起理想的风帆。论失去，苏联作家奥斯特洛夫斯基堪称为失去得最多的人：他仅念过3年小学，青春消逝在疾驰的战马与枪林弹雨中。16岁时，他在与白匪的战斗中腹部与头部严重负伤，右眼失明；20岁时，又因关节硬化而卧床不起；32岁时，双目失明，四肢瘫痪，全身不能活动，双手丧失写字的能力，连转动头部也极为困难。但是他心中有为人类的解放事业而奋斗的崇高理想，有一种要对自己的党和工人阶级尽些力量的热望，因此，他放弃了退役后政府让他养病的清闲，忍受着病痛的折磨，努力学习另一种战斗的武器——写作，以笔、到后来是口授，顽强地、努力地为青少年创作小说，终于在病榻上创作出了赢得世人广泛称赞和捧读的名著《钢铁是怎样炼成的》等小说。面对最惨烈的失去,高扬理想的风帆,奋力开拓创新,建树不朽的业绩,这就是伟大的奥斯特洛夫斯基!这伟人的生平和业绩表明:面对失去,不仅要坦然应对,自信自强,而且要开阔胸襟,树立起为祖国、为人民作奉献的崇高志向。志存高远,就有前进的动力,就会有科学的应对之策,进而能收获令自己满意、让别人羡慕的硕果!

暴风雨过后,彩虹分外绚丽!愿以此与失去者共勉!

坦然面对失去

飞速行驶的列车上,一位老人刚买的新鞋不慎从窗口掉下去一只,周围的旅客无不为之惋惜,不料老人毅然把剩下的那只也扔了下去。众人大惑不解,老人却坦然一笑:"鞋无论多么昂贵,剩下一只对我来说就没有什么用处了。把它扔下去就可能让拣到的人得到一双新鞋,说不定他还能穿呢。"老人看似反常的举动,体现了他清醒的价值判断,与其抱残守缺,不如果断放弃。这种坦然面对失去的豁达心态,令人顿生敬意,也令人深思。

一般来说,人们总是习惯于得到而害怕失去。尽管"有得必有失"的道理人人皆知,但人们依旧认为得到了可喜可贺,而失去则可惜可叹。每有所失,总要难受一阵,甚至为之痛苦。

人生虽短,为了不虚度光阴,使生命尽可能卓越,我们的确应该追求得到,努力用智慧和汗水创造业绩。然而,我们也应该正确看待失去,学会忍受失去。为了成就一番事业,有时不得不失去一些感官的享受;为了更好地实现自己的主要人生目标,有时不得不"丢卒保车";尤其是为了不玷污自己的人格,有时不得不失去一些利益,比如金钱——那种只要出卖良心或尊严就可以得到的金钱。坦然面对失去,需要及时调整心态,首先要面对事实,承认失去,不能总沉湎于已经承认失去,不能总沉湎于已经不存在的东西之中。得到和失去其实是相对的。为了得到、需要失去,因为失去一些,可能意想不到地得到了另一些。民间安慰丢东西的人总是说,"旧的不去新的不来。"事实正是如此。与其为了失去而懊恼,不如全力争取新的得到。应该明白的是,有时失去并不一定是损失,而是放弃,是奉献,是大步跃进的前奏或序曲,这样的失去,不也是好事吗?

坦然面对失去,不是像有些人那样自我姑息,也不是像某些人那样"看破红尘",碌碌无为地苟活。坦然面对失去,就是胸襟更豁达一些,眼光更长远一些,经常为自己整整枝,打打杈,排除那些不必要的留念与顾盼,以便集中精力于人生的主要追求。这样,大而言之,有益于社会;小而言之,有益于自己。

相同点是:

不同点是:

四、根据第二题,选择恰当的论点和论据,写一篇字数不少于 600 字的议论文。

第五单元　美与和谐

单元学习提示

美是什么？有人说，美是自然，是阳春三月的草长莺飞，是明朗夏季的荷风清韵，是清秋时节的万里长空，是三九寒冬的雪树银妆。也有人说，美是心灵，是建功立业的雄心壮志，是对自我价值的坚持与肯定，是历经磨难仍然张扬的生命斗志，更是对他人心灵的贴心呵护。

和谐是什么？有人说，和谐是人对自然和人类社会的发展、变化规律的认识，是在此基础上建立的为人处事的价值观和方法论；也有人说，和谐是人类长久以来所追求的一种社会状态，是一种美好的社会理想。

无论是自然、社会还是心灵，美与和谐，永远为人类所追求。

本单元所选的散文，从不同的角度诠释了美与和谐的内涵。阅读时应注意品味散文语言、欣赏艺术形象、体验人生哲理、学会为人处世，从而更好地把握本单元的主题——学会做人。

› 项目一 阅读与欣赏

20　心田上的百合花

林清玄[1]

课文导读

　　鸟儿歌唱春天，小草装点大地，每个生命的存在都有其使命和意义。作品托物言志，通过写断崖上一株小小的百合为了证明自己"不是一株野草"而努力开花，终于换得漫谷芬芳，揭示了实现个体生命价值的方法——全心全意默默地"开花"，以"花"证明自己的存在。人的生命同样应当如此。只有坚定信念，努力拼搏，争取有所成就、有所贡献，方能证明自身存在的价值。

　　在一个偏僻遥远的山谷里，有一个高达数千尺的断崖。不知道什么时候，断崖边上长出了一株小小的百合。

　　百合刚刚诞生的时候，长得和杂草一模一样。但是，它心里知道自己不是一株野草。

　　它的内心深处，有一个内在的纯洁的念头："我是一株百合，不是一株野草。惟一能证明我是百合的方法，就是开出美丽的花朵。"

　　有了这个念头，百合努力地吸收水分和阳光，深深地扎根，直直地挺着胸膛。

　　终于在一个春天的清晨，百合的顶部结出了第一个花苞。

　　百合的心里很高兴，附近的杂草却很不屑，它们在私底下嘲笑着百合："这家伙明明是一株草，偏偏说自己是一株花，还真以为自己是一株花，我看它顶上结的不是花苞，而是头脑长瘤了。"

　　公开场合，它们则讥讽百合："你不要做梦了，即使你真的会开花，在这荒

---

[1] 林清玄，生于1953年，台湾高雄人。当代散文家。代表作有散文集《莲花开落》《冷月钟笛》《白雪少年》、《迷路的云》、《玫瑰海洋》和《清音五弦》等。

郊野外，你的价值还不是跟我们一样。"

偶尔也有飞过的蜂蝶鸟雀，它们也会劝百合不用那么努力开花："在这断崖边上，纵然开出世界上最美的花，也不会有人来欣赏呀！"

百合说："我要开花，是因为我知道自己有美丽的花；我要开花，是为了完成作为一株花的庄严使命；我要开花，是由于自己喜欢以花来证明自己的存在。不管有没有人欣赏，不管你们怎么看我，我都要开花！"

在野草和蜂蝶的鄙夷下，野百合努力地释放内心的能量。有一天，它终于开花了，它那灵性的白和秀挺的风姿，成为断崖上最美丽的颜色。

这时候，野草与蜂蝶再也不敢嘲笑它了。

百合花一朵一朵地盛开着，花朵上每天都有晶莹的水珠，野草们以为那是昨夜的露水，只有百合自己知道，那是极深沉的欢喜所结的泪滴。

年年春天，野百合努力地开花，结籽。它的种子随着风，落在山谷、草原和悬崖边上，到处都开满洁白的野百合。

几十年后，远在百里外的人，从城市，从乡村，千里迢迢赶来欣赏百合开花。许多孩童跪下来，闻嗅百合花的芬芳；许多情侣互相拥抱，许下了"百年好合"的誓言；无数的人看到这从未见过的美，感动得落泪，触动内心那纯净温柔的一角。

那里，被人称为"百合谷地"。

不管别人怎么欣赏，满山的百合花都谨记着第一株百合的教导："我们要全心全意默默地开花，以花来证明自己的存在。"

> 思考与练习

一、为下列加点的字注音。

偏僻（　　）　花苞（　　）　鄙夷（　　）　谨记（　　）

二、野百合开在山谷、草原和悬崖边上，作者为什么取题为"心田上的百合花"？

三、最后一段"全心全意"和"默默"这两个词运用得恰到好处，你能分别说说好在哪里吗？

四、文中的百合是人格化的形象，想一想，你从文中野百合身上得到了哪些启示？

21　知心的礼物

[美]　保罗·威廉德

课文导读

当"我"还是一个小男孩的时候，魏格登先生用他的爱心悄悄地呵护了"我"纯真的童心；多年以后，角色转换，"我"终于明白了当年魏格登先生面临的处境。于是，"我"也成了"魏格登先生"，用温柔的呵护将这份爱心延续了下去。赠人玫瑰，手有余香。人世间最美好、最厚重的礼物就是我们自己的馈赠，当我们以感恩的心俯仰于天地之间时，那便是生命的朝圣！作品语言细腻优美，情感真挚动人，阅读时应注意品味。

我第一次跑进魏格登先生的糖果店，大概总在 4 岁左右，现在时隔半世纪以上，我还清楚地记得那间摆满许多 1 分钱就买得到手的糖果的可爱铺子，甚至连它的气味好像都闻得到。魏格登先生每听到前门的小铃发出轻微的叮当声，必定悄悄地出来，走到糖果柜台的后面。他那时已经很老，满头银白细发。

我在童年从未见过一大堆这样富于吸引力的美味排列在自己的面前。要从其中选择一种，实在伤脑筋。每一种糖，要先想象它是什么味道，决定要不要买，然后才能考虑第二种。魏格登先生把挑好的糖装入小白纸袋时，我心里总有短短一阵的悔痛。也许另一种糖更好吃吧？或者更耐吃？魏格登先生总是把你拣好的糖果用勺子舀在纸袋里，然后停一停。他虽然一声不响，但每一个孩子都知道魏格登先生扬起眉毛是表示给你一个最后掉换的机会。只有你把钱放在柜台上之后，他才会把纸袋口无可挽回地一扭，你的犹豫心情也就没有了。

我们的家离开电车道有两条街口远，无论是去搭电车还是下车回家，都得经过那间店。有一次母亲为了一件事——是什么事我现在记不得了——带我进城。下了电车走回家时，母亲便走入魏格登先生的商店。

"看看有什么好吃的东西可以买。"她一面说，一面领着我走到那长长的玻璃柜前面，那个老人也同时从帘子遮着的门后面走出来。母亲站着和他谈了几分钟，我则对着眼前所陈列的糖果狂喜地凝视。最后，母亲替我买了一些东西，

---

① 《知心的礼物》选自《台港文学选刊》2008 年第 2 期。保罗·威廉德，美国作家。

并付钱给魏格登先生。

母亲每星期进城一两次,那个年头雇人在家看小孩几乎是未之前闻的事,因此我总是跟着她去。她带我到糖果店买一点果饵给我大快朵颐①,已成为一项惯例。经过第一次之后,她总让我自己选择要买哪一种。

那时候我还不知道钱是什么东西。我只是望着母亲给人一些什么,那人就给她一个纸包或一个纸袋。慢慢地我心里也有了交易的观念。某次我想起一个主意。我要独自走过那漫长的两条街口,到魏格登先生的店里去。我还记得自己费了很大气力才推开那扇大门时,门铃发出的叮当声。我着了迷似的、慢慢走向陈列糖果的玻璃柜。

这一边是发出新鲜薄荷芬芳的薄荷糖。那一边是软胶糖。颗颗大而松软,嚼起来容易,外面撒上亮晶晶的砂糖。另一个盘子里装的是做成小人形的软巧克力糖。后面的盒子里装的是大块的硬糖,吃起来把你的面颊撑得凸出来。还有那些魏格登先生用木勺舀出来的深棕色发亮的脆皮花生米——1分钱两勺。自然,还有长条甘草糖。这种糖如果细细去嚼,让它们慢慢融化,而不是大口吞的话,也很耐吃。

我选了很多种想起来一定很好吃的糖,魏格登先生俯过身来问我:"你有钱买这么多吗?"

"哦,有的,"我答道,"我有很多钱。"我把拳头伸出去,把五六只用发亮的锡箔包得很好的樱桃核放在魏格登先生的手里。

魏格登先生站着向他的手心凝视了一会,然后又向我打量了很久。

"还不够吗?"我担心地问。

他轻轻地叹息。"我想,你给我给得太多了。"他回答说,"还有钱找给你呢。"他走近那老式的收款计数机,把抽屉拉开,然后回到柜台边俯过身来,放两分钱在我伸出的手掌上。

母亲晓得我去了糖果店之后,骂我不该一个人往外跑。我想她从未想起问我用什么当钱,只是告诫我此后若不是先问过她,就不准再去。我大概总是听了她的话,而且以后她每次准我再去时,总是给我一两分钱花,因为我想不起有第二次再用樱桃核的事情。事实上,这件我当时觉得无足轻重的事情,很快便在成长的繁忙岁月中被我忘怀了。

六七岁时,我的家迁到别的地方去住。我就在那里长大、结婚成家。我们夫妇俩开了一间店,专门饲养和出售外来的鱼类。这种养鱼生意当时方才萌芽,大部分的鱼是直接由亚洲、非洲和南美洲输入的。每对卖价在5元以下的很少。

---

① [朵颐] 鼓动腮颊,即大吃大嚼。大快朵颐,即痛痛快快地大吃一顿。

一个艳阳天气的下午，有一个小女孩由她的哥哥陪同进店。他们大概五六岁。我正在忙着洗涤水箱。那两个孩子站着，眼睛睁得又大又圆，望着那些浮沉于澄澈的碧水中美丽得像宝石似的鱼类。"啊呀！"那男孩子叫道，"我们可以买几条吗？"

"可以，"我答道，"只要你有钱买。"

"哦，我们有很多钱呢。"那个小女孩极有信心地说。

很奇怪，她说话的神情，使我有似曾相识之感。他们注视那些鱼类好一会之后，便要我给他们好几对不同的鱼，一面在水箱之间走来走去，一面将所要的鱼指点出来。我把他们选定的鱼用网捞起来，先放在一只让他们带回去的容器中，再装入一只不漏水的袋子里，以便携带，然后将袋子交给那个男孩。"好好地提着。"我指点他。

他点点头，又转向他的妹妹。"你拿钱给他。"他说。我伸出手。她那紧握的拳头向我伸过来时，我突然间知道这件事一定会有什么下文，而且连那小女孩会说什么话，我也知道了。她张开拳头把3枚小辅币放在我伸出的手掌上。

在这一瞬间，我恍然觉悟许多年前魏格登先生给我的教益①。到了这一刻，我才了解当年我给那位老人的是多么难以解决的问题，以及他把这个难题应付得多么得体。

我看着手里的那几枚硬币，似乎自己又站在那个小糖果店的里面。我体会到这两个小孩的纯洁天真，也体会到自己维护抑或破坏这种天真的力量，正如魏格登先生多年前所体会到的一样。往事充塞了我的心胸，使我的喉咙也有点酸。

那个小女孩以期待的心情站在我面前。"钱不够吗？"她轻声地问。

"多了一点，"我竭力抑制着心里的感触这样说，"还有钱找给你呢。"我在现金抽屉中掏了一会，才放了两分钱在她张开的手上，再站到门口，望着那两个小孩小心翼翼地提着他们的宝贝沿人行道走去。

当我转身回店时，妻子正站在一张踏脚凳上，双臂及肘没入一只水箱中整理水草。"你可以告诉我这是怎么回事吗？"她问，"你知道你给了他们多少鱼吗？"

"大约值三十块钱的鱼，"我答，内心仍然感触不已，"可是我没有别的办法。"

我于是把魏格登老先生的故事告诉她。她听后双眼润湿了，从矮凳上下来，在我颊上轻轻一吻。

---

① ［教益］由于受开导、教育而得到的好处。

"我还记得那软胶糖的香味。"我感叹着说。我开始洗净最后一只水箱时,似乎还听见魏格登老先生在我背后咯咯的笑声。

思考与练习

一、给加点字注音。

勺子(　　)　大快朵颐(　　)　薄荷(　　)　锡箔(　　)　洗涤(　　)　携带(　　)

二、联系上下文,品味下面句子中加点的词语,并回答问题。

1. "那俩小孩站在那儿,眼睛睁得又圆又大,紧盯着……金鱼。""紧盯着"表现了孩子当时怎样的心理?

2. "她的眼睛湿润了,在我脸上轻轻地吻了一下。"妻子为什么"吻""我"?

三、综观全文,题目《知心的礼物》中的"礼物"有哪两层含义?

四、魏格登先生店里出现的那一情景和"我"金鱼店里出现的这一情景有惊人的相似之处,你从中读出了什么?

22　清塘荷韵

季羡林[①]

课文导读

《清塘荷韵》是作者季羡林86岁高龄时完成的散文佳作。作品叙述的是作者亲身经历的一个十分平常的故事:几颗来自洪湖的莲子带着老人的希冀和怜爱跃入了楼前的清塘,一种顽强而高洁的生命在黑暗和淤泥的包围中开始萌芽,在经历了漫长的寂寞后,荷花终于完成了生命的涅槃。自然界的万物生生不息,它们以风姿装点了五彩缤纷的世界,它们以生命启示了心有灵犀的人们。让我们随季老一起观察自然,感悟自然,去发现美,去探求美的真谛吧!文章语言朴实凝练,清新淡雅,描写情景交融,动静结合,阅读时应注意品味。

楼前有清塘数亩。记得三十多年前初搬来时,池塘里好像是有荷花的,我的记忆里还残留着一些绿叶红花的碎影。后来时移事迁,岁月流逝,池塘里却

[①] 季羡林,1911年生于山东清平(今并入临清市)。我国当代著名的东方文化学者。主要学术著作有《印度古代语言论集》、《中印文化关系史论文集》、《原始佛教的语言问题》等。有散文集《天竺心影》、《朗润集》、《留德十年》、《牛棚杂忆》、《季羡林论人生》、《病榻杂记》等。其著作现已汇编成24卷的《季羡林文集》。

变得"半亩方塘一鉴开,天光云影共徘徊"①,再也不见什么荷花了。

我脑袋里保留的旧的思想意识颇多,每一次望到空荡荡的池塘,总觉得好像缺点什么。这不符合我的审美观念。有池塘就应当有点绿的东西,哪怕是芦苇呢,也比什么都没有强。最好的最理想的当然是荷花。中国旧的诗文中,描写荷花的简直是太多太多了。周敦颐的《爱莲说》读书人不知道的恐怕是绝无仅有的。他那一句有名的"香远益清"是脍炙人口②的。几乎可以说,中国没有人不爱荷花的。可我们楼前池塘中独独缺少荷花。每次看到或想到,总觉得是一块心病。

有人从湖北来,带来了洪湖的几颗莲子,外壳呈黑色,极硬。据说,如果埋在淤泥中,能够千年不烂。因此,我用铁锤在莲子上砸开了一条缝,让莲芽能够破壳而出,不至永远埋在泥中。这都是一些主观的愿望,莲芽能不能长出,都是极大的未知数。反正我总算是尽了人事,把五六颗敲破的莲子投入池塘中,下面就是听天由命了。

这样一来,我每天就多了一件工作:到池塘边上去看上几次。心里总是希望,忽然有一天,"小荷才露尖尖角"③,有翠绿的莲叶长出水面。可是,事与愿违,投下去的第一年,一直到秋凉落叶,水面上也没有出现什么东西。经过了寂寞的冬天,到了第二年,春水盈塘,绿柳垂丝,一片旖旎④的风光。可是,我翘盼⑤的水面却仍然没有露出什么荷叶。此时我已经完全灰了心,以为那几颗湖北带来的硬壳莲子,由于人力无法解释的原因,大概不会再有长出荷花的希望了。我的目光无法把荷叶从淤泥中吸出。

但是,到了第三年,却忽然出了奇迹。有一天,我忽然发现,在我投莲子的地方长出了几个圆圆的绿叶,虽然颜色极惹人喜爱,但是却细弱单薄,可怜兮兮地平卧在水面上,像水浮莲的叶子一样。而且最初只长出了五六个叶片。我总嫌这有点太少,总希望多长出几片来。于是,我盼星星,盼月亮,天天到池塘边上去观望。有校外的农民来捞水草,我总请求他们手下留情,不要碰断叶片。但是经过了漫漫的长夏,凄清的秋天又降临人间,池塘里浮动的仍然只是孤零零的那五六个叶片。对我来说,这又是一个虽微有希望但究竟仍是令人灰心的一年。

真正的奇迹出现在第四年上。严冬一过,池塘里又溢满了春水。到了一般荷花长叶的时候,在去年飘浮的五六个叶片的地方,一夜之间,突然长出了一

---

① 选自宋代朱熹《观书有感》。
② [脍炙人口]脍:切细的肉;炙:烤熟的肉。脍和炙都是人们爱吃的食物。指美味人人爱吃。比喻好的诗文受到人们的称赞和传诵。
③ 出自宋代杨万里《小池》。
④ [旖旎(yǐ·nǐ)]柔美的样子。
⑤ [翘(qiáo)盼]企盼,形容盼望殷切。

大片绿叶，而且看来荷花在严冬的冰下并没有停止行动，因为在离开原有五六个叶片的那块基地比较远的池塘中心，也长出了叶片。叶片扩张的速度，扩张范围的扩大，都是惊人地快。几天之内，池塘内不小一部分，已经全为绿叶所覆盖。而且原来平卧在水面上的像是水浮莲一样的叶片，不知道是从哪里聚集来了力量，有一些竟然跃出水面，长成了亭亭的荷叶。原来我心中还迟迟疑疑，怕池中长的是水浮莲，而不是真正的荷花。这样一来，我心中的疑云一扫而光；池塘中生长的真正是洪湖莲花的子孙了。我心中狂喜，这几年总算是没有白等。

　　天地萌生万物，对包括人在内的动、植物等有生命的东西，总是赋予一种极其惊人的求生存的力量和极其惊人的扩展蔓延的力量，这种力量大到无法抗御①。只要你肯费力来观察一下，就必然会承认这一点。现在摆在我面前的就是我楼前池塘里的荷花。自从几个勇敢的叶片跃出水面以后，许多叶片接踵而至②。一夜之间，就出来了几十枝，而且迅速地扩散、蔓延。不到十几天的工夫，荷叶已经蔓延得遮蔽了半个池塘。从我撒种的地方出发，向东西南北四面扩展。我无法知道，荷花是怎样在深水中淤泥里走动。反正从露出水面的荷叶来看，每天至少要走半尺的距离，才能形成眼前的这个局面。

　　光长荷叶，当然是不能满足的。荷花接踵而至，而且据了解荷花的行家说，我门前池塘里的荷花，同燕园其他池塘里的，都不一样。其他地方的荷花，颜色浅红；而我这里的荷花，不但红色浓，而且花瓣多，每一朵花能开出十六个复瓣，看上去当然就与众不同了。这些红艳耀目的荷花，高高地凌驾于莲叶之上，迎风弄姿，似乎在睥睨③一切。幼时读旧诗："毕竟西湖六月中，风光不与四时同，接天莲叶无穷碧，映日荷花别样红"④。爱其诗句之美，深恨没有能亲自到杭州西湖去欣赏一番。现在我门前池塘中呈现的就是那一派西湖景象。是我把西湖从杭州搬到燕园里来了。岂不大快人意也哉！前几年才搬到朗润园来的周一良先生赐名为"季荷"。我觉得很有趣，又非常感激。难道我这个人将以荷而传吗？

　　前年和去年，每当夏月塘荷盛开时，我每天至少有几次徘徊在塘边，坐在石头上，静静地吸吮荷花和荷叶的清香。"蝉噪林愈静，鸟鸣山更幽。"⑤我确实觉得四周静得很。我在一片寂静中，默默地坐在那里，水面上看到的是荷花的绿肥、红肥。倒影映入水中，风乍起，一片莲瓣堕入水中，它从上面向下落，

---

① ［抗御］抵抗和防御。
② ［接踵而至］指人们前脚跟着后脚，接连不断地来。形容来者很多，络绎不绝。
③ ［睥睨（bì·nì）］眼睛斜着看，形容高傲的样子。
④ 出自宋代杨万里《晓出静慈寺送林子方》。
⑤ 出自南朝梁·王籍《入若邪溪》。

水中的倒影却是从下边向上落，最后一接触到水面，二者合为一，像小船似地漂在那里。我曾在某一本诗话上读到两句诗："池花对影落，沙鸟带声飞。"作者深惜第二句对仗不工。这也难怪，像"池花对影落"这样的境界究竟有几个人能参悟透呢？

晚上，我们一家人也常常坐在塘边石头上纳凉。有一夜，天空中的月亮又明又亮，把一片银光洒在荷花上。我忽听扑通一声。是我的小白波斯猫毛毛扑入水中，她大概是认为水中有白玉盘，想扑上去抓住。她一入水，大概就觉得不对头，连忙矫捷地回到岸上，把月亮的倒影打得支离破碎①，好久才恢复了原形。

今年夏天，天气异常闷热，而荷花则开得特欢。绿盖擎天，红花映日，把一个不算小的池塘塞得满而又满，几乎连水面都看不到了。一个喜爱荷花的邻居，天天兴致勃勃地数荷花的朵数。今天告诉我，有四五百朵；明天又告诉我，有六七百朵。但是，我虽然知道他为人细致，却不相信他真能数出确实的朵数。在荷叶底下，石头缝里，旮旮旯旯②，不知还隐藏着多少，都是在岸边难以看到的。

连日来，天气突然变寒。池塘里的荷叶虽然仍然是绿油一片，但是看来变成残荷之日也不会太远了。再过一两个月，池水一结冰，连残荷花也将消逝得无影无踪。那时荷花大概会在冰下冬眠，做着春天的梦。它们的梦一定能够圆的。"既然冬天到了，春天还会远吗？"

我为我的"季荷"祝福。

思考与练习

一、给下列加点的字注音：

徘徊（　　）　淤泥（　　）　旖旎（　　）　接踵（　　）　睥睨（　　）　擎天（　　）
翘盼（　　）　旮旮旯旯（　　）（　　）　可怜兮兮（　　）

二、阅读课文并思考：

1. 从全文来看，作者采用了什么手法写荷花艰难的生长过程？
2. 本文的线索是什么？
3. 理清全文的结构，在下面的括号里填上恰当的动词。
   爱荷——（　　）荷——盼荷——（　　）荷——（　　）荷
4. 从作品揭示的生命启示来看，"荷韵"指的是什么？

三、品析语言的特点：

1. "再过一两个月，池水一结冰，连残荷也将消失得无影无踪。那时荷花大概会在冰下冬眠，做着春

---

① [支离破碎] 形容事物零散破碎，不完整。
② [旮（gā）旯（lá）] 方言。形容所有角落。

天的梦。它们的梦一定能够圆的。"

2. 我在一片寂静中,默默地坐在那里,水面上看到的是荷花绿肥、红肥。倒影映入水中,风乍起,一片莲瓣堕入水中,它从上面向下落,水中的倒影却是从下边向上落,最后一接触到水面,二者合为一,像小船似的漂在那里。

四、能力拓展

联系社会实际生活或自己已有的知识,谈谈你对生命的苦难的看法。

*23 滕王阁序①

[唐] 王 勃

课文导读

古人每见名山大川,必有所感怀。他们心为山动,情为水发,锦文华章喷薄而出,留下许多千古绝唱。公元675年重阳,王勃途经南昌,恰逢洪都府知府阎公在滕王阁宴请宾客,于是欣然入席,即兴赋诗,并写了这篇序。此赋描写滕王阁四周景物和宴会盛况,意境开阔,大气悠远。作为一篇优秀的骈文,作者运用了对偶、用典等艺术手段,在精美严整的形式之中,表现了自然变化之趣;尤其是景物描写部分,文笔瑰丽,手法多样,以或浓或淡、或俯或仰、时远时近、有声有色的画面,把秋日风光描绘得神采飞动,令人击节叹赏。

豫章故郡,洪都新府②。星分翼轸③,地接衡庐④。襟三江而带五湖⑤,控蛮荆而引瓯越⑥。物华天宝,龙光射牛斗之墟⑦;人杰地灵,徐孺下陈蕃之榻⑧。

---

① 选自《古文观止》。王勃,字子安。"初唐四杰"之一,少有才名,以诗赋居长。《滕王阁赋》是其力作,也是脍炙人口的传世佳作。写此文,正是王勃南下探亲,路经南昌,恰逢洪都府知府阎公重修滕王阁,莅临其宴,一气呵成此赋,王子安之才气当时技惊四座,使阎公目瞪口呆,惊为绝世奇才。两个月后,王勃渡海溺水,英年早逝。
② [豫章] 滕王阁在今江西省南昌市。南昌,为汉豫章郡治。洪都:汉豫章郡,唐改为洪州,设都督府。
③ [星分翼轸(zhěn)] 古人习惯以天上星宿与地上区域对应,称为"某地在某星之分野"。据《晋书·天文志》,豫章属吴地,吴越扬州当牛斗二星的分野,与翼轸二星相邻。翼、轸,星宿名,属二十八宿。
④ 衡庐:衡,衡山,此代指衡州(治所在今湖南省衡阳市)。庐,庐山,此代指江州(治所在今江西省九江市)。
⑤ [襟三江] 泛指长江中下游的江河。襟:以……为襟。带五湖:南方大湖的总称。带:以……为带。
⑥ [蛮荆] 古楚地,今湖北、湖南一带。瓯越:古越地,即今浙江地区。古东越王建都于东瓯(今浙江省永嘉县)。
⑦ [物华二句] 据《晋书·张华传》,晋初,牛、斗二星之间常有紫气照射,据说是宝剑之精,上彻于天。张华命人寻找,果然在丰城(今江西省丰城县,古属豫章郡)牢狱的地下,掘出龙泉、太阿二剑。后这对宝剑入水化为双龙。
⑧ [徐孺句] 据《后汉书·徐稚传》,东汉名士陈蕃为豫章太守,不接宾客,惟徐稚来访时,才设一睡榻,徐稚去后又悬置起来。徐孺,徐孺子的省称。徐孺子名稚,东汉豫章南昌人,当时隐士。

雄州雾列，俊采星驰①。台隍枕夷夏之交，宾主尽东南之美。都督阎公之雅望，棨戟遥临②；宇文新州之懿范，襜帷暂驻③。十旬休假，胜友如云④；千里逢迎，高朋满座。腾蛟起凤，孟学士之词宗⑤；紫电青霜，王将军之武库⑥。家君作宰，路出名区，童子何知，躬逢胜饯。

时维九月，序属三秋⑦。潦水尽而寒潭清，烟光凝而暮山紫。俨骖騑于上路，访风景于崇阿。临帝子之长洲，得天人之旧馆⑧。层台耸翠，上出重霄；飞阁翔丹，下临无地。鹤汀凫渚，穷岛屿之萦回；桂殿兰宫，即冈峦之体势。

披绣闼，俯雕甍：山原旷其盈视，川泽纡其骇瞩。闾阎扑地，钟鸣鼎食之家⑨；舸舰迷津，青雀黄龙之轴⑩。云销雨霁，彩彻区明⑪。落霞与孤鹜齐飞，秋水共长天一色。渔舟唱晚，响穷彭蠡之滨⑫；雁阵惊寒，声断衡阳之浦⑬。

遥襟甫畅⑭，逸兴遄飞。爽籁发而清风生⑮，纤歌凝而白云遏⑯。睢园绿竹⑰，气凌彭泽之樽⑱；邺水朱华⑲，光照临川之笔⑳。四美具，二难并㉑。穷睇眄于中天，极娱游于暇日。天高地迥，觉宇宙之无穷；兴尽悲来，识盈虚之有数。

---

① 采：通"寀"，官吏。俊采：指人才。
② [都督] 掌管督察诸州军事的官员，唐代分上、中、下三等。阎公：名未详。棨（qǐ）戟：外有赤黑色缯作套的木戟，古代大官出行时用。这里代指仪仗。
③ [宇文新州] 复姓宇文的新州（在今广东境内）刺史，名未详。襜（chā）帷：车上的帷幕，这里代指车马。
④ [十旬休假] 唐制，十日为一旬，遇旬日则官员休沐，称为"旬休"。假通"暇"，空闲。
⑤ [腾蛟起凤]《西京杂记》："董仲舒梦蛟蛇入怀，乃作《春秋繁露》。"又："扬雄著《太玄经》，梦吐凤凰集《玄》之上，顷而灭。"孟学士：名未详。
⑥ [紫电青霜]《古今注》："吴大皇帝（孙权）有宝剑六，二曰紫电。"《西京杂记》："高祖（刘邦）斩白蛇剑，刃上常带霜雪。"王将军：名未详。
⑦ [三秋] 古人称七、八、九月为孟秋、仲秋、季秋，三秋即季秋，九月。
⑧ [帝子、天人] 都指滕王李元婴。
⑨ [闾阎] 里门，这里代指房屋。钟鸣鼎食：古代贵族鸣钟列鼎而食。
⑩ [舸（gě）]《方言》："南楚江、湘，凡船大者谓之舸。"青雀黄龙：船的装饰形状。轴：通"舳（zhú）"，船尾把舵处，这里代指船只。
⑪ [彩彻] 彩，虹。彻，贯。
⑫ [彭蠡] 古大泽名，即今鄱阳湖。
⑬ [衡阳] 今属湖南省，境内有回雁峰，相传秋雁到此就不再南飞，待春而返。
⑭ [甫] 方才。
⑮ [爽籁] 管子参差不齐的排箫。
⑯ [白云遏] 形容音响优美，能驻行云。《列子·汤问》："薛谭学讴于秦青，未穷青之技，自谓尽之，遂辞归。秦青弗止，饯于郊衢。抚节悲歌，声振林木，响遏行云。"
⑰ [睢（suī）园绿竹] 睢园，即汉梁孝王菟园。《水经注》："睢水又东南流，历于竹圃……世人言梁王竹园也。"
⑱ [彭泽] 县名，在今江西湖口县东。陶渊明曾官彭泽县令，世称陶彭泽。樽：酒器。陶渊明《归去来兮辞》有"有酒盈樽"之句。
⑲ [邺水] 在邺下（今河北省临漳县）。邺下是曹魏兴起的地方。朱华：荷花。曹植《公宴诗》："秋兰被长坂，朱华冒绿池。"
⑳ [光照句] 临川，郡名，治所在今江西省抚州市。这里指代谢灵运。谢曾任临川内史，《宋书》本传称他"文章之美，江左莫逮"。
㉑ [四美] 指良辰、美景、赏心、乐事。二难：指贤主、嘉宾难得。

望长安于日下①,目吴会于云间②。地势极而南溟深,天柱高而北辰远③。关山难越,谁悲失路之人;萍水相逢,尽是他乡之客。怀帝阍而不见④,奉宣室以何年⑤。

嗟乎!时运不齐,命途多舛;冯唐易老,李广难封⑥。屈贾谊于长沙,非无圣主⑦;窜梁鸿于海曲,岂乏明时⑧。所赖君子见机⑨,达人知命⑩。老当益壮⑪,宁移白首之心;穷且益坚,不坠青云之志⑫。酌贪泉而觉爽⑬,处涸辙以犹欢⑭。北海虽赊,扶摇可接⑮;东隅已逝,桑榆非晚⑯。孟尝高洁,空余报国之情⑰;阮籍猖狂,岂效穷途之哭⑱!

勃,三尺微命⑲,一介书生。无路请缨,等终军之弱冠⑳;有怀投笔,慕宗悫之长风㉑。舍簪笏于百龄㉒,奉晨昏于万里㉓。非谢家之宝树㉔,接孟氏之芳

---

① [望长安句]《世说新语·夙惠》:"晋明帝数岁,坐元帝膝上。有人从长安来,元帝因问明帝:'汝意谓长安何如日远?'答曰:'日远,不闻人从日边来,居然可知。'元帝异之。明日集群臣宴会,告以此意,更重问之,乃答曰:'日近。'元帝失色曰:'尔何故异昨日之言邪?'答曰:'举目见日,不见长安。'"

② [吴会] 吴郡,治所在今江苏省苏州市。云间:江苏松江县(古华亭)的古称。《世说新语·排调》:陆云(字士龙)华亭人,未识荀隐,张华使其相互介绍而不作常语,"云因抗手曰:'云间陆士龙。'"

③ [天柱]《神异经》:"昆仑之山,有铜柱焉。其高入天,所谓天柱也。"北辰:《论语·为政》:"为政以德,譬如北辰,居其所而众星共(拱)之。"

④ [帝阍(hūn)] 天帝的守门人。屈原《离骚》:"吾令帝阍开关兮,倚阊阖而望予。"

⑤ [奉宣室句] 贾谊迁谪长沙四年后,汉文帝复召他回长安,于宣室中问鬼神之事。宣室,汉未央宫正殿,为皇帝召见大臣议事之处。

⑥ [冯唐易老]《史记·冯唐列传》:"(冯)唐以孝著,为中郎署长,事文帝。……拜唐为车骑都尉,主中尉及郡国车士。七年,景帝立,以唐为楚相,免。武帝立,求贤良,举冯唐。唐时年九十余,不能复为官。"

⑦ [屈贾谊句] 贾谊在汉文帝时被贬为长沙王太傅。圣主:指汉文帝。

⑧ [窜梁鸿句] 梁鸿,东汉人,因得罪章帝,避居齐鲁、吴中。明时:指章帝时代。

⑨ [君子见机]《易·系辞下》:"君子见几(机)而作。"

⑩ [达人知命]《易·系辞上》:"乐天知命故不忧。"

⑪ [老当益壮]《后汉书·马援传》:"丈夫为志,穷当益坚,老当益壮。"

⑫ [青云之志]《续逸民传》:"嵇康早有青云之志。"

⑬ [酌贪泉句] 据《晋书·吴隐之传》,廉官吴隐之赴广州刺史任,饮贪泉之水,并作诗说:"古人云此水,一歃怀千金。试使(伯)夷(叔)齐饮,终当不易心。"贪泉,在广州附近的石门,传说饮此水会贪得无厌。

⑭ [处涸辙]《庄子·外物》有鲋鱼处涸辙的故事。涸辙比喻困厄的处境。

⑮ [北海二句] 语意本《庄子·逍遥游》。

⑯ [东隅二句]《后汉书·冯异传》:"失之东隅,收之桑榆。"东隅,日出处,表示早晨。桑榆,日落处,表示傍晚。

⑰ [孟尝二句] 孟尝字伯周,东汉会稽上虞人。曾任合浦太守,以廉洁奉公著称,后因病隐居。桓帝时,虽有人屡次荐举,终不见用。事见《后汉书·孟尝传》。

⑱ [阮籍二句] 阮籍,字嗣宗,晋代名士。《晋书·阮籍传》:籍"时率意独驾,不由径路。车迹所穷,辄恸哭而反。"

⑲ [三尺] 指幼小。

⑳ [无路二句] 据《汉书·终军传》,终军字子云,汉代济南人。武帝时出使南越,自请"愿受长缨,必羁南越王而致之阙下",时仅二十余岁。等,相同,用作动词。弱冠,古人二十岁行冠礼,表示成年,称"弱冠"。

㉑ [投笔] 用汉班超投笔从戎的故事,事见《后汉书·班超传》。爱宗悫(què)句:宗悫字元干,南朝宋南阳人,年少时向叔父自述志向,云"愿乘长风破万里浪。事见《宋书·宗悫传》。

㉒ [簪笏(hù)] 冠簪、手板。官吏用物,这里代指官职地位。百龄:百年,犹"一生"。

㉓ [奉晨昏]《礼记·曲礼上》:"凡为人子之礼……昏定而晨省。"

㉔ [非谢句]《世说新语·言语》:"谢太傅(安)问诸子侄'子弟亦何预人事,而正欲使其佳?'诸人莫有言者。车骑(谢玄)答曰:'譬如芝兰玉树,欲使其生于庭阶耳。'"

邻①。他日趋庭，叨陪鲤对②；今晨捧袂，喜托龙门③。杨意不逢，抚凌云而自惜④；钟期既遇，奏流水以何惭⑤。

呜呼！胜地不常，盛筵难再；兰亭已矣，梓泽丘墟⑥。临别赠言，幸承恩于伟饯；登高作赋，是所望于群公。敢竭鄙怀，恭疏短引；一言均赋，四韵俱成。请洒潘江，各倾陆海云尔⑦。

滕王高阁临江渚，佩玉鸣鸾罢歌舞。
画栋朝飞南浦云，珠帘暮卷西山雨。
闲云潭影日悠悠，物换星移几度秋。
阁中帝子今何在？槛外长江空自流。

思考与练习

一、给加点字注音：

翼轸（　　）　瓯越（　　）　棨戟（　　）　襜帷（　　）　睇眄（　　）
遄飞（　　）　捧袂（　　）　涸辙（　　）　东隅（　　）　雨霁（　　）
簪笏（　　）　帝阍（　　）　孤鹜（　　）　髭州（　　）　潦水（　　）

二、《滕王阁序》中出现了哪些成语？请一一指出。

三、理解重点语句的含义：

1. 下列各句在文中的意思，翻译错误的一项是（　　）

A. 豫章故郡，洪都新府。星分翼轸，地接衡庐：昔日的南昌郡城，如今是洪州都府。它处在翼、轸二星的分管区域，与庐山和衡山接壤。

B. 物华天宝，龙光射牛斗之墟；人杰地灵，徐儒下陈蕃之榻：（这里）物有光华，天有珍宝，宝剑的光气直射牛、斗二星之间；人有俊杰，地有灵秀，徐儒子（竟然）在太守陈蕃家下榻。

C. 雄州雾列，俊采星驰。台隍枕夷夏之交，宾主尽东南之美：雄伟的州城像雾一样涌起，俊美的人才像流星一样飞驰。城池倚据在荆楚和华夏交接的地方，（宴会上）客人和主人都是东南一代的俊杰。

D. 腾蛟起凤，孟学士之词宗；紫电青霜，王将军之武库：词采如蛟龙腾空、凤凰起飞，那是文词宗主孟轲；紫电和青霜这样的宝剑，出自王将军的武库里。

---

① ［接孟氏句］据说孟轲的母亲为教育儿子而三迁择邻，最后定居于学宫附近。事见刘向《列女传·母仪篇》。
② ［他日二句］《论语·季氏》："（孔子）尝独立，（孔）鲤趋而过庭。（子）曰：'学诗乎？'对曰：'未也。''不学诗，无以言。'鲤退而学诗。他日，又独立，鲤趋而过庭。（子）曰：'学礼乎？'对曰：'未也。''不学礼，无以立。'鲤退而学礼。"鲤，孔鲤，孔子之子。
③ ［捧袂（mèi）］举起双袖，表示恭敬的姿势。喜托龙门：《后汉书·李膺传》："膺以声名自高，士有被其容接者，名为登龙门。"
④ ［杨意二句］据《史记·司马相如列传》，司马相如经蜀人杨得意引荐，方能入朝见汉武帝。又云："相如既奏《大人》之颂，天子大悦，飘飘有凌云之气。"杨意，杨得意的省称。凌云，指司马相如作《大人赋》。
⑤ ［钟期二句］《列子·汤问》："伯牙善鼓琴，钟子期善听。伯牙鼓琴……志在流水，钟子期曰：'善哉！洋洋兮若江河。'"钟期，钟子期的省称。
⑥ ［兰亭］在今浙江省绍兴市附近。晋穆帝永和九年（353）三月三日上巳节，王羲之与群贤宴集于此，行修禊礼，祓除不祥。梓泽：即晋石崇的金谷园，故址在今河南省洛阳市西北。
⑦ ［请洒二句］钟嵘《诗品》："陆（机）才如海，潘（岳）才如江。"

项目一　阅读与欣赏　141

2. 下面两组虚词的含义和用法分析正确的一项是（　　）。
①穷且益坚，不坠青云之志　　　③兰亭已矣，梓泽丘墟
②存者且偷生，死者长已矣　　　④太后曰："敬诺，年几何矣？"
A. ①句与②句的"且"字相同，③句与④句的"矣"字不同。
B. ①句与②句的"且"字相同，③句与④句的"矣"字也相同。
C. ①句与②句的"且"字不同，③句与④句的"矣"字也不同。
D. ①句与②句的"且"字不同，③句与④句的"矣"字相同。

四、思考题：《滕王阁序》是一篇优美的骈文，你如何理解作品的主题及其独特写法？

*24　石缝间的生命[①]

林　希

课文导读

　　大自然并非对每个生命都施以恩惠。有时，有些生命所面对的生存环境是异常艰难窘迫的，而能在这种种困境中顽强生存的生命，自有其震撼人心的力量。作品托物言志，通过对三种极其普通的植物的描写与赞颂，生动形象地揭示了生命的顽强、倔强。生命就是拼搏，在逆境中，唯有拼搏，才能够认识自己，从而锤炼自己，使自己的精神境界得到升华。

　　石缝间倔强的生命，常使我感动得潸然泪下[②]。
　　是那不定的风把无人采撷的种子撒落海角天涯。当他们不能再找到泥土，它们便把最后一线生的希望寄托在这一线石缝里。尽管它们也能从阳光中分享到温暖，从雨水里得到滋润，但惟有那一切生命赖以生存的土壤却要自己去寻找。它们面对着的现实该是多么严峻啊！
　　于是，大自然出现了惊人的奇迹，不毛的石缝间丛生出了倔强的生命。
　　或者，只是一簇无名的野草，春绿秋黄，岁岁枯荣。它们没有条件生长宽阔的叶子，因为它们寻找不到足以使草叶变得肥厚的营养，它们有的只是三两片长长的细瘦的薄叶，那细微的叶脉告知你生存该是多么艰难；更有的，它们就在一簇簇瘦叶下自己生长出根须，只是为了少向母体吮吸一点乳汁，便自去

[①]　[林希] 原名侯红鹅，1935年生于天津。当代作家。代表作有小说《丑末寅初》、《高买》、《小的儿》等，其中《小的儿》获第一届鲁迅文学奖。
[②]　[潸（shān）然泪下] 潸然：流泪的样子。形容眼泪流下来。

寻找那不易被觉察到的石缝。这就是生命。如果这是一种本能，那么它正说明生命的本能是多么尊贵，生命有权自认为辉煌壮丽，生机竟是这样地不可扼制。

或者，就是一团团小小的山花，大多又都是那苦苦的蒲公英。它们的茎叶里涌动着苦味的乳白色的浆汁，它们的根须在春天被人们挖去作野菜。而石缝间的蒲公英，却远不似田野上的同宗生长得那样茁壮。它们因山风的凶狂而不能长出高高的躯干，它们因山石的贫瘠①而不能拥有众多的叶片，它们的茎显得坚韧而苍老，它们的叶因枯萎而失却光泽；只有它们的根竟似那柔韧而又强固的筋条，似那柔中带刚的藤蔓，深埋在石缝间狭隘的间隙里，它们已经不能再去为人们作佐餐的鲜嫩的野菜，却默默地为攀登山路的人准备了一个可靠的抓手。生命就是这样被环境规定着，又被环境改变着，适者生存的规律尽管无情，但一切的适者都是战胜环境的强者，生命现象告诉你，生命就是拼搏。

如果石缝间只有这些小花小草，也许还只能引起人们的哀怜；而最令人赞叹的是，就是在那石岩的缝隙间，还生长着参天的松柏，雄伟苍劲，巍峨挺拔。它们使高山有了灵气，使一切生命在它们面前都显得苍白逊色。它们的躯干就是这样顽强地从石缝间生长出来，扭曲地，旋转地，每一寸树衣上都结痂②着伤疤。向上，向上，向上是多么的艰难。每生长一寸都要经过几度寒暑，几度春秋。然而它们终于长成了高树，伸展开了繁茂的枝干，团簇着永不凋落的针叶。它们耸立在悬崖断壁上、耸立在高山峻岭的峰巅，只有那盘结在石崖上的树根在无声地向你述说，它们的生长是一次多么艰苦的拼搏。那粗如巨蟒、细如草蛇的树根，盘根错节，从一个石缝间扎进去，又从另一个石缝间钻出来，于是沿着无情的青石，它们延伸过去，像犀利的鹰爪抓住了栖身的岩石。有时，一株松柏，它的根须竟要爬满半壁山崖，似把累累的山石用一根粗粗的缆绳紧紧地缚住，由此，它们才能迎击狂风暴雨的侵袭，它们才终于在不属于自己的生存空间为自己占有了一片土地。

如果一切生命都不屑于去石缝间寻求立足的天地，那么，世界上将会有一大片地方成为永远的死寂。飞鸟无处栖身，一切借花草树木赖以生存的生命就要绝迹，那里便会沦为永无开化之日的永远的黑暗。如果一切生命只贪恋于黝黑的沃土，它们又如何完备自己驾驭③环境的能力，又如何使自己在一代一代的繁衍中变得愈加坚强呢？世界就是如此奇妙。试想，那石缝间的野草，一旦将它们的草籽撒落在肥沃的大地上，它们一定会比未经过风雨的考验的娇嫩的种籽具有更为旺盛的生机，长得更显繁茂；试想，那石缝间的蒲公英，一旦它

---

① ［贫瘠］土地不肥沃，土壤层薄。
② ［结痂（jiā）］由活组织脱落形成死组织块。
③ ［驾驭］驱使车马。比喻掌握控制；支配。

们的种籽，撑着团团的絮伞，随风向湿润的乡野，它们一定会比其他的花卉生长得茁壮，更能经暑耐寒。至于那顽强的松柏，它本来就是生命的崇高体现，是毅力和意志最完美的象征，它给一切的生命以鼓舞，以榜样。

愿一切生命不致因飘落在石缝间而凄凄艾艾。愿一切生命都敢于去寻求最艰苦的环境。生命正是要在最困厄的境遇中发现自己，认识自己，从而锤炼自己，使自己的精神境界得到升华。

石缝间顽强的生命，它既是生物学的，又是哲学的，是生物学和哲学的统一。它又是美学的：作为一种美的现象，它展现给你的不仅是装点荒山枯岭的层层葱绿，它更向你揭示出美的、壮丽的心灵世界。

石缝间顽强的生命，它是具有如此震慑人们心灵的情感力量，它使我们赖以生存的这个星球变得神奇辉煌。

思考与练习

一、给加点字注音

潸然（　　）　抑制（　　）　贫瘠（　　）　狭隘（　　）　采撷（　　）
扼制（　　）　震慑（　　）　逊色（　　）　繁衍（　　）　松柏（　　）

二、阅读课文，回答下列问题

1. "石缝间的生命"具有什么样的精神？
2. 作者选择了哪些事物为代表来介绍石缝间的生命？突出了其哪些特点？

三、重点词句理解

1. 文章第一句话"石缝间倔强的生命，常使我感动得潸然泪下。"作者为什么会对此潸然泪下？这句话在文章中有什么作用？结合课文，谈谈你的见解。
2. 联系上下文，谈谈你对下面这句话的理解。
"如果这是一种本能，那么它正说明生命的本能是多么尊贵，生命有权自认为辉煌壮丽，生机竟是这样地不可扼制。"

四、能力拓展

下列四句名言佳句中，哪句与《石缝间的生命》的旨趣最相近？为什么？

1. 植物的生命要从它的绿叶中显示出来。——（意大利·但丁）
2. 离离原上草，一岁一枯荣。——（唐·白居易）
3. 咬定青山不放松，立根原在破岩中，千磨万击还坚劲，任尔东西南北风。——（清·郑板桥）
4. 野火烧不尽，春风吹又生。——（唐·白居易）

项目二　语文综合实践活动

我也追"星"

【活动主题】

收集"明星"资料，说说对追"星"的看法。

【活动目标】

1. 通过活动使学生对名人有一个客观的认识和了解，对青少年学生中普遍存在的"追星"现象加以正确引导，树立健康、高尚的情感、态度、价值观。

2. 通过活动，让学生搜集书报杂志上的名人故事或人物传记，提高学生动手收集、摘抄、整理资料的能力。

3. 通过"名人故事大家讲""最近我在读_____""瑕瑜互见说名人"等口语活动，使学生在感兴趣的综合性学习活动中，锻炼自己的口语表达能力。

4. 通过写作练习，引导学生以"我最崇敬的名人"为话题，谈谈自己的认识和感受，多角度地认识名人，发现名人丰富多彩的性格特点或内心世界，写出自己对名人的独特感受和真切体验，鼓励有创意的表达。

【活动形式】

第一阶段（一周）：

1. 学生自主选择合作伙伴，组成合作小组，并为自己的小组取一个名字。

2. 小组学生分工合作，利用课余或双休日，以个人单独活动为主，围绕活动内容广泛搜集资料，上网或看书籍查询资料，进行筛选、梳理。再由小组将资料合理归类、整理，以"我最崇敬的名人"为话题撰写演讲稿。

第二阶段（课外）：

小组成员内部先进行第一轮演讲，挑选出两名代表参加全班的演讲比赛。

第三阶段（课堂）：

1. 设计活动：选出主持人和记分员各两名，邀请班主任、语文老师或职业道德课老师担任评委。

2. 利用2个课时的时间进行班演讲比赛，选出一等奖、二等奖、三等奖若干名，颁发奖状和纪念品。

【相关知识】

（一）语言表达知识

关于"演讲"（改为参考后面听说训练——演讲部分）。

（二）实践活动知识

1. 何谓"追星"？

每个人心中都有自己崇敬的名人，这些名人，我们称之为"明星"，他们就像夜空里璀璨的明星一样闪烁着光芒，指引着人们。人们将他们当做自己的偶像，希望自己也能够像他（她）一样成功，受人尊敬，得人爱戴，这就是"追星"。当然不同的时代有不同的"星"，社会、个人的价值观也会影响人们对"星"的追求和推崇。

2. 何谓"追星族"？

所谓"追星族"，主要是指当代崇拜、追捧影视歌明星，以及体育明星的青少年们。其中学生是主力军。某重点校对全校 900 名学生做问卷调查，"你最崇拜谁"的问题，86% 的学生填写崇拜的是影视歌星。关注偶像的信息，模仿他们的衣着打扮、神态、语言、动作甚至生活习惯，是追星族的一个共同特征。

【案例一】

清朝末年的洪秀全，几乎是无人不知，无人不晓，好多人崇拜他。其中有一位少年，他立下大志，要像洪秀全一样，推翻清朝的腐朽统治。他把洪秀全当做自己的目标，自称"洪秀全第二"，要超越洪秀全，要建立另一个"太平天国"。

他靠自己的努力，终于实现了自己的理想，走了一条自己的成功之路。他，就是孙中山。

【案例二】

上个世纪末到本世纪初，香港的周星驰成为影迷追捧的对象。然而有谁知道这位"喜剧之王"刚开始也只是打杂，跑龙套，当配角，被人呼来唤去。那时的日子比我们想象的要艰苦得多，遭人白眼，像下属般跟在人家的后面，不知受了多少委屈，在演艺圈内打拼了多少年，才有了现在的辉煌。

看来，在明星成功的背后，也有汗，也有泪呀！

【案例三】

兰州 29 岁女子杨丽娟苦追刘德华 13 年，不但导致倾家荡产，父亲甚至要

"卖肾"为女儿凑足去香港"追星"的钱。在这13年里，刘德华的影子几乎出现在她的每一个梦中。她日思夜想，失眠、吃不下饭，甚至把自己关进房子里，不与任何人说话。每天除了欣赏刘德华的电视演唱会外，就是从各种娱乐杂志上剪贴刘德华的相片。她不仅荒废了学业，而且断绝和所有同学的联系。为与偶像见一面她前后三次赴港六次进京，其家人为了完成她和刘德华见一面的愿望也不惜一切代价，不仅债台高筑，就连家里不足40平方米的房子也卖掉了。最后一次全家举债赴港见刘德华，其父因不满刘德华没给她更多的见面机会而跳海自杀。

【案例四】

某地区举办过一次关于青少年心目中"十大青春偶像"评选活动，在青少年评出的偶像中，港台流行歌星取得9个席位，刘德华荣登榜首。只有雷锋是入选者中唯一的一个非影视歌星。这次调查结果足以令社会为之震惊，发人深思。

【活动情境一】

收集材料，合作探究

第一阶段——名人伟业，共同评说。

以小组为单位，按照抽到的题目说说你所知道的明星。

参考题目一：请说说你所知道的五位作家和他们的代表作。

参考题目二：请说出五位政治家和他们的历史贡献。

参考题目三：请谈谈五位科学家和他们的历史贡献。

参考题目四：请说出五位在教育、医学、体育或演艺事业中有杰出成绩的名人。

第二阶段——名人故事，畅所欲言。

以小组为单位，畅谈自己崇敬的名人，把自己收集到的名人故事生动地讲述给同学们听，锻炼口语表达能力。

第三阶段——名人风采，交流展示。

以小组为单位，交流自己从名人身上汲取的对我们有用的东西。让我们进一步走近名人，了解名人，并以名人为榜样，激励自己，奋发向上。

第四阶段——演讲活动，齐齐参与。

每组选出两名代表上台作演讲，说说"我最崇敬的人"。并于演讲结束之后评选出一等奖、二等奖、三等奖若干名，颁发奖状和纪念品。

【活动情境二】

观看电影，了解名人

1. 组织学生阅读人物传记，如《达·芬奇传》、《假如给我三天光明》、《德川家康》等。

2. 组织学生观看人物纪录片，如《周恩来》、《孙中山》、《百年小平》，以及系列人物纪录片《中国故事》等。

思考与练习

1. 看完这些人物传记（或纪录片）后，你印象最深刻的是哪个人物的故事？
2. 你觉得从他的身上得到了什么教益？
3. 如果你有一天也面临着与主人公类似的问题，你会怎么处理？

【资料链接】

袁隆平：稻香万里济众生
朱 隽　贺广华

5月8日，刚从美国归来的袁隆平院士，像往常一样，走进了试验田。

黝黑的面庞依旧，坚定的步伐依旧，"袁氏发型"依旧。

"我不在家，就在试验田；不在试验田，就在去试验田的路上。"他这样描述自己的生活作息。试验田是他生活的一个重心，因为那里种着他心爱的杂交水稻。

近半个世纪的时间里，袁隆平在杂交水稻攻关的每一个关键时刻，每一个困难面前，都始终坚守目标，锲而不舍进行科学探索；在杂交水稻领域的每一个发展阶段，每一项重大技术创新，都贡献出了非凡的经验、智慧与学术思想。

在他的引领下，我国拥有了解决粮食安全问题的关键技术，人类拥有了驱逐饥饿新的希望。

77岁的袁隆平，壮心不已。

使　命

让所有人远离饥饿，新的起点期待新的奇迹。

2005年8月13日，农历七月初九。

8月的长沙，天气炎热，空气里一丝凉风都没有。可袁隆平却觉得这天热得畅快，热得舒坦。

因为这一天是袁隆平75岁的生日，也因为在这个特别的日子里他将迎来一位特别的客人。

这一天，温家宝总理到国家杂交水稻工程技术研究中心视察。

看过试验田里穗大叶壮、谷粒硕大的超级稻，听过袁隆平的汇报，温家宝总理说，袁老师研究发明的超级稻有重大科学价值，在我国大面积推广种植后累计增产粮食4 000多亿公斤，为中国人养活自己做出了重大贡献。发展农业要靠政策，靠投入，归根结底要靠科学技术。

总理的评价，让袁隆平如沐春风；总理的嘱托，让袁隆平深感振奋。

这一年，袁隆平向世人宣布了第三期超级稻目标：在2010年，亩产要达到900公斤；同时要把杂交水稻推向全世界。袁隆平设想，在2010年将杂交水稻在世界范围内推广到1 500万公顷，按照每公顷增产2吨粮食计算，就能多产3 000万吨粮食，多养活1亿多人。

这一年，距离他与杂交水稻携手之始已有45年。

45年，弹指一挥间。袁隆平要让所有人远离饥饿的追求没变；他那"先天下之忧而忧，后天下之乐而乐"的情怀没变；他那"路漫漫其修远兮，吾将上下而求索"的豪情没变。

此前一年，超级稻二期目标提前实现，超过800公斤的亩产，让中国的超级杂交稻育种研究继续领跑世界，这一领先的纪录已经保持了30年。

让杂交水稻的潜力充分迸发，让人民不仅吃饱还要吃好，面向未来，使命仍然在肩。

本　色

科学研究的本色是创新，科学家的使命在于探索未知，他们真正的快乐也来源于此。

科学家的使命在于探索未知。从步入科学殿堂的第一天起，创新就已经深深烙入袁隆平的人生信条里。

地里的杂交水稻绿了又黄，农民的谷仓里装满丰收的稻谷，寓言着他丰厚的创造力。

1960年，当袁隆平立志用农业科技击败饥饿威胁时，"自花授粉作物没有杂种优势"成为横亘在他面前的理论禁区。

当年，一株"鹤立鸡群"的高产异型稻株，吸引了袁隆平的眼光；第二年在它的后代身上，优势完全退化分离，难道这是一株天然的杂交稻？能不能育成人工杂交稻？袁隆平的智慧火花在那一刻点燃。

多年后，他的弟子说："袁老师绝不是第一个见到异型稻株的人，但却是第一个找到其本质规律的人。也正因为他敢于打破常规，才成为一个伟大的科学家。"

创新是科研的本色，但在关键时刻对于研究路线的重大决策更能显示大师应有的本色。

功底深厚，高瞻远瞩，决断果敢，在众多农业科学家眼中，袁隆平从来都是不折不扣的"战略之魂"。中国杂交水稻研究的关键节点，几乎每一次都能找到他的影子。

1987年，距离杂交水稻首次大面积推广已过去10年。袁隆平又提出杂交水稻育种的战略设想，在他的设想中，杂交水稻的育种方式必须由繁到简，未来要从三系到两系再到一系。这个后来被世界农业科技界誉之为"袁隆平思路"的卓越构想，把科学探索推向了又一个全新的境界。

提出新的问题、新的可能性，需要创造性的想象力。同时想要超越自我，就必须承担随之而来的风险。当袁隆平提出要选育亩产700公斤以上的超级稻时，就连跟随他多年的助手们，都怀疑"这怎么可能"？

"要是能够轻易做到，我把你们叫来做什么？"在海南三亚南繁基地，一向笑容可掬的袁隆平拉长了脸。他认为，尽管日本和国际水稻研究所都没能在"超级稻"上取得突破，但"别人没做到的，不等于我们不能做。我不愿停留在原有成绩上，要出新成果。"

袁隆平告诫助手们："搞科研，要有一种在国际上争先的精神。就像跳高一样，跳过一个高度，又有新的高度在等着你；要是不跳，早晚要落在人家后头。"他要的就是抢占杂交水稻研究的国际制高点。

袁隆平雷厉风行，说干就干。新世纪的第一年，超级稻首期亩产700公斤的目标顺利实现。

奋　斗

他喜欢李四光创作的小提琴曲《行路难》。他以这种方式告诉世人："探索科学的道路是艰难的，但不管怎么难，科学工作者都要义无反顾走下去……"

中国杂交水稻的成长史，就是以袁隆平为代表的一代又一代科技工作者的奋斗史。

年过古稀，本该含饴弄孙、颐养天年，可袁隆平却依然坚守在一线，每天准时上班，准时下田，上午9点半到10点半，下午3点半到4点半，是他固定到试验田的时间。越是打雷刮风，越是下大雨，他越要到田里面去看看，因为那是检验他的"宝贝"的关键时刻。

袁隆平对试验田如此痴迷，不仅仅是一种生活习惯。他说："我们搞育种的，就是要坚持在第一线，这样才会发现新品种，才会接近灵感。"

奋斗在一线，是袁隆平的行动指南。

在实验的最初6年里，袁隆平与两个学生尹华奇、李必湖先后用1 000多个品种的常规水稻，与最初找到的雄性不育株及其后代进行了3 000多个测交和回交实验，始终没有成功。上千次的失败没有摧垮袁隆平创造成功的信念。

为了寻找野生稻，袁隆平师徒千里迢迢，远赴云南和海南，他们经历了"三只老鼠一麻袋，三只蚊子一盘菜"的艰苦；也在滇南大地震中与死神擦肩而过。

为了加快杂交育种更代繁殖，袁隆平师徒开始了候鸟一样追赶季节南来北往的岁月。39个春节，袁隆平在天涯海角度过。

袁隆平师徒犹如拓荒牛般，耕耘着希望，探求着绿色生命的本质。功夫不负有心人。1970年，"野败"的发现，为籼型杂交稻三系配套打开一扇成功的窗户。但是试验田里只长稻草不长谷，让那依稀的亮光似乎黯淡了。面对怀疑，袁隆平依然冷静，改进品种组合，3年创造了亩产505公斤的优良战绩。

一个阶段的成功，停止不了矢志奋斗者的脚步。

制种，曾经是制约杂交水稻推广的一大阻碍。1973～1975年，两年多的卧薪尝胆，袁隆平让最初一亩仅能生产5.5公斤杂交种子，一步飞跃到最高亩产150公斤。

1976年，杂交水稻率先在湖南大面积推广，进而推向全国。据不完全统计，当年就推广了208万亩，全部增产20%以上。按每亩增产60公斤计算，即增产12.48亿公斤。杂交水稻旋风在神州大地刮起。

从三系到两系跨越的关键时刻，南方遇到超常低温，两系不育系出现育性波动。袁隆平没有退却，从失败中另辟蹊径，终将杂交水稻培育成了可以在长江中下游地区安全种植的水稻。

"山重水复疑无路，柳暗花明又一村"。在漫长的科研道路上，无数次分析、总结，饱尝了"失败、成功、再失败、再成功"的苦辣酸甜，袁隆平愈挫愈勇；杂交水稻的伟大成就，让我们看到在失败和挫折中崛起的辉煌。

奉　献

一个真正的科学家要心底无私，他对人类的贡献在于将自己的智慧毫无保留地付出。

培育杂交水稻，从袁隆平一个人的梦想，变成一个科研小组的奋斗目标，再扩大到一场声势浩大的攻关大协作，到组建一个机构健全的研究中心，最后被纳入国家的"863"计划……这个过程，体现了党和国家的重视与支持，也见证了一位科学家的无私与高尚。

1971年3月下旬，正当"野败"的F1代"子女"抽穗的时候，湖南、广东、广西……来自13个省、市、自治区的18个科研单位50多名农业科技人员，齐聚三亚。

此时，一道科研之外的"难题"摆在袁隆平的面前。是将"野败"这一最新实验材料封闭起来关门研究，还是让更多的科研人员协作攻关呢？

杂交水稻三系配套已经凝结了他的很多心血，"野败"的出现无疑是天赐良机，他可以让自己成为这项研究"唯一"的功臣。但是袁隆平还是选择了后者。他毫无保留地及时向全国各地来的科技人员报告了他们的最新发现，慷慨无私地把辛勤培育的"野败"材料分送给大家，让他们一边学习一边实验。

白天，他在试验田里示范技术操作；晚上，他在驻地开辟教室，架起黑板，给各地技术人员办起杂交水稻研究速成班，把自己多年积累的知识奉献给大家。

他的无私，换来的是冲天的热情和干劲。短短1年多的时间里，来自全国各地的100多名科研人员，使用了上千个品种，与"野败"进行了上万个回交转育，极大地加速了杂交水稻的研究进程。

其后，在长达30多年的南繁育种岁月里，袁隆平始终坚持这样讲课或座谈。培养了一大批来自全国各地的杂交水稻技术人员。他在科研事业中，没有门户之见，从来都是搞"五湖四海"，这让很多人从中受益。

对于一项科研事业，掌握最新的研究资料非常重要。袁隆平每次从国外带回的资料都是复印成三份，一份留在杂交水稻中心，一份提供给全国协作组，另一份则让来中心访问的科技人员无偿参阅。

令人感佩的胸怀、令人赞叹的研究，为他赢得了各地科研人员发自内心的敬重。从此，他也在大家的瞩目中担当起中国杂交水稻研究总设计师和最高学术领头人的重任。时至今日，每每听到别人对他的赞美，袁隆平依然会有些羞涩，因为他的心里始终觉得，杂交水稻并非他一个人的成绩，而是整个团队的成就。

袁隆平，他把自己奉献给了杂交水稻事业；他把自己的研究成果奉献给了研究同行；他把杂交水稻奉献给了中国人民，也奉献给了全世界。

无农不稳，有粮则安。袁隆平"为了让更多人吃饱饭"的愿望，终将成真。

参考网址：

http://www.chinarwzj.com/articles/（中国人物传记网）

http://space.tv.cctv.com/podcast/renwujlp（领袖人物纪录片集锦）

▶▪▪▪ 项目三　听说训练

演　讲

【训练主题】
学习演讲的基本知识，练就演讲的技能技巧。

【训练目标】
1. 学习演讲的基础知识。
2. 训练演讲的基本技能。

【基础知识】
在学校里，各级各类学生干部往往经竞选产生；在社会上，公开选拔、竞争上岗已经成为任用人才的重要方式。在这些竞选、竞职过程中，演讲这一环节的重要性日益凸显。在竞争日益激烈的今天，中职学校学生除了学好专业课，练好基本功，还要学会如何在竞争中脱颖而出。因此，在学习阶段进行演讲练习是十分必要的。

下面，让我们一起来阅读这篇竞聘演讲稿，初步了解"演讲"这种高级的讲话形式。

一、演讲的相关知识

演讲是一种交流思想、沟通情感的重要方式，它主要是演讲者在特定的交际领域或交际环境中，运用有声语言和态势语言等艺术手段，面对听众宣传思想观点、抒发感情，从而影响和感召听众的一种信息交流行为。演讲以"说"为主，以"演"为辅，说与演密切结合，相辅相成。

演讲虽然要运用有声语言进行交流，但这种交流不同于日常生活中的谈话。演讲者是有目的，有中心，认真、严肃，实事求是的，它需要合适的特定的时境、一定数量的听众，而且作为演讲活动的主导者，演讲者还必须放大声音，讲求艺术技巧，力争获得理想的演讲效果。所以，演讲是一种高级的讲话形式。

当然，演讲也不同于朗诵。首先，演讲与朗诵的范畴不同。演讲属于精神实用技术，侧重于宣传鼓动；朗诵属于表演艺术，侧重于欣赏。其次，演讲选题有很强的现实性和时代性；朗诵的材料有很大的超越性。再其次，演讲讲究激情，要有激情点（演讲的高潮），其语言有特殊性；朗诵追求意境，其语言属于舞台表演语言。

从交际环境和时空条件的制约方面来划分，演讲分为有稿演讲和即兴演讲两种。

有稿演讲：一般是在了解命题并做好准备、写好演讲稿（或提纲）之后进行的。其优势是既可保证思想内容的健康、正确，又可对语言进行加工润色，对态势语的配合做好预先设计，能使思想内容与艺术形式较好地统一，更有效地发挥演讲的感染和鼓动作用。

即兴演讲：在事先没有准备的情况下，就眼前的场面、情景、事物、人物等临时即兴发表演讲。即兴演讲兴有所发，情有所感，灵活性大，即兴感强，应用范围广。另一方面，即兴演讲篇幅短小，难度大，要求演讲者紧扣主题，抓住由头，迅速组合，言简意赅。因此，要靠演讲者平时的知识积累、敏锐的思维组合能力和临场技巧的发挥来达到预期目的。

由于在校生演讲大多数是有稿演讲，所以下面我们主要来学习怎样进行有稿演讲。

二、演讲前的准备

演讲成功的一个秘诀是准备。全面、细致的准备有助于调整心态，避免怯场。

（一）认真撰写演讲稿。

1. 演讲稿写作的要求有：

（1）认清对象，确立主题；（2）条理清楚，结构完整；（3）语言流畅，深刻风趣。

2. 简单地说，演讲稿的结构分为三部分：开头、主体、结尾。

（1）开头部分：开头的形式主要包括提问式、明旨式、揭题式、警语式、故事式、悬念式、抒情式和背景式。

提问式：用人们普遍关注的或发人深省的问题开头。

明旨式：开宗明义，开门见山，概括主要内容，揭示主题。

揭题式：片语惊人，以揭示主题；或用平实的语言，从"老生常谈"的话题中揭示出富有新意的主题。

警语式：引用名言警句或深邃而新颖的格言。

故事式：讲述情节生动、内容新奇的故事，容易赢得听众的关注，并能造成悬念，激起听众的兴趣。

悬念式：设置一种使听众关注的情境和氛围，造成悬念，令人关注，使听众急切地想知道下面演讲的内容。

以上开头尽管表达的方式各不相同，但它们都起到了与听众建立同感、打开场面、引入正题的作用，圆满完成了开头所肩负的任务，称得上是成功的开头。

（2）主体部分：

一要安排好演讲层次：稳定感（主次分明，详略得当），匀称感（互相照应，过渡自然），明朗感（统筹安排，层次不能太复杂）。

二要组织好演讲高潮：演讲高潮实际上就是演讲者和听众感情最激昂、精神最振奋的地方。

三要控制好节奏：演讲同音乐一样也讲究节奏。不注意节奏的演讲，是单调的、平板的，也是没有力量的。要使演讲有较强的节奏感，就应该做到抑扬强弱的错综配合。

四要满怀真情，以情动人。

（3）结尾部分：结尾的形式包括总结式、鼓动式、点题式、决心式、抒情式、祝贺式等。

总结式：把演讲词的主要意思加以概括、强调，以便给听众留下深刻的印象。

鼓动式：演讲者用激烈的情感向听众提出希望或发出号召，以达到激励听众的情绪，使之行动起来的目的。

点题式：点明主旨或者回应题目，前后照应。

决心式：这是以表决心、立誓言的方式结尾，它有助于坚定听众的信念，增强演讲的号召力。

抒情式：这种结尾常常是演讲者在叙述典型事例和生动事理后，油然而生的激情。

祝贺式：用祝贺式赞颂的言词结尾，造成欢乐愉快的气氛，使人在欢快中增加自豪感和荣誉感。

（二）打印演讲稿。

讲稿每张纸仅打或写一面，并用较大号的字体。在硬纸或索引卡上记提要。

（三）反复练习。

俗话说：熟能生巧，反复的演练能让你清楚地认识到自己的不足，并加以改正。写好演讲稿后，可以先找个空旷的地方（如学校操场）独自演说，放大声量，加入态势语言，寻找最自然的表达方式。接着可以在自己熟悉的同学面前进行演讲，请他们充当听众，让他们感受演讲的效果，并给予评价和建议。经过反复的练习，你不但已经非常熟悉演讲稿，而且对自己的优点和不足都已了然于心，对自己就会更有信心。

（四）其他准备。

（1）自我形象。先照镜研究自己，看看自己给人什么样的印象，试着自然地微笑，别让自己在演讲时面部表情僵硬紧张；选好演讲时穿的服装、鞋子，务必使自己看上去整洁、干净利落；如非必要，尽可能不佩戴任何使人分散注意力的饰品（如亮晶晶的首饰）；头发不要垂到脸上；不要化浓妆。

（2）了解场地。如有机会，演讲前要先到演讲场地走一走，检查演说场地的一切细微之处，确定照明开关、视觉辅助仪器（如投影仪）和扩音设备的位置，了解其使用方法，以便在必要时自如地调整光线和音量，使用辅助仪器。

三、演讲的技巧

（一）调整演讲心态。

很多同学在演讲前会有怯场的表现，如心惊肉跳，面红耳赤，头脑空白，张口结舌。

那么，我们应该如何克服怯场呢？以下四个技巧可以帮助你调整心态，克服怯场心理，放松心情，充满自信：

（1）端正态度。演讲前不要过多设想演讲的效果，比如雷鸣般的掌声和群众热烈的回应。

（2）熟悉演讲的要点和内容。

（3）反复练习，熟能生巧。

（4）在心理、生理上进行适当调整。比如，在演讲之前什么都不要想，更不要胡思乱想，如果因为紧张而心跳加快，可以深深地吸一口气，再吐出来，反复三次，能有效地缓解压力。

（二）巧妙化解失误。

即使是最著名的演讲者都有可能在演讲中出现失误，比如讲错、忘记、遗漏演讲内容等。那么我们要怎样化解失误呢？如果是忘记内容，可以采用随方就圆的方法，即想到那个句子哪个段落就从哪里接下去，想起来的时候再补充。如果是讲错，无关重要的句子或词语，观众又不会误解的，可以不必更正。如果是关键的句子或词语，则不能放过，要重新更正，但切记住不要说"我刚才说错啦，不好意思"之类的话。应该沉着冷静，自然过渡，纠正错误、补充遗漏或跳过遗忘的内容接着讲下去，使观众无暇顾及你的错漏。不要站在台上面红耳赤，不知所措。

（三）善于随机应变。

演讲现场的情况有时是无法估量的，我们不可一成不变、照本宣科，应根据听众反应、现场需求随机应变，对演讲内容进行适当的调整。

（1）当你发现听众对你详细讲述的材料并不感兴趣，而对一些一带即过的辅助性材料反而产生浓厚的兴趣，这时候应该立即调整内容，重新安排详略。

（2）如果自己准备的材料与其他演讲者的材料雷同（如所举事例相同），此时应该立即删除该材料，补充新材料，或从一个新的角度去阐述或加以引申，给人耳目一新、更进一层的感觉。

（3）若听众稀少，反应不踊跃，甚至喧哗退场，我们也不要失去信心，草草收场，而应该坚持以热情、诚挚、豁达的态度对待听众，积极重新组织内容，扭转局面，赢得演讲成功。

（四）注意态势语的运用。

态势语即身体语言，它主要包括神态和手势动作两方面。态势语的运用和演讲内容要配合恰当，才能使语言表达更具有感染力。

（五）选择得体的服装和发型。

服装和发型也会带给观众各种印象。演讲是一种正式的活动，在这种场合下，庄重、大方、得体的服饰是我们的首选。

亲爱的同学们，了解了演讲的知识和技巧之后，你们是否已经跃跃欲试，打算鼓起勇气充满自信地走上讲台讲述故事、抒发情感了呢？那么，就请你们拿起笔来，围绕着本单元综合实践活动的内容——我也追"星"——和要求，撰写一篇演讲稿吧！这个舞台等待着你们！

【资料链接】

甘于奉献，点燃烈火青春

各位领导、各位评委、各位青年朋友们：

大家好！

我叫徐斌，很高兴能够和大家一起探讨"追求卓越，奉献青春"这个话题。今天我要演讲的题目是《甘于奉献，点燃烈火青春》。

"让青春烈火燃烧永恒，让生命闪电划过天边，用所有热情换回时间，让年轻的梦没有终点！"我非常欣赏《烈火青春》里面的这段话，并一直用它激励自己的学习、工作和生活。我认为，青春就应该燃烧，发出亮光才有价值！人的一生可能燃烧也可能腐朽，既然这样，我不愿腐朽，也不能腐朽，我愿意燃烧起来！在座的朋友们！你们愿意吗？

青春，是我们一生中最美丽的季节，她孕育着早春的生机，展现着盛夏的热烈，暗藏着金秋的硕实，昭示着寒冬的希望，充满诗意而不缺乏拼搏的激情，时尚浪漫而又饱含着奋斗的艰辛。当一个人的青春融汇到一个时代、一份事业中，这样的青春就不会远去，而这份事业也必将在岁月的历练中折射出耀眼的光芒。

　　说到这里，我想起了这样一句话："有的人活着，他已经死了；有的人死了，他还活着。"生命的意义在于活着，那么活着的意义又是什么呢？当然不是为了活着而活着，答案只有两个字，奉献！我们可以设想一下，不付出、不创造、不追求，这样的青春必然在似水年华中渐渐老去，回首过往，没有痕迹，没有追忆，人生四处弥漫着叹息。我想，这绝对不是我们存在的意义。古往今来，有无数能人志士在自己的青春年华就已经成就了不朽的人生，在这里我来不及一一列举。可是，有一个人的名字我却不能不提，他是我们永远的学习榜样，一个最平凡最无私也是最伟大的人。大家知道他是谁吗？这个传奇人物就是雷锋，他告诫我们说："青春啊，永远是美好的，可是真正的青春，只属于那些永远力争上游的人，永远忘我劳动的人，永远谦虚的人！"我想在座的每一位包括我自己都可以成为这样的人。

　　说实话，三年前，我刚来工作的时候也有过失落和茫然，感觉现实不尽如人意，感觉离曾经的梦想总是有一些距离，一度陷入困惑之中。可是，青春的我是一把刚铸好的刀，不容得你有片刻的等待和迟疑。我绝不能眼睁睁看着这把刀慢慢氧化，失去光泽，随即斑驳、锈蚀、风化，最后成为一块废铁。我告诉自己，"只要你是金子，就能放光，只要你斗志昂扬地面对生活、面对工作，你就会有所获得。"路漫漫其修远兮，吾将上下而求索。青春是学习的季节，青春是奋斗的岁月，不要停止我们前进的步伐，因为青春的路正长。有空的时候静下心来好好看看书，回头想想自己走过的路，为自己的人生做好一个规划，把自己的理想铭刻在心中，做一个甘于寂寞，敢于创新、干劲十足的年轻人。

　　青春不是人生的一段时期，而是心灵的一种状况。如果你的心灵很年轻，你就会常常保持许多梦想，在浓云密布的日子里，依然会抓住瞬间闪过的金色阳光。我们虽出生于不同的年代，工作在不同的岗位，但我们拥有一个共同的家，在这里，我们信守同样的企业精神，写下同样的奉献承诺，拥有同样的壮美青春。这是一次演讲，更是一次告白。当我满带着青春的气息，怀揣着沉甸甸的梦想与信念站在这里的那刻，我的内心是如此的坦荡与激昂，那种难以形容的兴奋与紧张，我真诚的邀请你们一同分享。

（文稿来源：http：//www.lw114.com）

▶▦▦▦ 项目四　写作训练

常用条据

【训练主题】
学习常用条据的写法。
【训练目标】
1. 学习常用条据的基本写法。
2. 运用所学知识，学会写条据。
【基础知识】
一、条据的含义
　　条据是人们在工作和生活中，常常为办理涉及钱财和物品的各种手续而留下存根，或者为说明某种情况和理由而留下字据；这种作为依据的字条，就叫做条据。
二、条据的特点
条据的特点，主要有以下几点：
（一）简洁明快。
　　条据文书，书写文字简洁，语言明快，朴实无华。不可拖沓冗长。要求一文一事，内容的单一性。
（二）时间性强。
　　这类文书的时间性强。作者必须把时限写清。
（三）手续清楚。
　　条据文书手续清楚。如写一张借条或收条，要把谁借谁还，借还时间，经手人等写明白，不得有误。
（四）请求办事，交代明白。
　　条据文书中有些是请求别人代办的内容，要把代办的事情交代明白，不能有疏漏。
三、条据的种类
　　条据的种类比较繁多，归纳起来，主要有凭证条据和说明条据两大类。

（一）凭证条据。

凭证条据主要有：领条、收条、借条、欠条等。是人们在工作或生活中凡领、收、借或欠钱、物时，一般都要给管理钱、物的人写个条子，这就称为凭证条据。

（二）函件式条据。

所谓函件式，是指格式近似信函，但又不完全同于信函。函件式条据主要有请假条、留言条、便条等。

发票也是一种条据，此不赘述。

参考例文

1. 凭证条据的领条、收条。

例文 1

<pre>
                    领　　条

今领到教材科二年级语文课本贰佰伍拾册。

                              刘××（签名盖章）
                              ××××年×月×日
</pre>

例文 2

<pre>
                    收　　条

今收到广东省粮油集团总公司"三级"大米叁佰吨整。

                              广州市粮油公司
                              经手人：×××
                              二〇〇九年六月八日
</pre>

2. 凭证条据的借条、欠条。

例文 1

<pre>
                    借　　条

今借到财务科现金壹仟捌佰元整，两个月内还清。
此据

                              经手人：张××（签名）
                              ××××年×月×日
</pre>

例文 2

欠　条

原借吴玉祖人民币壹万元整，已还人民币柒仟元整，尚欠人民币叁仟元整，定于明年八月十五日全部还清。
　此据

经手人：夏××（签名盖章）
二〇〇九年六月八日

3. 函件式条据的留言条和请假条。

（1）留言条：在人与人交往中，未见到对方，但有事须向对方交代明白，或请求对方代办，在此情况下，只好给对方写张条子，这种条子称留言条。

例文 1

明明：
　今天上午九时，我来找你，你不在家。我有要事跟你商量，明天下午三时再来，请在家等候。

张××
××××年×月×日

例文 2　帖在本人办公室门上的留言

本人今天全天外出开会，明天继续办公。

宋×
××××年×月×日

（2）请假条：因事、因病不能按时上班，到校学习，参加训练等，可以写张条子交给有关负责人，这种条子称请假条。

请假条的写法：先写标题和称呼，后写事由。

例文 1

请 假 条

刘总：
　您好！今天因我妈妈有急病必须及时送到医院抢救，我是家中唯一的儿子应尽一份孝心，特此向您请假2天。
　请假时间：3月15日至3月16日。
　此致
敬礼

请假人：×××
二〇〇九年三月十五日

项目四　写作训练

例文 2　当事人因故不能动手写字，可请父母或亲友代写。

请 假 条

张老师：

您好！我的女儿李莜莜因头痛感冒发烧，要送医院治疗，特此请假 3 天。

此致

敬礼

请假人：学生家长 林×
××××年×月×日

【简析】

以上例文说明，条据是用来作为存根依据的。它把双方的收发关系、借还关系，明确地规定下来，带有契约性质。其目的是要分清性质，弄清关系，保存根据，便于日后查对，以免发生误会。

函件式条据也是一种依据性的文书。它的内容是要告诉对方，自身所发生的某种情况和出现的问题，便于对方了解，保证工作的顺利开展。

【写作指导】

一、条据的结构和写法

条据的结构形式，包括标题（即条据的名称）、正文和落款三个部分。

（一）标题。

标题，在条子的上方中间，一般要写上"收条"、"借条"等字样作为标题，醒目地说明是什么性质的条据，既扼要地提示了内容，又便于归类保管。例如"收条"、"借条"、"欠条"，或者"请假条"等等。

（二）正文。

正文，这是条据的主体。紧靠标题的下方空两格书写正文。条据开头有较为固定的惯用语，一般为"今借到"、"今领到"、"今收到"等。如涉及钱物，要写明数量，数字一般用大写，是钱，末尾要加上个"整"字。数字如有写错的情况，改正后必须加盖章，或重写一张。它要写清条据的内容，明确收、领、借、还，即它不仅使人明白这个条据的内容是什么，而且要让人明白立写条据双方的关系及立据的期限。

（三）落款。

条据必须落款立据者的姓名，立据的时间，以表明对条据正文中的内容负责。条子的右下方为落款部分、写上制件人姓名，如是单位，除写明单位名称外，还应写明经办人姓名。然后再下移一行写明时间。

二、条据的写作要求

（一）按照条据的结构格式来写，只有把条据的形式划分开来，才能分清各种条据的性质和作用。

（二）条据的句首常加"今"字。

（三）受人委托代办某事，在条据的标题上要加上一个"代"字。如："代收条"、"代领条"。

（四）条据中牵涉到钱财方面的数字，必须用大写，以防涂改。

（五）借据或欠条中，必须写清归还期限，以免无故拖延。

（六）便条和请假条，务必写请：写给谁，什么事，谁写的，何时写的，使人一看就明白。

（七）条据必须文字工整，文面整洁。

三、写作条据应注意如下事项

（一）条据一般属于说明性文体范围，其四项要素，即写给谁，什么事，谁写的，什么时间写的，要一一写清楚。

（二）是否要写致敬语，应视条据格式、内容和交往对象而定，不可随便处理。

（三）条据应用蓝黑钢笔或毛笔书写，一般不能用红色笔写。重要内容有所改动，应加盖印章。

思考与练习

一、填空题

1. 条据是人们彼此之间为处理_____、_____或_____，写给对方作为凭据或有所说明的条子。
2. 条据的种类，主要有_____条据和_____条据两大类。

二、判断题

1. 数字如有写错的情况，可以涂改，或重写一张。（　　）
2. 借据、欠条、收条、领条的标题可以省略。（　　）
3. 借据或欠条中，必须写清归还日期。（　　）
4. 条据中涉及钱财方面的数字，可以用阿拉伯数字写。（　　）
5. 一张条据中，可以一文多事。（　　）

三、阅读题

1. 阅读下面的留言条，并回答问题：

张明：

今日来访不见，你家人说你临时有要事外出，所约之事何时再谈，敬请来电告知。

李小刚
2009年6月8日

该留言条的缘由是：_____。
该留言条的留言事项是：_____。
2. 阅读下面的借条并回答问题：

借　条

今借到叶小红人民币叁仟柒佰元整（￥3700.00），定于一个月内归还。

借款人：方小明（签名）
2009年6月8日

该借条的财产所有人是_____，财物的性质是_____，数量是_____，归还的时间是_____。

四、病文修改题

借到张明600元，此据

借款人：吴仁

修改稿：

五、写作题

李晓东国庆假期回家。10月4日，李晓东因急性阑尾炎送医院做手术开刀。10月6日就要上课了，他估计自己不能按时回校上课。请你为李晓东同学向班主任李老师写一份请假条。

第六单元　文学长廊（一）

单元学习提示

中国古典文学，博大精深，源远流长，极具光彩，极富韵味，是中华民族5000年历史的结晶，是3000年灿烂文化的核心。这里，我们只是掘取了体现春秋战国"百花齐放"时代的杰出思想家、文学家的一篇散文《劝学》，还有体现中华民族文化精华的唐宋时期几篇经典诗词，以供各位欣赏品味。

由于本单元是自学单元，所选诗词散文风格各异，学习时，请注意借助注解和工具书进行理解，并背诵其中名篇。

▶ 项目一 阅读与欣赏

25* 将进酒

李 白①

课文导读

　　这首诗大约作于天宝十一载（752年），当时李白于长安放还之后与岑勋正在嵩山另一位好友元丹丘的颍阳山居作客。《将进酒》为汉乐府饶歌的曲调，主要为劝酒歌。李白会友遇酒，"抱用世之才而不遇合"（萧士赟《分类补注李太白集》）的满腹牢骚，便像黄河决堤，不可遏制，一泻千里。沈德潜《唐诗别裁》说："读李诗者，于雄快之中，得其深远宕逸之神，才是谪仙人面目。"作为咏酒诗篇的《将进酒》最能体现"谪仙人面目"。

　　君不见黄河之水天上来，奔流到海不复回。君不见高堂明镜悲白发，朝如青丝暮成雪。人生得意须尽欢，莫使金樽空对月。天生我材必有用，千金散尽还复来。烹羊宰牛且为乐②，会须③一饮三百杯。岑夫子，丹丘生④，将进酒，杯莫停。与君⑤歌一曲，请君为我侧⑥耳听。钟鼓馔玉⑦不足贵，但愿长醉不复醒。古来圣贤皆寂寞，惟有饮者留其名。陈王昔时宴平乐，斗酒十千恣欢谑⑧。主人何为言少钱，径须沽酒⑨对君酌。五花马⑩，千金裘，呼儿将出⑪换美酒，与尔同销万古愁。

---

① 选自《李太白全集》（中华书局1977年版）。"将"读 qiāng，意思为请，题目意译即"劝酒歌"。李白（701～762），唐代伟大的浪漫主义诗人。字太白，号青莲居士，被后人称为"诗仙"。
② [且为乐] 姑且作乐。意谓暂时把不愉快的事丢到一边。
③ [会须] 应该。
④ [岑夫子，丹丘生] 岑勋和元丹丘。均为李白好友。
⑤ [与君] 为你。
⑥ [侧] 一作"倾"。
⑦ [钟鼓馔（zhuàn）玉] 富贵利禄之代称。
⑧ [陈王二句] 曹植曾封陈王。其诗《名都篇》云："归来宴平乐，美酒斗十千。"平乐，宫观名。斗十千，一斗酒值十千钱，极言酒美价昂。恣欢谑，尽情欢娱戏谑。
⑨ [径须沽酒] 应该直接拿酒来。
⑩ [五花马] 毛色斑驳的名马。
⑪ [将出] 拿出。

思考与练习

一、本诗开头两个"君不见"的句子抒发了作者强烈的感情，但描写的角度不同。
前者的角度是：　　　　　　　　　　后者的角度是：

二、如果说"黄河之水天上来"是写大河之来，势不可当，那么"奔流到海不复回"是写什么呢？

三、"高堂明镜悲白发，朝如青丝暮成雪。"这诗句悲叹什么？（回答不超过5个字）

四、从整体看"黄河之水天上来，奔流到海不复回"的句子，可以看出含有比喻。这比喻的意义是什么？（回答不超过6个字）

五、"人生得意须尽欢，莫使金樽空对月。天生我材必有用，千金散尽还复来。烹羊宰牛且为乐，会须一饮三百杯。岑夫子，丹丘生，将进酒，杯莫停。"

（1）在常人看来，只要"人生得意"，便当纵情欢乐。但句中并未直写痛饮狂欢，而是说"莫使金樽空对月"。这样写有什么作用？

（2）但作者"人生得意"了吗？从诗中找出相关的语句来说明。

六、"与君歌一曲，请君为我倾耳听。钟鼓馔玉不足贵，但愿长醉不复醒。古来圣贤皆寂寞，惟有饮者留其名。陈王昔时宴平乐，斗酒十千恣欢谑。"

（1）"钟鼓馔玉不足贵"，显然不是酒后吐狂言，而是酒后吐真言。"古来圣贤皆寂寞"，其实说的是自己的"寂寞"。这里抒发作者怎样的情感呢？（　　　）

A. 无奈　　B. 悲哀　　C. 愤激　　D. 欢乐

（2）诗人要"但愿长醉不复醒"，用古人的酒杯，浇自己的块垒。说到"惟有饮者留其名"，便举出"陈王"曹植的例子。作者与他有什么相似之处？

七、"主人何为言少钱，径须沽酒对君酌。五花马，千金裘，呼儿将出换美酒，与尔同销万古愁。"

（1）"主人何为言少钱"照应上文哪一句？

（2）"与尔同销万古愁"照应了上文哪一句？

（3）作者为"与尔同销万古愁"，也不惜将出名贵宝物"五花马，千金裘"。很多人评说这句诗写得好，表现出诗人豪放之情和狂放之态。为什么有如此之说？

*26　赤壁赋[①]

苏　轼[②]

课文导读

这篇赋作与北宋神宗元丰五年（1082）作者谪居黄州（今湖北黄冈）时，因同年另有

[①] 选自《进经东坡文集事略》卷一。见刘盼遂、郭预衡主编的《中国历代散文选（下册）》（北京出版社1980年12月第一版）。

[②] 苏轼（1037~1101），北宋文学家。字子瞻，号东坡居士，眉州眉山人。

168　　　　　　　　　　　　　　　　　　　财经基础语文（上册）

一篇《后赤壁赋》，因此此篇也被称为《前赤壁赋》。

苏轼是一个才情横溢、诗文俱佳的宋代大作家。谈到散文，人们常说"韩潮苏海"，意思是说韩愈的文章像潮水一样地奔放，而苏轼的文章则像海水一样地广阔。苏轼的作品纵横豪迈，风格鲜明而突出。这篇赋鲜明地体现了他的文风。

壬戌之秋，七月既望，苏子与客泛舟游于赤壁之下。清风徐来，水波不兴。举酒属客，诵明月之诗，歌窈窕之章①。少焉，月出于东山之上，徘徊于斗牛之间②。白露横江，水光接天。纵一苇③之所如，凌万顷之茫然。浩浩乎如凭虚御风④，而不知其所止；飘飘乎如遗世独立，羽化而登仙。

于是饮酒乐甚，扣舷而歌之。歌曰："桂棹兮兰桨，击空明兮溯流光⑤。渺渺兮予怀，望美人兮天一方⑥。"客有吹洞箫者⑦，倚歌而和之，其声呜呜然：如怨如慕，如泣如诉；余音袅袅，不绝如缕；舞幽壑之潜蛟，泣孤舟之嫠妇⑧。

苏子愀然⑨，正襟危坐，而问客曰："何为其然也？"

客曰："'月明星稀，乌鹊南飞'⑩，此非曹孟德之诗乎？西望夏口⑪，东望武昌⑫。山川相缪，郁乎苍苍，此非孟德之困于周郎者乎？⑬ 方其破荆州⑭，下江陵⑮，顺流而东也，舳舻⑯千里，旌旗蔽空，酾酒⑰临江，横槊赋诗⑱；固一世之雄也，而今安在哉？况吾与子渔樵于江渚之上，侣鱼虾而友麋鹿。驾一叶之

---

① ［窈窕之章］指上"明月之诗"中的诗句。出自《诗·陈风·月出》第一章："月出皎兮，佼人僚兮，舒窈纠兮。"窈纠即窈窕。
② ［斗牛之间］斗、牛，指天上的南斗宿与牵牛宿。古代以星辰配地上的方位，斗牛之间下合吴越分野；吴越分野在黄州之东，故实指东方的天际。
③ ［一苇］喻所乘小舟。语出《诗·卫风·河广》："谁谓河广，一苇杭（航）之。"
④ ［凭虚御风］意谓船行如凌风空驾风一样。
⑤ ["击空明"句]意谓船桨拍着清澈江波，在月光的水面逆流上驶。空明、流光是互文，状水也状月；溯，逆流而上。
⑥ ["渺渺兮"二句]运化《楚辞·九歌》"目渺渺兮愁予"句及《九章·思美人》题意，抒发赋黄州思君而不能见的情怀。美人，古代常用以象征君王或良友。
⑦ ［客有吹洞箫者］此客为道士杨世昌。杨世昌为绵竹（今属四川）人，苏轼《次韵孔毅父》诗中所称之"西州杨道士"及"洞箫入手声且哀"，即指此人。
⑧ ["舞幽壑"二句]形容洞箫声悲切，使潜伏于深壑中的蛟龙起舞，孤舟中寡妇哭泣。嫠妇，寡妇。
⑨ ［愀（qiǎo）然］形容神色严肃或不愉快。
⑩ ["月明"二句]曹操《短歌行》中的诗句。
⑪ ［夏口］今湖北武汉市汉口。
⑫ ［武昌］今湖北鄂城。
⑬ ["此非"句]指汉末建安十三年（208）曹操被周瑜击败于赤壁。此，指黄州江面。"此非……乎"，是存疑句法，表示不能十分确断此地即赤壁战场旧址。孟德，曹操字。周郎，周瑜；瑜年少有威名，江东人称为周郎。
⑭ ［荆州］汉代荆州包括湖北、湖南及河南南部部分土地，汉末荆州首府在襄阳。
⑮ ［江陵］今属湖北。数度为荆州首府。
⑯ ［舳舻（zhú·lú）］指战船。舳是船后掌舵处，舻是船前划桨处。
⑰ ［酾（shī）酒］斟酒。
⑱ ［横槊赋诗］形容气概雄迈。语出唐元稹所作杜甫墓志铭："草氏父子鞍马间为文，往往横槊赋诗"。槊，长矛。

扁舟,举匏樽①以相属。寄蜉蝣与天地,渺沧海之一粟。哀吾生之须臾,羡长江之无穷。挟飞仙以遨游,抱明月而长终。知不可乎骤得,托遗响于悲风。②"

苏子曰:"客亦知夫水与月乎?逝者如斯,而未尝往也③;盈虚者如彼,而卒莫消长也④。盖将自其变者而观之,则天地曾不能以一瞬;自其不变者而观之,则物与我皆无尽也⑤,而又何羡乎!且夫天地之间,物各有主。苟非吾之所有,虽一毫而莫取。惟江上之清风,与山间之明月,耳得之而为声,目遇之而成色,取之无禁,用之不竭,是造物者之无尽藏也,而吾与子之所共适⑥。"

客喜而笑,洗盏更酌。肴核既尽,杯盘狼藉。相与枕藉乎舟中,不知东方之既白。

思考与练习

一、写出下列加点字的拼音。
壬戌之秋(　　)(　　)　歌窈窕之章(　　)(　　)　扣舷而歌之(　　)　苏子愀然(　　)
舳舻千里(　　)(　　)　酾酒临江(　　)　举匏樽以相属(　　)　挟飞仙以遨游(　　)

二、下列不同于其他句式的一项是(　　)。
A. 而又何羡乎?　B. 而今安在哉?　C. 何为其然也?　D. 故凡愚者莫我若也。

三、"月明星稀,乌鹊南飞"语出_____时代的曹操所写的《　　》诗。

四、"孟德困于周郎"指的是_____的往事。

五、作者列举往事的目的是————————————————。

六、本文的感情基调是消极的吗?

七、本文多次写到主客问答,这种安排有什么作用?

---

① [匏樽(páo·zūn)]用葫芦做的酒器。
② ["挟飞仙"四句]意思是,登仙、与明月永在是办不到的,所以只能将悲思通过箫声诉之于秋风。
③ ["逝者如斯"二句]《论语·子罕》:"子在川上曰:'逝者如斯夫,不舍昼夜。'"意为川水不分日夜地这样流逝而去。苏轼引用孔子的话又补充一句"未尝往也"。意思是川水虽逝去而河流仍在。
④ ["盈虚者"二句]上文用"如斯",是以舟边的长江为比,在近处故用"斯";此句用月为比,因月在远处,故用"彼"。盈虚,指月的盈亏,意思是月亮忽圆忽缺,但究竟没有消损或增大。
⑤ ["盖将"四句意思是]如从变动这面看,天地万物每一瞬间都在变化;从不变这面看,宇宙与人类都是长存的。
⑥ [共适]今存苏轼手写《赤壁赋》,"共适"作"共食",食的意思是享用。但明代以后本子大多作"共适"。两字均可通。

27 劝 学[1]

荀 况[2]

课文导读

《劝学》是《荀子》的第一篇。全篇主要论述的是：人的后天学习对改造人的品性具有决定意义。课文从中节选了三段，围绕"学不可以已"这个中心论点，着重论述了学习的目的、意义、态度和方法。文章提出了"青胜于蓝"的著名论断，总结出借助外物、专心致志、坚持不懈等学习经验。

文章大量地使用生动、浅显的比喻，以喻代议是本文的一个重要特点。"青出于蓝而胜于蓝"、"锲而不舍"等常用的成语都出自本文。另外，对偶句和排比句的反复出现，增强了文章的气势和艺术感染力。

君子[3]曰：学不可以已。青，取之于蓝[4]，而青于蓝[5]；冰，水为之，而寒于水。木直中[6]绳，鞣[7]以为轮，其曲中规[8]。虽有槁暴[9]，不复挺[10]者，鞣使之然也。故木受绳[11]则直，金[12]就砺[13]则利，君子博学而日参省乎已[14]，则知明[15]而行无过矣。

---

① 节选自《荀子·劝学》。
② 荀况（约前313～前238），战国后期赵国人，古代著名的思想家。他的著作收在《荀子》里，《劝学》是其中的第一篇。劝，劝勉、鼓励。
③ [君子] 这里指有学问有修养的人。
④ [青，取之于蓝] 靛（diàn）青，从蓝草中取得。青，靛青，一种染料。蓝，草名，也叫蓼（liǎo）蓝，叶子可提取靛青。
⑤ [青于蓝] (颜色) 比蓼蓝 (更) 深。
⑥ [中（zhòng）绳] (木材) 合乎拉直的墨线。木工用拉直的墨线来取直。
⑦ [鞣（róu）] 同"揉"，使……弯曲。
⑧ [规] 圆规。
⑨ [虽有（yòu）槁（gǎo）暴（pù）] 即使又晒干了。有，同"又"。槁，枯。暴，晒。槁暴，枯干。
⑩ [挺] 直。
⑪ [受绳] 经墨线量过（斧锯加工）。
⑫ [金] 金属制的刀剑等。
⑬ [就砺（lì）] 拿到磨刀石上（去磨）。砺，磨刀石。就，靠近。
⑭ [参省（cān·xǐng）乎已] 对自己检查、省察。参，验、检查。省，省察、反省。乎，相当于"于"。
⑮ [知（zhì）明] 智慧明达。知，同"智"。

吾尝终日而思矣，不如须臾①之所学也；吾尝跂②而望矣，不如登高之博见③也。登高而招，臂非加长也，而见者远④；顺风而呼，声非加疾⑤也，而闻者彰。假⑥舆⑦马者，非利足⑧也，而致⑨千里；假舟楫者，非能水⑩也，而绝⑪江河。君子生非异⑫也，善假于物⑬也。

积土成山，风雨兴焉⑭；积水成渊⑮，蛟龙生焉；积善成德，而⑯神明自得，圣心备焉⑰。故不积跬⑱步，无以⑲至千里；不积小流，无以成江海。骐骥⑳一跃，不能十步；驽马十驾㉑，功在不舍㉒。锲㉓而舍之，朽木不折；锲而不舍，金石可镂㉔。蚓无爪牙之利，筋骨之强，上食埃土，下饮黄泉，用心一也㉕。蟹六跪㉖而二螯㉗，非蛇鳝之穴无可寄托者，用心躁㉘也。

---

① [须臾（yú）] 片刻。
② [跂] 抬起脚跟站着。
③ [博见] 见得广。
④ [见者远] 意思是人在远处也能看见。
⑤ [疾] 强，这里指声音宏大。
⑥ [假] 凭借、借助，这里有利用的意思。
⑦ [舆] 车。
⑧ [利足] 脚走得快。
⑨ [致] 达到。
⑩ [水] 指游水，这里用作动词。
⑪ [绝] 横渡。
⑫ [生（xìng）非异] 本性（和一般人）没有（什么）差别。生，同"性"，资质、禀赋。
⑬ [物] 外物，指各种客观条件。
⑭ [兴焉] 就是"兴于此"，从这里兴起。兴，起。
⑮ [渊] 深水。
⑯ [而] 于是，表示因果关系。
⑰ [积善成德，而神明自得，圣心备焉] 积累善行养成（高尚的）品德，精神就能达到很高的境界，智慧就得到发展，圣人的思想（也就）具备了。神明，精神和智慧。得，获得。
⑱ [跬（kuǐ）] 半步。跨出一脚为"跬"，跨两脚为"步"。
⑲ [无以] 没有用来……的（办法）。
⑳ [骐骥（jì）] 骏马。
㉑ [驽（nú）马十驾] 劣马拉车走十天。(也能走得很远。)驽马，劣马。驾，马拉车一天所走的路程叫"一驾"。
㉒ [功在不舍] （它的）成功在于走个不停。
㉓ [锲（qiè）] 刻。
㉔ [镂（lòu）] 雕刻。
㉕ [用心一也] （这是）用心专一（的缘故）。
㉖ [六跪] 六条腿。蟹实际上是八条腿。跪，蟹脚。一说，海蟹后面的两条腿只能划水，不能用来走路或自卫，所以不能算在"跪"里面。
㉗ [螯（áo）] 蟹钳。
㉘ [躁] 浮躁，不专心。

思考与练习

1. 背诵全文。
2. 解释下列加点字的意思。

顺风而呼，声非加疾也

非利足也，而致千里

木受绳则直，金就砺则利

木直中绳，輮以为轮，其曲中规

3. 将下列文言文翻译成白话文。
（1）君子博学而日参省乎己，则知明而行无过矣。
（2）积善成德，而神明自得，圣心备焉。

4. 指出下列句子中加点字的活用类型。
（1）非能水也。＿＿＿＿用作＿＿＿＿
（2）上食埃土，下饮黄泉。＿＿＿＿用作＿＿＿＿
（3）用心一也。＿＿＿＿用作＿＿＿＿

5. 介词"于"可以解释为"在、从、和、比、对、向、被"等，请将下列短语中"于"的正确解释填入括号内。
（1）取之于蓝（　　）　　（2）而青于蓝（　　）
（3）而寒于水（　　）　　（4）见欺于王而负赵（　　）

28　宋词二首

课文导读

宋词作为中国古代文学的一块芬芳绚丽的苑囿，以其姹紫嫣红、千姿百态的神韵，与唐诗争奇，与元曲斗艳。直到今天，它那闪烁着民族性的光辉而又达到很高艺术境界的作品，仍在陶冶着人们的情操，给读者带来美的享受。

《雨霖铃　寒蝉凄切》是北宋前期词人柳永的代表作。他的词以写羁旅行役、离情别绪最为出色，感情真挚、大胆，善于用铺叙和白描手法。这首词是一首写离情的词。上阕写一对恋人依依惜别的场面，重在描写环境与情态；下阕写别后的痛苦，重在刻画心理。

《念奴娇　赤壁怀古》是苏词中具有豪放风格的代表作，也是北宋词坛上最引人注目的作品之一。此词是1082年（元丰五年）7月，苏轼谪居黄州时所作，以怀古为题，抒发自己壮怀难酬的感慨。上阕歌咏赤壁，即景抒怀；下阕凭吊周瑜，怀古伤己。全词写景、咏史、抒情、议论融为一体。

这两首词在内容和艺术风格上是不同的，诵读和欣赏时注意体会。

雨霖铃　寒蝉凄切①
柳　永②

寒蝉凄切，对长亭③晚，骤雨初歇。都门帐饮④无绪⑤，留恋处兰舟⑥催发。执手相看泪眼，竟无语凝噎⑦。念去去⑧，千里烟波，雾霭⑨沈沈⑩楚天⑪阔。

多情自古伤离别，更那堪冷落清秋节！今宵酒醒何处？杨柳岸晓风残月。此去经年⑫，应是良辰好景虚设。便纵有千种风情⑬，更⑭与何人说！

念奴娇　赤壁怀古⑮
苏　轼

大江⑯东去，浪淘尽，千古风流人物。故垒⑰西边，人道是，三国周郎赤壁⑱。乱石穿空，惊涛拍岸，卷起千堆雪⑲。江山如画，一时多少豪杰。

---

① 选自《中国历代文学作品选》（上海古籍出版社1980年版）。
② 柳永（约987~1053），原名三变，崇安（现福建崇安）人。官至屯田员外郎，世称柳屯田。北宋词作家，有《乐章集》。雨霖铃，也写做"雨淋铃"，词牌名。
③ ［长亭］古代大道上每五里设一短亭，十里设一长亭，供行人休息，人们常在长亭送别。
④ ［都门帐饮］在京城门外设帐饯别。都门，京城，指汴京（今河南开封）。帐，郊野没有房屋，所以临时搭起帐蓬。
⑤ ［无绪］没有心思，情绪不好。
⑥ ［兰舟］木兰木制造的船。这是文学作品中常用的对船的美称，此处指船夫。
⑦ ［凝噎］因为激动，嗓子被气憋住，说不出话，哭不出声。
⑧ ［去去］往前走了又走，意思是走得很远。
⑨ ［雾霭（ǎi）］傍晚的云气。
⑩ ［沈沈］深沉。沈，通"沉"。
⑪ ［楚天］楚地的天空（战国时楚国很大，即今湖北、湖南、安徽、江苏、江西等地），这里泛指南方天空。
⑫ ［经年］一年又一年，表示时间很长。
⑬ ［风情］深情蜜意，此指男女之情。
⑭ ［更］一作"待"。
⑮ 这首词是苏轼贬官为黄州（今湖北黄冈）团练副使时赤壁所作。赤壁，苏轼所游的赤壁，在黄冈城外的赤鼻矶；而三国古战场的赤壁，一般认为在湖北省嘉鱼县东北，也有人认为在长江南岸蒲圻县西北。
⑯ ［大江］长江。这里指长江的流水。
⑰ ［故垒］黄州古老的城堡，作者推测，可能是古战场的陈迹。
⑱ ［人道是，三国周郎赤壁］人们说（那）是三国时候周瑜（作战时的）赤壁。周郎，周瑜，字公瑾。开始为吴将时仅24岁，吴中称他为"周郎"。
⑲ ［雪］这里比喻浪花。

遥想公瑾当年，小乔①初嫁了，雄姿英发②。羽扇纶巾③，谈笑间④，樯橹⑤灰飞烟灭。故国神游⑥，多情应笑我，早生华发⑦。人生如梦，一尊⑧还酹⑨江月。

思考与练习

一、解释下列语句中加点的字和词。
1. 更那堪冷落清秋节
2. 骤雨初歇
3. 暮霭沈沈楚天阔
4. 浪淘尽，千古风流人物
5. 惊涛拍岸
6. 故国神游
7. 樯橹灰飞烟灭
8. 雄姿英发

二、选择正确的一项填入各题后面的括号中。
1. 对"寒蝉凄切，对长亭晚，骤雨初歇"三句的作用理解正确的一项是（　　）。
   A. 渲染气氛　　　　　　　　　B. 运用比喻，使形象更加鲜明
   C. 交代离别时间、地点和主题　D. 运用排比增强气势
2. "执手相看泪眼，竟无语凝噎"在写法上，正确的一项是（　　）。
   A. 运用夸张手法，表现人物的情感　B. 运用虚拟想象手法，表达深厚的感情
   C. 运用人物行为，烘托离愁别绪　　D. 运用白描手法，写人物动作、情态
3. "羽扇纶巾，谈笑间，樯橹灰飞烟灭"中的"樯橹"运用的修辞方法是（　　）。
   A. 拟人　　　　B. 比喻　　　　C. 夸张　　　　D. 借代
4. "人生如梦，一尊还酹江月"的意思是（　　）。
   A. 消极人生的表露
   B. 人生失意的悲叹和无奈的自我解脱
   C. 人生就像一场梦，没有什么价值
   D. 寄托了热爱生活的乐观态度和为国建功立业的豪迈心情

三、"念去去千里烟波"有如下朗读停顿方法，请选出正确的一项（　　）。
   A. 念/去去千里烟波　　　　　B. 念去去/千里烟波
   C. 念去去千里/烟波

---

① [小乔] 乔玄的小女儿，样貌出众，嫁给周瑜。
② [英发] 英俊奋发。形容周瑜气概俊伟。
③ [羽扇纶（guān）巾]（手握）羽扇，（头戴）纶巾，形容周瑜态度从容闲雅。纶巾，青丝帛的头巾。
④ [谈笑间] 谈笑之间。形容轻而易举。
⑤ [樯橹] 这里指曹操的水军。樯，桅杆。橹，桨。
⑥ [故国神游] 神游于故国。故国，旧国，这里指旧地。
⑦ [多情应笑我，早生华发] 应笑自己多情善感，头发都早早地变白了。华发，花白的头发。
⑧ [尊] 通"樽"。
⑨ [酹（lèi）] 把酒洒在地上表示祭奠、奉敬，这里指洒酒酬月，寄托自己的感情。

29 琵琶行（并序）[1]

白居易[2]

课文导读

　　本诗是一首歌行体的长诗，通过对琵琶女高超的弹奏技艺的描写和悲凉身世的叙述，表现了诗人对琵琶女的深切同情，同时抒发了自己"同是天涯沦落人"的苦闷与感慨。作为我国古代叙事诗中的优秀篇章，它有两个显著特点：一是安排作者自己谪居浔阳和琵琶女沦落江滨两条线索，错综成文，缜密有致；二是结构上精心剪裁，高度凝练。诗中对琵琶女弹奏技巧的生动描写，更是精妙绝伦，令人叹为观止。他把难以名状的琵琶声，用一连串形象的比喻，写得不仅有声韵的抑扬顿挫，而且有形态的瞬息变幻，使人如闻其声，如见其形，如临其境，陶醉其间。

　　元和十年，予左迁[3]九江郡司马[4]。明年秋，送客湓浦口[5]，闻舟中夜弹琵琶者。听其音，铮铮然有京都声[6]。问其人，本长安倡女[7]，尝学琵琶于穆曹二善才[8]。年长色衰，委身[9]为贾人[10]妇。遂命酒[11]，使快[12]弹数曲。曲罢悯然[13]，自叙少小时欢乐事，今漂沦[14]憔悴，转徙于江湖间。予出官[15]二年，恬然[16]自安，感斯人言，是夕始觉有迁谪意。因为长句[17]，歌[18]以赠之，凡六百一十二言[19]，

---

① 选自《白氏长庆集》。行，古诗的一种体裁。
② 白居易（772~846），唐代著名诗人，字乐天，号香山居士，河南新郑（今河南省郑州新郑县）人。
③ [左迁] 贬官，降职。白居易任谏官时，因为屡次上书批评朝政，触怒了皇帝，被贬为江州司马。
④ [司马] 州刺史的佐贰官，当时实际上是闲职。
⑤ [湓（pén）浦口] 湓江流入长江的地方，在今江西九江市西。湓浦，又叫湓江，源出江西省瑞昌县清湓山。
⑥ [京都声] 指唐代京城长安流行的乐曲声调。
⑦ [倡女] 歌女。
⑧ [善才] 唐代对乐师的通称，是"能手"的意思。
⑨ [委身] 托身。这里是嫁的意思。
⑩ [贾（gǔ）人] 商人。
⑪ [命酒] 叫（手下人）摆酒。
⑫ [快] 畅快。
⑬ [悯然] 忧郁的样子。
⑭ [漂沦] 漂泊沦落。
⑮ [出官] （京官）外调。
⑯ [恬然] 安然的样子。
⑰ [长句] 指七言诗。
⑱ [歌] 作歌。
⑲ [言] 字。

176　　　　　　　　　　　　　　　　　　　　　　　　　财经基础语文（上册）

命[1]曰《琵琶行》。

浔阳江头夜送客,枫叶荻[2]花秋瑟瑟[3]。主人[4]下马客在船,举酒欲饮无管弦[5]。醉不成欢惨[6]将别,别时茫茫江浸月。忽闻水上琵琶声,主人忘归客不发。寻声暗[7]问弹者谁?琵琶声停欲语迟[8]。移船相近邀相见,添酒回灯[9]重开宴。千呼万唤始出来,犹抱琵琶半遮面。转轴拨弦[10]三两声,未成曲调先有情。弦弦掩抑[11]声声思[12],似诉平生不得志。低眉信手[13]续续[14]弹,说尽心中无限事。轻拢慢捻抹复挑[15],初为《霓裳》[16]后《六幺》[17]。大弦[18]嘈嘈[19]如急雨,小弦[20]切切[21]如私语。嘈嘈切切错杂弹,大珠小珠落玉盘[22]。间关莺语花底滑[23],幽咽[24]泉流冰下难[25]。冰泉冷涩弦凝绝[26],凝绝不通声暂歇。别有幽愁暗恨生,此时无声胜有声。银瓶乍破水浆迸,铁骑突出刀枪鸣[27]。曲终收拨当心画[28],四弦一声[29]如裂帛。东船西舫悄无言,唯见江心秋月白。

---

① [命] 命名,题名。
② [荻 (dí)] 多年生草本植物,形状像芦苇,生长在水边。
③ [瑟瑟] 形容秋意,如萧瑟。
④ [主人] 白居易自指。
⑤ [管弦] 指音乐。管,箫、笛之类的管乐。弦,琴、瑟、琵琶之类的弦乐。
⑥ [惨] 悲伤。
⑦ [暗] 这里是轻声的意思。
⑧ [欲语迟] 要回答,又有些迟疑。
⑨ [回灯] 把撤了的灯烛又拿回来。
⑩ [转轴拨弦] 这是调弦校音的动作。
⑪ [掩抑] 低沉抑郁(的乐声)。
⑫ [思 (sì)] 心情,思绪,名词。这里指愁思。
⑬ [信手] 随手。
⑭ [续续] 连续。
⑮ [轻拢慢捻 (niǎn) 抹复挑] 轻轻地拢,慢慢地捻,一会儿抹,一会儿挑。拢,叩弦。捻,揉弦。抹,顺手下拨。挑,反手回拨。四者都是弹琵琶的指法。前两者用左手,后两者用右手。
⑯ [《霓裳》] 就是《霓裳羽衣曲》,唐代乐曲名,相传为唐玄宗所制。
⑰ [《六幺 (yāo)》] 也是当时有名的曲子。
⑱ [大弦] 指琵琶四根弦中最粗的弦。
⑲ [嘈嘈] 形容声音的粗重。
⑳ [小弦] 指琵琶上最细的弦。
㉑ [切切] 形容声音的轻细。
㉒ [大珠小珠落玉盘] 这是比喻乐声的清脆圆润。
㉓ [间关莺语花底滑] 像黄莺在花下啼叫一样婉转流利。间关,形容鸟声婉转。
㉔ [幽咽] 低泣声,这里形容遏塞不畅的水流声。
㉕ [冰下难] 用泉流冰下阻塞难通来形容乐声由流畅变为冷涩。冰下难,一作"水下滩"。
㉖ [弦凝绝] 像泉水又冷又涩不能畅流,弦似乎凝结不动了。这是形容弦声愈来愈低沉,以至停顿。
㉗ [银瓶乍破水浆迸 (bèng),铁骑突出刀枪鸣] 这是形容琵琶声在沉咽、暂歇后,忽然又爆发出激越、雄壮的乐音。银瓶,汲水器。乍,突然。迸,溅射。铁骑,带甲的骑兵。
㉘ [曲终收拨当心画] 乐曲终了,用拨子对着琵琶中心划一下。这是弹奏琵琶到一曲结束时的常用手法。拨,拨子,弹奏弦乐所用的工具。画,同"划"。
㉙ [四弦一声] 四根弦同时发声。

沉吟①放拨插弦中，整顿衣裳起敛容②。自言本是京城女，家在虾蟆陵③下住。十三学得琵琶成，名属教坊④第一部。曲罢曾教善才服，妆成每被秋娘⑤妒。五陵年少⑥争缠头⑦，一曲红绡不知数⑧。钿头银篦⑨击节碎⑩，血色罗裙翻酒污⑪。今年欢笑复明年，秋月春风等闲度。弟走从军阿姨死，暮去朝来颜色故⑫。门前冷落车马稀，老大⑬嫁作商人妇。商人重利轻别离，前月浮梁⑭买茶去。去来⑮江口守空船，绕船月明江水寒。夜深忽梦少年事，梦啼妆泪红阑干⑯。

我闻琵琶已叹息，又闻此语重唧唧⑰。同是天涯沦落人，相逢何必曾相识。我从去年辞帝京，谪居卧病浔阳城。浔阳地僻无音乐，终岁不闻丝竹声。住近湓城地低湿，黄芦苦竹绕宅生。其间旦暮闻何物？杜鹃啼血⑱猿哀鸣。春江花朝秋月夜，往往取酒还独倾⑲。岂无山歌与村笛，呕哑⑳嘲哳㉑难为听㉒。今夜闻君琵琶语㉓，如听仙乐耳暂㉔明。莫辞更坐弹一曲，为君翻作㉕《琵琶行》。

感我此言良久立，却坐㉖促弦㉗弦转㉘急。凄凄不似向前声，满座重闻皆掩

---

① [沉吟] 要说话又有迟疑的样子。
② [敛容] 正容，显出庄重的脸色。
③ [虾（há）蟆陵] 在长安城东南。
④ [教坊] 唐代官办管领音乐杂技、教练歌舞的机关。
⑤ [秋娘] 唐代歌妓常用的名字，这里用为善歌貌美的歌妓的通称。
⑥ [五陵年少] 指京城富贵人家的子弟。五陵，长安附近汉代五个皇帝的陵墓，富贵人家多聚居在这一带。
⑦ [缠头] 古代送给歌妓舞女的锦帛叫"缠头"。
⑧ [一曲红绡不知数] （弹完）一个曲子，（所得的）红绡不计其数。绡，一种丝织品。
⑨ [钿（diàn）头银篦] 上端镶着金花的银钗。钿，金花。篦，通"鎞"，即钗，古时妇女戴在发髻上的一种装饰品。
⑩ [击节碎] （给音乐）打拍子敲碎了。节，节拍。
⑪ [翻酒污] 泼翻了酒被玷污。
⑫ [颜色故] 这里是容貌衰老的意思。
⑬ [老大] 年纪大了。
⑭ [浮梁] 旧县名，故城在今江西省景德镇市北。
⑮ [去来] 走了以后。来，助词，无义。
⑯ [梦啼妆泪红阑干] 梦中啼哭，搽了脂粉的脸上流满了一道道红色的（泪痕）。妆，这里指脸上的脂粉。阑干，纵横错乱的样子。
⑰ [唧唧] 叹息声。
⑱ [杜鹃啼血] 传说杜鹃鸟啼叫时，嘴里会流出血来。这是形容杜鹃啼声的悲切。
⑲ [独倾] 独酌。
⑳ [呕哑（ōu yā）] 象声词，形容乐声的单调，少变化。
㉑ [嘲哳（zhāo zhā）] 也作"啁哳"，象声词，形容声音的细碎。
㉒ [难为听] 难听，听不下去。
㉓ [琵琶语] 指琵琶上弹出的曲调。
㉔ [暂] 忽然，一下子。
㉕ [翻作] 写作。翻，按曲编写歌辞。
㉖ [却坐] 退回（原处）坐下。
㉗ [促弦] 把弦拧紧。促，紧，迫。
㉘ [转] 更加。

泣①。座中泣下谁最多？江州司马青衫湿②。

思考与练习

一、说明下列各句中加黑词语的古义和今义的区别。
① **明年**秋，送客湓浦口。
② **因为**长句，歌以赠之。
③ 铁骑**突出**刀枪鸣。
④ 凄凄不似**向前**声。

二、白居易在《琵琶行》一首诗中，最擅长用景物画面反衬人物心境和音乐效果，请你背出三处这样的景色描写句子：
① _____
② _____
③ _____

三、给加点的字注音。
转轴拨弦（　　） 起敛（　　）容 钿（　　）头银篦
迁谪（　　） 悄（　　）无言

四、解释加点的词。
1. 凡六百一十六言（　　）
2. 低眉信手续续弹（　　）
3. 去来江口守空船（　　）
4. 梦啼妆泪红阑干（　　）
5. 同是天涯沦落人（　　）
6. 呕哑嘲哳难为听（　　）

30　名著导读：三国演义

【名作简评】

《三国演义》又称《三国志通俗演义》，中国四大古典小说之一，著作者为元末明初的小说家、戏曲家罗贯中。罗贯中，名本，字贯中，别号湖海散人。他可能是山西太原人，长期寄寓于浙江杭州；生活的时代大约是公元1330～1400年的一段时期，与元顺帝脱欢铁木儿和明太祖朱元璋的统治时代大致相当。罗贯中的文学造诣极高，擅长词曲、隐语、杂剧创作，而以小说最为著名。

---
① ［掩泣］掩面哭泣。下面"泣下"的"泣"是"眼泪"的意思。
② ［青衫湿］眼泪多，青衫都湿了。青，唐代官职低的服色。

小说除《三国演义》外，现在能够知道的尚有《隋唐志传》、《残唐五代史演义》等10余种，不过这些书多经后世文人删改，不复为他的原本了。据一些资料记载，罗贯中在《水浒传》的撰写和编辑整理过程中也发挥了相当作用。罗贯中性情卓尔不群，因时代多难不得已流落四方，后竟然下落不明，不知所终。但是明代中期后一些资料提到他在元末动荡纷繁的局势下，曾和东南豪强张士诚有过一些联系，是一位有志图王者的英杰。

罗贯中撰写《三国演义》依据的材料大致有三个方面，一是西晋陈寿的《三国志》及南朝裴松之的注解；二是有关三国的稗史佚事、野史笔记；三是民间丰富的口头创作。在此基础上，他精心剪裁融合，创作出鸿篇巨制、引人入胜的长篇历史小说《三国演义》。

《三国演义》全书以三国时魏、蜀、吴三个国家互相斗争和妥协为主要题材，时间从东汉灵帝中平元年（184）直至晋武帝太康元年（280），大约为一个世纪，全书共120回，每回有两句七字或八字的回目总括本回内容，书首有《西江月》词"滚滚长江东逝水"寄寓了撰著者的历史沉思和人生感慨。自成书以来，《三国演义》大致经历了抄本、早期刻本和毛评本三个阶段。现在通行的《三国演义》有两种版本，一是明嘉靖本，题为《三国志通俗演义》，全书240卷，分240则，署名为"晋平阳侯陈寿史传，后学罗贯中编次"，这个本子与罗贯中的原本应最为接近。二是清毛本，它是清初毛纶、毛宗岗父子，综合古本，对《三国志通俗演义》重新整理回目，合两则为一回，逐回加以评论，增删琐事，改换诗文，进一步突出了蜀汉的正统地位。毛氏父子的修删工作虽带来了不少问题，但使全书紧凑畅达，可读性更强，逐成为近世以来最为流行的版本。

【内容精义】

《三国演义》以东汉末年至西晋初年的政治史、战争史发展为线索，以蜀汉的历史舞台为中心，叙述了百年历史的整合动荡、尔虞我诈，勾勒出众多鲜明生动的人物形象——他们在历史的十字路口，做出抉择，投身疆场，或封爵扬名为帝为侯，或战死沙场壮志未酬，或人名不称为尘为垢……

揭开《三国演义》序幕的是东汉末年席卷全国、声势浩荡的黄巾暴动，底层民众和下层地主的血腥暴力直接威胁到了以豪强大族为核心的刘汉王朝的统治地位，他们不得不为了生存，为了摆脱覆亡的命运痛苦挣扎、反击，于是一大批豪杰英雄乘运而起。例如曹操、袁绍、刘备等踏上了历史舞台。底层的血腥暴动最终在上层更为严厉更为强大的暴力反击下灰飞烟灭了。但是东汉的掌权者们尚未来得及庆功，就发现摆在他们面前的那诱人的胜利果实充满了凶险和血腥——新一轮财产和权力的再分配就意味着新一轮的杀戮和勾心斗角，于是尚未抚平伤疤的社会陷入了军事混战的泥潭：汉灵帝崩，少帝刘辩继位，外戚何进掌权。宦官杀何进，袁绍起兵杀宦官，董卓驱逐袁绍，17路诸侯讨伐董卓，司徒王允设计杀董卓，而董卓剩下的军队又对王允及朝臣展开杀戒。讨董诸军失去了共同的敌人后，马上割据混战，于是四处烽烟弥漫，战鼓相闻。结果曹操挟天子以令诸侯，经过10余年经营，基本上统一了北方，成为中原的新贵；南方的刘备、孙权腾挪躲闪，也建立了自己的根据地。公元208年，赤壁大战，孙刘联军击败了南下的曹操军团，阻止了他一统天下的步伐，最后刘备向西据有益州及南中（今云南），建立蜀汉政权，孙权向东向南，控制了长江中下游地区，建立了孙吴政权。三国分立的平衡局面未阻止战争机器的运转，先是蜀吴之间，然后是魏蜀、魏吴之间又进行了大约半个世纪的混战，最后全国才得到统一，战争的阴影方暂时远离了黎民百姓。《三国演义》中的各个军事集团，他们存在的唯一理由和目的就是不惜一切手段：通常是付诸战争为自己攫取更多的利益、更大的地盘，这比中国历史上的春秋战国有过之而无不及；他们今天聚在一起盟誓，明天却又兵刃相见，角逐沙场；今天为誓不两立的仇敌，酣战不休，明天又杯酒言欢，亲如手足。利益是他们永远的诉求。而血腥的战争则是他们永远的法宝，在《三国演义》中那种权力与财产再分配的历史时刻，这恐怕也就是唯一的真实了。

除了战场的血腥与战争的残酷外，《三国演义》还史诗般地展示了一个个政治骗局，一幅幅勾心斗角、尔虞我诈的场景。例如第78回，孙权劝曹操进位做皇帝就是这样，孙权作为独霸东吴的大豪强，早就梦想做皇帝，但苦于既无资历又无借口。而当时他因为袭压荆州，杀死关羽导致蜀汉联盟瓦解，面临魏蜀夹击的不利局势，于是就遣使上书曹操，希望曹氏早正大位，遣将剿灭刘蜀，自己愿意率群下纳土归降。孙权的如此表演是企图使拥汉派（刘备）与曹操进一步激化矛盾，从而将蜀汉东进的兵锋引向曹操，所以这正是陷害曹操、自己从中渔利的一种手段，故而曹操说："是儿欲使吾居炉火上耶！"这些在《三国演义》中不胜枚举的政治骗局一方面反映了历史现实的残酷真实和人类个体的痛苦抉择；另一方面它蕴涵了中国古代丰富的智慧和为了生存不懈的抗争。

在整个的价值考量上，《三国演义》不以成败论英雄，奉刘备的蜀汉为正统，并将小说叙述的中心也聚集在蜀汉一派人物的活动上。在现实历史的层面，刘氏的蜀汉政权偏安西南一隅，为了恢复中原（汉室）与中原的曹魏连年战争，最终因实力对比的差距被魏消灭；而在道德感情的层面，刘备不仅是皇室后裔，而且宽仁爱民，礼贤下士，备受臣民爱戴，因此在道义上他应是胜利者。于是历史事实与道德评价不可避免地产生了悖论，王道与霸道的治国大略又一次交锋，《三国演义》扬刘抑曹的选择深刻地体现了中国人心灵深处的传统文化心态，那就是惩恶扬善，扶助弱小的道德观。虽然刘备与曹操、袁绍之流并无本质的区别，但那种动荡纷纭、礼崩乐坏的时代应该有道德支柱存在给人以希望和信心，于是刘备就成了理想的形象。不过就全书的趋向而言，这种选择不仅是道德的悲剧，而且也是历史的悲剧。

《三国演义》塑造了一系列性格鲜明、影响深远的艺术形象，他们的名字家喻户晓，甚至成为某些类型人物的代名词。

1. 乱世奸雄——曹操。

历史上曹操既是著名的政治家、军事家，又是杰出的诗人，他一首慷慨悲怆的《短歌行》令后众多墨客只能望其项背。在《三国演义》中，他是以典型的奸臣形象出现的，他奉行的人生准则是"宁教我负天下人，休教天下人负我"，不能"流芳百世"，"遗臭万年"亦未尝不可。小说在曹操首次出场时就描绘了他幼年诬叔欺父的行径："操有叔父，见曹游荡无度，尝怒之，言于曹嵩。嵩责操。操怒，心生一计：见叔父来，诈倒于地，作中风之状。叔父惊告嵩。嵩急视之，操故无恙。嵩曰：'叔父言汝中风，今已愈乎？'操曰：'儿自来无病，因失爱于叔父，故见罔耳。'嵩信其言。后叔父但言操过，嵩不听。因此操得恣意放荡"。

他的这种诡计多端、狡诈机巧的品质随着小说情节的发展得到了全面的展现：因恐惧猜忌，杀吕伯奢一家；自己下令属吏扣军粮，借仓官之头平息众怒；为了防范行刺，杀死侍者却佯装不知；为了显示军法严明，又上演"割发权代首"的把戏。诸如此类，不一而足，充分表明了曹操之狡诈阴险，而这正是那个时代个体求得生存的本能反应。

奸雄形象是曹操最重要的品格，他的老谋深算、玩弄权术和雄才大略均为此做了铺垫。如果只知一味狡诈阴险，他充其量不过是一无行小人，但高人一等的见识和胆略造就了曹操奸雄般的霸业，这一性格在官渡之战中表现得尤为集中；斩草除根的痛快淋漓——这奠定了曹氏在北方的基业，又成就了曹操的英雄形象，他才可以在《让县自明本志令》中自鸣得意地说："设使国家无孤，不知当几人称帝，几人称王。"斯言信然。

2. 足智多谋、忠心王室——诸葛亮。

诸葛亮（或孔明）几乎成了一部《三国演义》的代名词，他的足智多谋、忠心蜀汉王室、鞠躬尽瘁、死而后已成了中国古典人物最高的美学标准。身为炎黄子孙，可不读《三国》，却不可不知诸葛亮。

诸葛亮是多种性格因素的复杂汇聚。他隐居隆中，刘备三顾茅庐始与相见，是道家人格及高士贤才自高身价的典型表现，而《隆中对》则是天才的战略家出山的宣言。在赤壁之战中初露头角的诸葛亮自刘备去世以后，受顾命辅佐昏庸的后主，实际上成为蜀汉最高的决策人，两上《出师表》，为了中原的恢复和蜀汉的稳固呕心沥血。最后病死在战争前线的五丈原。可以说诸葛亮的一生既是其才智得以最充分张扬，又是其抱负备受压抑的一生，他身上既具备了众多政治家的美德，又身不由己陷入了知其不可而为之的悲剧境地。他的一生既是智慧向命运抗争的一生，又是自己高尚的生命一步步滑入泥潭的一生。在舌战群儒、讨平南中、整肃内政方面，他得心应手，如鱼得水，但北伐中原也因掣肘太多未遂人愿，中国传统士人出世与入世的取向左右了诸葛亮的人生，他的死不仅为蜀汉政权敲响了丧钟，一部《三国》也顿时逊色八分。

3. 义士·圣人·天神——关羽。

忠肝义胆的关羽是读《三国》时人们津津乐道的形象，自桃园结义起，他就与刘备形成了君臣加手足的关系，这也为他的三重人格做了最直接最坚实的铺垫。他刚强的性格，无与伦比的武艺，深明大义的儒家风度令后人为之折腰。嫉恶如仇、忧国忧民是关羽作为士人人格逻辑的起点，结义后他追随刘备南征北战，历经艰险，始终义重如山。当刘备兵败，关羽忍辱降曹后，不为金钱功名美色所动，终于挂印封金过五关斩六将而去，而却长存报答曹操的心。他斩颜良、诛文丑，解白马之围，又在华容道义释曹操，体现出了他宽阔的胸襟和恪守礼节之理性主义和人道主义精神。人不是神，但可以成为神，关羽生前之神勇，死后之神奇，暗含了《三国演义》浓郁的英雄相惜之意。

4. 哀哉，美人——貂蝉。

貂蝉作为绝代佳人，她的悲剧仅用"红颜女子多薄命"来言说太过刻私，弱女子的国色天香成了自己悲剧的本源，如一生面对的两三个男人：司徒王允，奸相董卓，卤莽英雄吕布，前面两人只是玩弄和利用她达到政治目的，而钟情于自己的吕布空有绝世武功却不足托以终身，美人于是只能面临悲惨的命运了。曹操白门斩吕布后，"将吕布妻子并貂蝉载回许都，尽将钱帛分犒三军"，及此貂蝉湮没无闻，不知所终。她究竟托身于曹操，抑或又成工具，均无足称也，哀哉，美人！

思考与练习

一、《三国演义》写了大大小小数十次战役，你觉得哪一次战役最精彩？为什么？

二、三国演义的主要人物有三绝，奸绝是谁？智绝是谁？义绝是谁？

三、把下列歇后语补充完整。

万事俱备——（　　）　　　周瑜打黄盖——（　　）

刘备招亲——（　　）　　　司马昭之心——（　　）

刘备的荆州——（　　）　　张飞穿针——（　　）

三个臭皮匠——（　　）　　马中赤兔——（　　）

项目二　语文综合实践活动

读书活动

书能改变我们单调的生活，将缕缕温馨送进我们的心扉、书使我们的天地变得开阔。在书中，我们可以与作家笔下的人物促膝长谈、我们可以为主人公的幽默而开怀大笑，为他们的悲惨命运而落泪。书告诉我们哲理，书中有人生的真谛，读书，可以提升我们对生活的理解，唤起我们对幸福的追求。书能改变一个人的命运。有书作伴的人，他的思想永远是年轻的。生活中没有书的人，他再富有，他的生活也是苦的。让书成为我们的知音。

正如高尔基所说的："热爱书吧！它能使你的生活变得愉快，舒畅；它能帮你辨别形形色色的思想，感情；它能教会你尊重别人和自己；它会用爱世界、爱人类的情感，振作你的头脑和心灵。"

【活动主题】

读书，交流。

【活动目标】

1. 通过一些好书好文的阅读，同学们不仅获得了知识，而且加深了对世界的认识，受到了高尚情操与趣味的熏陶，发展了个性，丰富了自己的精神世界。

2. 借助搜集资料、调查访问、交流讨论等活动形式，培养学生自主、合作的学习能力，并通过活动的参与和成果的展示，使学生体验合作与成功的喜悦。

3. 通过各种读书活动，搭建课内外学习的桥梁，拓展语文学习的空间，扩大同学们的阅读面，增加阅读量，并形成了长期相对固定的学习小组。

4. 通过对收集资料的分析及心得体会的撰写，同学们对照自己的读书实践，知道了自己在读书习惯、方法和对书籍的选择方面所存在的问题。同学们读书的兴趣正在逐渐增强，自觉进行课外阅读的好习惯正在养成，已开始学着选择书籍有的放矢地读书，已掌握了一些读书的好方法。

【活动准备】

第一阶段（课余）：

学生自主选择合作伙伴，组成合作小组，并为自己的小组取一个名字。

活动一：名人与读书

1. 搜集。由小组内各成员依据自身优势和特点，通过多种渠道，搜集古今中外名人读书的种种信息，并将它们分门别类整理好。

搜集的渠道：家庭图书室、学校图书馆、书店、网络、社区访问（如图书馆馆长、书店经理、政府官员、学校校长等）……

搜集的内容：名人关于读书的名言、名人读书的故事、名人读书的经验或方法、名人读书的趣闻轶事……

2. 展示。

① 小组成员根据自己的特长和资料搜集情况，从下面几种方式中选择一种，动手制作，进行成果展示：

主编一册"名人读书名言集"；

主办一期"名人读书的趣闻轶事"手抄报；

主办一期"名人读书经验谈"的墙报。

② 组内开一次"名人读书故事会"。小组的每个成员都要参与。

第二阶段（一周）：

活动二：与书籍结伴而行

1. 同读一篇文章（或一本书）。小组成员以自主选择或同伴推荐的形式阅读一篇文章或一本书，要眼到、口到、脑到、手到。大致从以下一些角度进行阅读体验：

① 研究标题。看看标题的拟定有什么特色。

② 分析篇章。从整体着眼，分析文中的主要内容、主题思想、语言特色、写法特点等，并诉诸文字。

③ 摘抄妙语。一边读文，一边及时地进行妙语摘抄：雅词成语，俗谚民谣，时髦词句，描写美句，修辞美句，精美句式段式，哲理警句……

④ 搜索信息。发现文中对自己最有用的材料或数据，并进行分类摘抄，以作资料保存。

⑤ 记录心得。趁余味犹存之时，及时将自己读文的体验和感受写下来。

2. 同说一篇文（或一本书）。

活动的最后一天，在小组间展开交流。尽可能地让每个小组成员都能够发言，将自己读书所获及读书的独特感受和真切体验，充分地发表出来。然后互相进行评价，指出各自的优点和缺陷。

第三阶段（一课时）：

在全班开一次"名人读书故事会"。各小组选派一名最出色的同学参加交流、讲故事。然后评选出班上的"故事大王"。

【资料链接一】

读书四怕
朱铁志

如今各类出版物汗牛充栋，而不才乃性情中人，读书虽有选择，但更多情况下是性之所至，逮哪看哪。如此这般久了，便悟出了一些道理：读书不仅有乐，也有苦、有惑、有恨、有怕，有说不清道不明的复杂感受。

一怕大而无当、套话连篇。此类著作多为政治理论读物。其特征，是大话泛滥、套话不断，什么"是机遇，也是挑战，要抓住机遇，迎接挑战"了，什么"形势喜人又逼人，工作好做又难做"了，什么"有好说好，有坏说坏，不能因为有好否定坏，也不能因为有坏否定好"了，等等，不一而足。听起来都是些冠冕堂皇的大话，人尽皆知的道理，可以应用于任何场合、任何对象，而且无一字无出处，无一句无来历，似乎还很有学问，很有根底，其实只要不是太笨，人人可为之。这种正确的废话无用的真理，除了可以使个别官员、无能"学者"以不变应万变之外，实在不解决任何具体问题。说出来"无异于谋财害命"，听起来是忍受折磨。此乃一怕。

二怕浅入深出、故弄玄虚。这类毛病多存在于个别学术著作中。其特征是装腔作势，拉旗作皮，形式大于内容。生搬硬造的名词概念、食洋不化的理论体系，充斥字里行间。甭管研究什么问题、针对什么对象，都要"解构""消解"一番。哪怕是写文学评论，也非要写出不知所云的艺术效果，巴黎某个小圈子未必正确的新理论，可以成为一些留洋博士的贩卖资本；纽约某沙龙的偶然争论，可以变作归国"学术报告"的"有聊"谈资。说起来都是云山雾罩、玄之又玄，别人固然"听不懂"，他们自己也未必懂。而据说气氛总是"热烈"的，讲的和听的，谁也不愿承认自己是不学无术的傻瓜。于是，大家集体上演一出新时代的"皇帝的新装"，共同成为有学有术的傻瓜。只可惜，热闹倒是热闹，就是对繁荣学术毫无益处。

三怕言语乏味、面目可憎。这类著作的作者大抵没有文体意识，只是按照自己的习惯和标准自说自话而已。他们关心的是"说什么"，而不在意"怎样说"。读这类著作，如果不是出于极特殊的需要，大概很难终卷，往往读不到一半儿，就不免哈欠连天，连多年的失眠症都治好了。这类著作与不学无术、浅入深出的信息垃圾不同，它们常常是言之有物的，就是表达不讲究，既没有理性逻辑之关，也没有文采斐然的辞章之美，读来味同嚼蜡，索然无味，真是很可惜。

四怕趣味低级、把肉麻当有趣。这类毛病多存在于某些传记之中。其特征是有意"忽略"传主的事业轨迹，而专注于其事业以外的所谓"生活细节"，比如不同年代的"三围系数"呀，某男某女的情感纠葛呀，使用某种化妆品的细腻感受呀。一本描写某著名舞蹈家的传记，全书差不多都是对生活琐事喋喋不休的唠叨，有一处居然用了几个页码的篇幅写舞蹈家对着镜子自我欣赏。感叹自己如何"性感"。而我实在看不出这段描写与舞蹈家艺术发展的内在联系。全书看完了，对舞蹈家的奋斗历程所知依然不多，而对舞蹈家的私生活、个人习惯倒知之甚详。我认为，传记总该给人一点儿比女性"三围"更重要的知识才对头。

（选自《光明日报》2001年10月11日）

思考与练习

1. 你同意文中所说的"读书四怕"吗？请针对其中的一点发表一下你的高见。
2. 你觉得，现阶段我们学生读书最应该注意的问题是什么？

【资料链接二】

关于读书的名人名言

1. 为中华崛起而读书。　　　　　　　　　　　　　　　——周恩来
2. 知识的问题是一个科学的问题，来不得半点的虚伪和骄傲，决定地需要的倒是其反面——诚实和谦逊的态度。　　　　　　　　　　——毛泽东
3. 读书不知要领，劳而无功。　　　　　　　　　　　　——张之洞
4. 读万卷书，行万里路。　　　　　　　　　　　　　　——刘彝
5. 读书要三到，谓心到，眼到，口到。心不在此，则眼不看仔细，心眼既不专一，却只漫浪①诵读，决不能记，记不能久也。三到之中，心到最急②。心既到矣，眼口岂不到乎？　　　　　　　　　　　　　　　——朱熹
6. 我一生的嗜好，除了革命之外，就是读书，我一天不读书，就不能够生活。　　　　　　　　　　　　　　　　　　　　　　　——孙中山
7. 学问是经验的积累，才能是刻苦的忍耐。　　　　　　——茅盾
8. 读死书是害己，一开口就害人；但不读书也并不见得好。——鲁迅
9. 书籍是朋友，虽然没有热情，但是非常忠实。　　　　——雨果
10. 书籍是青年人不可分离的生活伴侣和导师。　　　　　——高尔基

---

① [漫浪] 随随便便，漫不经心。
② [急] 急迫，要紧。

11. 书籍是全世界的营养品。生活里没有书籍，就好像没有阳光；智慧里没有书籍，就好像鸟儿没有翅膀。　　　　　　　　　　——莎士比亚

12. 书籍是造就灵魂的工具。　　　　　　　　　　　　　　——雨果

13. 书籍是培植智慧的工具。　　　　　　　　　　　　——夸美绍斯

14. 一本书像一艘船，带领我们从狭隘的地方，驶向生活的无限广阔的海洋。　　　　　　　　　　　　　　　　　　　　　　——凯勒

15. 读一本好书，就是和许多高尚的人谈话。　　　　　　——歌德

参考网址：

http：//57182.blog.zhyww.cn/index.html　韩敏（快乐语文）

▶ 项目三　听说训练

讨　论

讨论，是指就某事相互表明见解或论证，在校园、家庭和工作等各种场合都可以使用。积极参加讨论有助于学会向他人表明自己的见解、与他人沟通思想、交流信息、探究真理、寻求共识。

一、讨论的形式

讨论形式多种多样，如书写式讨论、谈话式讨论；任务分工式讨论、滚雪球式讨论；案例式讨论、问答式讨论、辩论式讨论；即兴发言座谈会式讨论、天马行空寝室卧谈会式讨论、定时按序发言式讨论等等。

二、讨论的方法

讨论是一种双向或多向交流形式，应视其目的、内容和形式综合采用叙述说明、论辩演讲或即兴发言等具体方法和技巧。这些具体方法和技巧在后面的各章节中将陆续做专题训练，因此本节仅就参与讨论的过程提出一些值得注意的问题供同学们参考。

（一）克服羞怯，积极参与。

参与讨论，首要的是要有积极的参与意识。一场好的讨论，我们常形容为"热烈讨论"，其实主要描述的就是参与者认真倾听踊跃发言的讨论场景。要达到这种各抒己见的热烈效果，需要与会者积极参与，大胆说出自己的见解和想法。

讨论可以说是最民主的交流形式，我们在发言的时候完全不必太多顾虑我们的风格，我们可以片言偶发，可以淋漓尽致；可以爽朗明快，可以委婉含蓄；可以激情洋溢，可以清新隽永；可以朴实无华，也可以典雅诙谐。这些风格各有千秋，无所谓好坏高低，完全可以根据我们自己的兴趣和特长自由发挥。

（二）把握时机，恰当得体。

发言时机的选择要根据讨论的场合、自己的身份、对讨论内容的熟悉程度综合考虑。

1. 率先发言，往往能起到导向作用，需要注意尽快切题，言简意赅，以免阻碍其他人继续发言。

2. 顺接——紧跟着前面的发言，表达自己相同或相近似的意见。在接人话茬前应认真考虑其效果的好坏，然后"择其善者而从之"。好的顺接发言，可以起到锦上添花甚至雪中送炭的作用。

3. 逆接——发表不同意见。要注意与讨论的主题保持一致；不要打断别人，断章取义，曲解了当事人的本意；对事不对人，不搞人身攻击。

4. 补充发言，要抓住重点和关键性的问题在某一个侧面深化会议主题。在时间上宜短不宜长；在内容上宜深不宜浅。

5. 总结性发言，一般由领导或主持者在讨论结束时作总结性发言。要尽量精当而周到。

（三）有的放矢、要而不繁。

好的讨论发言，不仅要有口才，还要眼、耳、脑并用，找准靶心，听懂内容，听明观点、要点、层次；察言观色，听出弦外之音、言外之意；然后有针对性地把话说到点子上。

（四）变换角度，寻求共鸣。

讨论的目的主要是为了收集意见、达成共识，一场好的讨论，最好是能够多视角切入围绕同一话题，让不同意见的人从不同的视角切入，让话题充分聚焦。操作时可先讨论容易解决的问题，然后再讨论容易引起争论的问题。当讨论出现"仁者见仁、智者见智"、意见不统一的时候，发言者可变换角度，采取说服的技巧，尽力争取更多的人赞同自己的意见，达成共识。

三、讨论的基本要求

1. 要明确话题，不信口开河、夸夸其谈。
2. 语言要新鲜，不讲套话、空话。
3. 语言要准确，不讲大话、假话。
4. 语言要简练，不啰嗦，抽象。

【情景训练】

一、阅读下列热点新闻，请以"爱情·金钱"为题开展讨论。

浙江传媒学院林媚"玫瑰门"被疑富二代追女 - [新闻]

http：//rementop10.blogbus.com/logs/46410089.html

9月14日消息，在10日的深夜，浙江传媒学院开进一辆小货车，货车停在女生宿舍门口卸下万朵爱情的象征——"玫瑰"。据了解，万朵玫瑰的主角是浙江传媒学院的学生林媚。在拒收玫瑰的林媚陷入"玫瑰门"后，面对诸多疑问，林媚却一直欲语还休。

"玫瑰门"事件发生后，女主角林媚露出水面，据了解，林媚是浙江传媒学院的校花，外号"小白"，年仅18岁。虽然林媚欲语还休，但有同学猜测这是富二代的追女手段，共花费约5万，林媚未予承认。

正在玫瑰事件愈演愈烈时，浙江传媒学院的团委出面处理，将这万朵玫瑰进行义卖，并将收入所得款项用于支援台湾灾区建设。

而网友却认为有两点，一是万朵玫瑰的花店在炒作，二是林媚在自我炒作，甚至有网友还计算了万朵玫瑰的实际成本。

二、阅读下列网文，请以《该怎么给父母幸福》为题开展讨论。

该怎么给父母幸福【我的回信】

How To Give Your Parents Happiness？

"只有你成为一个真正的'人'，一人独立的'人'的时候，给予父母的回报才会高于你给了他们多少物质生活。"

【网友来信】

豫约，你好！

一直都知道，只要我们过得好，父母就会满足了，可是我却越来越不懂得怎么给父母幸福，他们真正想要的幸福，是名誉、地位、还是……

随着年龄的不断增长，觉得自己能做的越来越少。上了大学却发现学的很多东西与现实社会是那么格格不入，感觉现实遥不可及；儿时天真的理想，"我长大了要当……"也已经不复存在。生活越来越空洞。曾经有位朋友哀叹"我们出生直到大学每天都在花父母的钱，还一直冠冕堂皇地说长大以后一定报答父母，可是我们又该怎么做，拿什么去报答他们这一生的情？"

每天看着名人们奔波于自己的事业，每天做着自己想做的事，虽然他们有着我们想象不到的心酸，可是至少他们一直都在努力，证明着自己能成为父母的骄傲。每一个人都有梦想，可是现实世界那么残酷，很多一直努力想做的事却因为无法改变的世界变得虚无缥缈，爱父母，却因为种种的局限给不了他们什么。

不知道自己究竟想要什么。从小到大一直被灌输知识，可是长大了却越发觉得无所适从。常常看《说出你的故事》这个节目，可以知道很多人的生活艺术，可是一切又都是那么遥远，现在的我不知道该怎么努力，方向在哪儿。

父母太苦了，我又能做什么呢。他们有想要买的东西，可是由于很多原因，他们放弃了，或许有些是他们一辈子的遗憾，为了儿女，他们放弃再不舍的东西也会感到欣慰，可是我呢，一直都在向他们要求，不知道什么时候才能为他们做，毕业以后工作难找，究竟什么时候才能办到，又该怎么实现人生的价值，怎么去呵护我一生挚爱的人？

其实很多人拥有了财富，地位，他们的报答也永远都不可能与父母给我们的相提并论。像父母那样给予我们的爱，我们永远都无法超越，以后的生活我们能分给他们的时间却越来越少，他们会老，很多东西或许等我们能给得起的时候，他们已经享受不到了，我们输不起时间，现在的我该怎么努力，该怎么去找人生中的方向，趁早给得起他们想要的，趁早去回报他们？

爱一直都在

【我的回信】

爱一直都在，你好！

记得三字经中有"扬名声，显父母，光于前，誉于后"这样的句子，小时候在背的时候并不真正理解这句话的意思，只是背诵着，觉得名声、父母，仅仅是句子里的一个词；而当我越来越长大，越来越成熟的时候，我开始渐渐理解这句话的意思，并开始为自己无力完成这样的任务而沮丧。你的信再一次让我有了这样的共情。做人难，做一个让父母满意的人也许更难。每每想起这些，都会让你觉得无法言语的自责。这不是你一个人的感受，我想大多数人都会有这样的感觉。那今天在这里我要告诉你的是，这样的感觉和钱无关，和权力无关，和你的地位无关，它只和你父母对你的教育、小时候给你的爱、父母对你的要求及你的成长经历有关。

从心理学的角度来看，父母是孩子的第一任及终身的老师，孩子长大后很多爱恶，对社会事件及人生事件的判断也来自父母，一个过于严厉的父母往往会教出有强迫症的孩子，一个有暴力倾向的父母往往会有同样暴力倾向的孩子，而一个能给予孩子充分的爱的父母，他们往往也会得到一个自信，有能力，充满爱的孩子。

从你的信里，我感觉到你那么不自信，对未来感觉迷茫，我想这可能源自于你父母对你过高的要求，过于严厉的某些训练有关。比如，他们会要求你考试一直得第一名，希望你进入名校，无法容忍你有些小错误，不能允许你不整理房间……这些都会让你长大后不自信，因为你不经常得到父母的肯定，你觉得你再怎么做也没有办法让他们满意，当然你更不知道怎么才能让父母幸福。这些影响会陪伴你一生，让你永远是这样困惑，无助。你觉得生活得很累，很累，社会的压力让你无法承受，是吗？你想做得好，可是无法做到，你永远觉得自己不够好，是这样吗？

要知道父母有父母的生活，一些有权有钱有地位的人，他们的父母或许只想让他们陪自己吃一餐饭就会觉得很幸福，每对父母都会对自己的孩子有不同的要求，一通电话、一个问候、生活上的关心有时更高于你在事业上的成功。而且你要明白，只有你成为一个真正的"人"，一人独立的"人"的时候，给予父母的回报才会高于你给了他们多少多少物质生活。当然有钱，有地位的人可能觉得钱可以做到很多事，可是钱不是万能的，父母需要的是儿女的陪伴，是儿女的真心关怀，哪怕这个孩子再无能，再没有本事，终究是他们的孩子，父母是不会嫌弃你的。所以你信中的焦虑，我想是来自于你自己对自己的不满意，对自己境况的不安吧。处理好你现在自己的心理问题，你或许就会更深的理解，你的幸福就是父母的幸福。

真的想给父母幸福，就多陪伴父母吧，就如歌中唱的"常回家看看"好吗？如果可以，把父母当孩子一样来宠爱吧，这时候，你会发现父母幸福了。

豫约

三、阅读下列网文，请以《我给教师的建议》为题开展讨论

课堂里的脑科学——给教师的 12 条建议

人脑是自然神奇而又复杂的造化，一直被教育者视为不可捉摸的"黑箱"。自 20 世纪 80 年代以来，随着新技术、新方法的应用，脑科学的研究逐渐繁荣，科学家们开始从不同角度揭示人类认知活动的脑机制。各国教育教学专家根据这些新成果在教育教学领域展开实验，为课堂教学实践提供了宝贵的启示。

为了更好地改进教师的教，促进学生科学学，根据脑科学、教育学和心理学领域的最新进展，我们为教师提如下 12 条建议，供教学时参考。

1. 情感帮助记忆。当个体的情感系统处于活跃状态时，学习和记忆的效果最好。作为成人，我记得最牢的是童年时那些与积极或消极的情感体验相关的经历。因此，教师在课堂上可以用一些方法激发学生积极的学情感以增强记忆，如保持教学情；运用变化和运动来激发兴趣；联系学生或自己的生活经验使课程个性化；安排趣味性活动、特别事件或旅行等。

2. 高挑战与低威胁。挑战能促进学习，威胁会妨碍学习。当环境富于挑战，并鼓舞孩子们勇于探索，脑的学习效果最好。当脑收到"威胁"信号，它会转化为一种原始的求生模式，学习会被抑制。肯定的表扬、奖励和竞争都是制造挑战的方法，且不会对学生造成过度威胁。批评和惩罚也可以制造挑战，且有助于学校制度的建立，但不应过分强硬和滥用。例如，不应以过量的作业作为惩罚手段。

3. 让孩子动一动。运动促进血液循环，并向脑输送更多氧。当学生坐 20 分钟以上时，大量血液会在臀部和脚部聚集。这时让学生站起来，就能促进他的血液循环。一节 45 分钟的课，学生若有机会站起来，他们脑部的供血量会显著增加。因此教师进行长时间教学时，要通过提问、集体活动等形式，让学生动一动，提高脑的学习效率。

4. 笑与学习。幽默能够促进学习。研究表明幽默能够使记忆保持率从 15% 提高到 5%。笑的时候，更多血液输入大脑，同时带来更多的氧。笑还能导致

大脑向血液中释放一种化学物质，减轻学习的痛苦感，并使人感到舒服。幽默能够创造积极的情感氛围，并有助于提高学生的注意力。因此，教师要善于运用幽默，而慎用讽刺！

5. 图形组织者（graphic organizer）。图形组织者是大脑组织信息的方式，如大纲、维恩图、网络图、图表等。大脑不是一个信息容器，而更像一个有选择的接受者。它依照某种图形组织者选择性地接受信息，同时会屏蔽掉大量其他信息。因此，教师要经常使用一些图形组织者帮学生组织新知识，并教会学生使用多种图形组织者归类知识。

6. 多感官参与。学习主要依赖的感觉通道有视觉、听觉和运动知觉。学习新内容时，参与学习的感官越多，学生越可能掌握。教师调动多感官参与的方法有使用图画、图表和实物演示等视觉刺激；向学生解释并让他们反过来向你解释；为学生创设身临其境的机会等。参与学习感官越多，学生学习的机会就越多。

7. 保持光亮。当灯光灰暗时，大脑向松果体分泌一种化学物质——褪黑激素，该物质会诱发睡眠。当灯光明亮时，褪黑激素的分泌停止。一般教室灯光的亮度只有30~50烛光，而抑制褪黑激素的亮度要求为150烛光。因此，教师要尽可能保持教室明亮，特别是在没有窗户的教室里。

8. 使用比喻。与已有经验相似的内容易被大脑接受和理解，而比喻则是大脑找出新旧知识共同点的好助手。比喻对低年级儿童的思维发展能起到"拐杖"作用，因为他更倾向于视觉和空间导向思维，而不善于语言导向思维。明喻、类比、故事、卡通都是促进有效学习的好方法。形象生动的比喻一般能使记忆保持的效率提高40%。

9. 首因和近因效应。在一节课的开始部分，学生学习效果最佳。其次是课的结尾部分。课的中间部分效果最差，我们称之为低谷期。在一节20分钟长的课里，低谷期有3~4分钟。而在一节80分钟的课里，低谷期长达30分钟。年龄大的孩子较年龄小的孩子更能适应长时间的课。因此，教师要利用课的开始强调要点，在课的中间解释细节和练习，末了时进行总结和提示要点。

10. 易混淆的新概念。教师不可在同时教两个相似的概念。如果概念之间非常相似，比如经度和纬度、高度和长度等，脑就会建立相同的学习路径，造成概念混淆。这就好比同时用红和黄画画一样。要着另一种颜色之前，必须把画笔洗干净。如若不然，两种颜色会相互混合，产生非你所要的另一种颜色。因此，教师不要在一节课讲两个相似的新概念，而是要分步进行。最好在学生牢固掌握第一个概念后再讲授第二个，并在新概念都讲完后重点讲授两个概念的区别。

11. 有指导的练习。教授新技能时，教师在放手让学生独立实践之前要进行有指导的练习活动，以帮助学生正确掌握技能。否则，如果学生错误地习得了某种技能，教师往往要花费大量的时间纠正这些错误。学生的错误技能很难改变，原因是神经树突连接而成的学习通道（learning pathways）已经固定化了。神经树突就像木头一样连成一条"路"。这条路用得越多，学生就越不可能克服困难去创造其他"路"，去达到相同的目的地。向全班学生教新技能时，教师要先给学生例子或示范，然后让每个学生在自己的座位上练习。此时你必须四周走动，以确保学生理解正确。只有你确信每个学生都正确掌握了新技能，学生才能独立练习。教师要经常检查全班学生的学习或作业，找出错误的学习。找错和纠错的速度越快，学生学习的效果就越好。

12. 让学生教。众所周知，教师在上课前必须很好地掌握教学内容。这个道理同样适用于学生。学生在教其他学生的时候往往学得最好。教其他学生可以使记忆的巩固率提高3倍。因此，教师要主动为学生创造各种各样的"教"的机会，如让学生面对全班学生讲、教班级里的其他学生等。

"互教"就是一种很有效的生教生的形式。在一系列内容学完之后，教师让学生两两结合，相对而立，互相讲述自己学的内容。为了这一活动，学生往往要在课下仔细准备很长时间。要有效"互教"，教师最好不要让学生自己选择伙伴，不要限制活动的时间。"互教"的学生之间最好有一定的差距，如优生和中等生组合，中等生和差生组合，但水平不应相差过大。并且，"互教"应该在一组学习任务完成后进行，而不是在每节课后都要进行。

转自：http://groups.google.com/group/Edu2/browse_thread/thread/6e2ec735b38bba21

▶■■■ 项目四　写作训练

广　告

　　广告是一种具有推广和宣传作用的实用文体，主要用于向公众介绍商品、服务项目或文娱体育节目等。

　　广告是商品经济的产物，目的在促销商品。促销就要把商品的性能、规格、用途、价格等告诉大家，促使人们来选购，这就产生了商品广告。据《韩非子·外储说右上》记载："宋人有酤酒者，……县帜甚高。""县"通"悬"，意思是挂着，"帜"就是旗，旗上有个"酒"字，就是酒旗。这就是先秦时期卖酒者的一种广告，也称幌子广告。广告随商品经济同步发展。现代的广告还具有塑造企业形象、优化环境的功能，成为一种有计划地通过相关媒体向社会公众传播经济信息的一种宣传手段。

　　广告的种类有多种多样。就其表现形式来分，有全部用文字表达的文字广告；有以图像为主配有文字说明的图像广告；有以文艺演出形式如小品、舞蹈等来介绍商品的文艺广告；有以实物、模型等陈列橱窗、画廊用来宣传商品的实物广告。根据媒体的不同，又可以分为报纸广告、杂志广告、广播广告、电视广告、包装广告、邮政广告、路牌广告、橱窗广告、张贴广告、交通广告等。

　　不管哪一类广告，最重要最基本的载体是语言文字。

　　一篇文字广告，包括标题、正文、结尾三部分。

　　一、标题

　　标题是广告的"眼睛"，必须精心设计，做到醒目又有吸引力，达到促使公众了解并产生购买行动的目的。用商品名称、厂商名称或服务项目作为标题是常用的广告标题写法，可称为直接标题。如"春兰空调、挂机一族"、"复旦申花水处理机"等。这种标题的优点是一目了然，但是缺少吸引力。间接标题具有形象生动、耐人寻味的特点，如春兰空调的间接标题是："始终追求最好，四年前我们就已经打入法兰西。"又如中国东方航空公司推出的售票点办理乘机手续的举措，它的广告语是："让您轻轻松松赶飞机"等。间接标题往往还配有图像或图画，目的都是为了吸引人去仔细阅读。

二、正文

正文是体现广告主题，提供商品细节的部分。商品广告一般应介绍商品正式名称、规格型号、性能特点、使用效果、所得荣誉、售后服务以及优惠条件等。服务性企业，介绍服务设施、服务内容。文字要简明扼要，通俗易懂，少用专业术语。

三、结尾

结尾一般写两方面内容：一是希望顾客购买之类的言词，如"产品优良，欢迎选购"等字样；二是写明商品生产单位、销售单位的名称、地址、电话、电报挂号、邮政编码、联系人等。

广告写作要求是：

第一，要真实。广告的内容要与被介绍的商品或服务项目相符，绝不能言过其实，欺骗公众，损害公众利益。在我国，制作和散布虚假广告是要承担法律责任的。

第二，重点突出，主次分明。最重要的内容放在醒目的位置上，力求给人留下深刻的印象。

第三，语言规范、精练、活泼、雅俗共赏。广告语最忌讳错字、别字，那种肆意篡改成语的做法是违反《国家通用语言文字法》的错误行为。广告语言要有艺术性，让群众喜闻乐见，才有生命力，起到增强广告效果的作用；而制造低级庸俗的噱头，则适得其反。

例一

> ××牌碱性电池质量过硬
>
> 　　上海××电池厂生产的××牌5号、7号碱性电池，以优良的品质，于1997年通过国家技术监督局抽查，被定为合格产品和"消费者信得过"产品。该电池电容量大，输出功率高，使用寿命长（为普通电池的8～10倍），贮放时间长。欢迎各界朋友使用。
>
> 　　××牌碱性电池使用寿命参考：5号BP机大于30天，7号BP机（中文）大于20天，5号照相机3～5卷，收录机（随身机）10小时。
>
> 上海××电池厂
地址：长宁区绥宁路×××号
电话：×××××××

【点评】

例一是碱性电池的广告，写作格式规范。

例二

献血　爱心　善事　义举

祝贺《中华人民共和国献血法》1998年10月1日起施行

18~55周岁健康公民应积极参加无偿献血

参加无偿献血为文明城市增辉

无偿献血是社会文明进步的体现

（选自1998年8月10日《文汇报》公益广告）

例二是一则公益广告。公益广告与商业广告虽同属广告文体，但也有不同：商业广告为了促销，提高商业效益；公益广告则为了宣传、教育，希望大家参与。

公益广告目的是宣传，为社会主义精神文明服务。商业广告的目的是传播市场信息，沟通产销渠道，指导消费，促进生产，为社会主义物质文明建设服务。

思考与练习

一、某地一商厦在1997年初举办了春装展销会，为此制作了很大的一块广告牌，上面的广告词是："出卖春天"。

请你根据广告的写作要求，谈谈自己的看法。

二、有人说："酒香不怕巷子深"，商品全凭质量取胜。也有人说：企业经营的成败取决于广告，广告做得响，产品就吃香；广告做得孬，产品没人瞧。

请你根据广告的定义，谈谈自己的看法。

三、区别商业广告、商品广告、公益广告的异同。

计　　划

【基础知识】

一、计划的含义

我们在工作和生活中为了完成某一任务，要对其进行事先的打算和安排，把这种设想和安排诉诸文字，就叫做计划。

二、计划的特点

计划的特点，主要有：

（一）指导性。

为了在规定时间内完成这项任务，计划一定要有明确的指导性，确定要完成的各项目标和最后产生的效果。

（二）预见性。

计划是在事前制订的，是为未来工作目标或实践活动所做的一种预想性的部署和安排，必须在制订时对目标和可能出现的各种情况和变化进行足够的估计和周密的思考。

（三）可行性。

计划中所确定的各项步骤措施必须具体明确，可操作性强，能正确地指导工作的进行。

三、计划的种类

按不同标准可分为不同的种类，下面介绍主要的几种：

（一）按计划涉及内容和期限的不同，有规划、方案、安排、设想、打算、要点之分。

规划——是具有全局性的、较长时期的长远设想。

方案——是从目的、要求、工作方式方法到工作步骤——对专项工作作出全面部署与安排的计划。

安排——是对短期内工作进行具体布置的计划。

设想——是初步的草案性的计划。

打算——是短期内工作的要点式计划。

要点——是列出工作主要目标的计划。

按性质分，有综合性计划和专题性计划。

（二）按内容分，有工作计划、生产计划、学习计划、科研计划、军事计划等。其内容与各单位、各行业的业务工作有密切关系。

（三）按时间分，有长期规划、短期计划、年度计划、季度计划、月计划等。

（四）按范围分，有国家计划、部门计划、单位计划、个人计划等。

这些分类不是绝对的，就某一具体计划而言，往往兼跨几类，如《广东省××职业技术学校2009年工作计划》，按性质讲是工作计划，按范围讲是单位计划，按时间期限讲是年度计划等。

四、计划的写法

计划没有固定格式，依据使用方便而定。常见的有以下几种：

（一）表格式计划。

制作表格式计划时，先要把各项内容划分成几个栏目，画成表格，逐项填写。采用这种格式，多数是项目比较固定，内容和方法变化不大的计划。如学生用的课程表，就采用表格式，它实际是周课程设置计划。

（二）条款式计划。

把计划的内容列成条款，分项分条写清楚，条款式多用于时间期限较短，内容比较简单的计划。

（三）文件式计划。

这种格式主要是依靠文字叙述的形式把计划内容表达出来。它一般适用于原则要求多，而具体指标不多的计划，如《××公司2008年度党委工作计划》。

（四）综合式计划。

它既有叙述性文字，又有条款，甚至还有表格。它能够把比较复杂的内容，用简洁的方式表达出来。一些年度的综合性计划多数采用这种格式。

参考例文

1. 安排

例文：

广州市第六中学建校70周年校庆活动安排

校庆时间：2007年11月11日

具体安排：

上午

8:00～9:00　各届校友报到（校道）

9:30～10:20　校庆庆祝大会（主会场在体育馆二楼）

10:20～11:00　参观校园（有文艺活动）

11:00～12:00　分各届聚谈（黄埔楼1～6楼）

12:00～13:00　学校食堂用餐（校友会统计用餐人数）

下午

13:00～17:00　校友聚谈

17:00　校庆活动结束

2. 计划

例文：

本年度英语学习计划

为了提高自己的英语读写能力，学好专业知识，更好地完成学习任务，拟订本年度英语学习计划如下：

一、上课认真听讲，按时完成课内外作业，练好听、读、说、写的基本功；

积极参加学校英语角活动的学习，大胆锻炼自己；

二、课外坚持收听电台的英语广播，对"每日英语"和"英语听力"，坚持每天各听两遍，并认真完成所规定的作业，借以复习巩固在课堂所学的知识、技能；

三、坚持阅读《CHINA DAILY》，练习阅读和笔译能力。每月翻译该报上的一篇短文，并请英语老师或同学指导；

四、每两个月检查一次计划的执行情况，并研究改进办法。

制订人：×××
二〇〇九年一月七日

3. 方案

例文：

××幼儿园2007年"六一"活动方案

一年一度的"六一"儿童节即将来临，为让全体儿童在感受节日气氛，体验童年幸福与快乐的同时，培养一份纯真的爱心，我园今年的"六一"庆祝活动将改变以往的方式，以"奉献爱心"为主题，全园参与"亲子义卖捐助"活动为主线来开展，特制订具体活动方案如下：

一、具体活动内容及流程安排

1. 全体家长及幼儿到园，在各班教室集中，由班主任向家长介绍活动主要流程及相关注意事项。(8:00~8:30)

2. 全体列队到一楼走廊候场。(8:30~8:35)

3. "运动员进行曲"音乐响起，全体师、生、家长到操场各班位置站好（家长站在孩子的左侧）。(8:35~8:40)

4. 园长讲话。(8:40~8:45)

5. 听音乐。由舞蹈教师王桃带领全体师、生、家长共同表演唱"感恩的心"。(8:45~8:50)

6. 家长带领孩子浏览玩具卖场并抽取游戏票。(8:50~9:20)

7. 义买义卖活动（托班幼儿不参加义买，由托班教师组织家长在教室内指导孩子购买沙画并制作，购买沙画所得的款项作为其捐赠款）。(9:20~10:00)

8. 以大班为主开展玩具拍卖活动（拍卖中穿插文艺表演，其他年龄班幼儿也可参加）。(9:50~10:30)

9. 亲子游戏活动（共计八个游戏，每位幼儿可参与两个）。(10:00~11:30)

10. 游戏结束，每位幼儿到各班教师处领取食品一份，离园。(11:30~

12:00）

二、活动场地安排

1. 表演唱场地：感恩的心（园大操场）

2. 义卖场地：一楼走廊：大四班、中一班玩具集中点

二楼走廊：中蒙班、中二班、中三班玩具集中点

三楼走廊：大蒙班、大二班、大三班玩具集中点

二楼舞蹈厅：小蒙班、小一班、小二班、托班玩具集中点

3. 拍卖场地：一楼多功能厅

4. 游戏场地：一、二楼教室，具体安排：

游戏一：贴宝宝（小蒙班）一楼第一间教室

游戏二：吸管运球吹入篓（小一班）一楼第二间教室

游戏三：蹲背倒走抢运气（小二班）一楼第三间教室

游戏四：滚接大皮球（托班）一楼第四间教室

游戏五：看谁喝的多（中蒙班）二楼第一间教室

游戏六：抢凳、抢座（中三班）二楼第二间教室

游戏七：倒水接力（中二班）二楼第三间教室

游戏八：看谁抓的浴花多（中一班）二楼第四间教室

5. 游戏票发放场地：每层楼的楼梯口

6. 托班活动场地：托班教室

三、具体活动要求及注意事项

1. 活动当天全体教师、保育员穿白色园服，白球鞋。孩子穿本次"六一"所发园服，白球鞋。

2. 活动当天全体教职工 7:30 上班，下午放假。

3. 全体员工各尽其责，确保活动顺利进行。

4. 各项活动负责教师要求公平、公正，不拉关系，不开后门。

5. 所有义卖所得款必须当场放入爱心捐款箱，并做好相关记录工作。

6. 活动当天无车接送，无早餐、中餐。

7. 活动当天全体员工从后门进入，前面一律不得进出。

8. 所有活动准备工作必须在 5 月 31 日下午 5:30 以前完成。（包括游戏道具、环境布置、大厅展板等）

9. 活动前向家长交代清楚各环节注意事项及细节问题，确保活动安全开展。

10. 游戏当天，有游戏活动的班级将活动区全部清理，确保游戏场地充足。

11. 每层楼保证不少于五个捐款箱。

12. 未交易成功的物品，统一放置、封箱，直接捐赠到武汉幼儿福利院。
13. 各班教师事先提醒家长准备好零钱。
14. 大班教师配合王桃老师搞好穿插的舞蹈节目。

××幼儿园
二〇〇九年五月三十日

【写作指导】

一、计划的结构

计划一般由标题、正文、结尾三个部分组成。

（一）标题。

计划的标题就是计划的名称。它一般包括三项内容：

1. 单位名称，即制定计划的机关或单位。个人计划可省略此项。
2. 适用期限，即执行该计划的时间限定。
3. 如必要，还须表明计划性质及类别。即写出是何种计划及成熟程度，用圆括号在标题下标明，如"（征求意见稿）"、"（供讨论）"、"（草案）"等。定稿或正式稿则不标明。

（二）正文。

这里讲的是文件式计划的正文，它一般包括三部分：

1. 前言。

计划的前言一般要说明为什么要制定本计划，以及制定本计划的依据。前言是计划的"总纲"和"灵魂"，必须努力写好，又切忌篇幅过长。

2. 目标。

根据需要和可能，提出计划的限定时间内具体的努力方向和奋斗目标。

3. 完成任务的措施。

任务是为达到目标而必须承担的责任或担当的工作。任务既有定性的要求，也有定量的要求。措施包括为完成该项任务所需要的条件、办法、程度、步骤、时间限定等，如方案例文。

这部分是计划的重点，是其中心内容所在。主要是写好三方面：做什么，怎么做，什么时候完成。

（三）结尾。

计划的结尾一般不用收束性词语，可表示决心或发出号召。正文结束后，在正文的右下方写上制定计划的日期和制订者。如标题中已有制订者的名称，此项可省略。如果计划要上报或下发，则应在日期上加盖公章。

此外，与计划有关的一些材料，可以在计划后附表、附图。

二、计划的写作要求

（一）要有科学依据。

计划是事先对某件事、某个活动、某项工作提出的奋斗目标、任务、措施和步骤，对今后的工作有指导意义和实践意义。计划能不能起到这些作用，关键是看制定计划时有没有科学的预见性。科学的预见性来自科学的依据，因此，在制定计划之前，要对本单位、本部门、个人的情况有全面、具体、深入的了解。

（二）要从实际出发。

制定计划，还要尊重客观现实的可行性，目标既不能过高，也不能过低。目标过高，脱离实际，任务和指标不可能完成，计划会落空，会挫伤实现计划的积极性；目标过低，会造成人力、财力、物力上不必要的浪费，也不利于充分调动积极性。订计划要在坚决执行上级指示的原则基础上，根据本单位、本部门、个人的实际情况，保持一定程度、一定范围的灵活性，使计划能两全其美。

（三）要留有余地。

计划是在事先制定的，虽然经过调查研究、反复论证，但在实施过程中，由于主客观条件在不断变化，可能出现这样那样的问题，还会有一些预想不到的偶然事件。一旦出现这种情况，就需要对计划进行适当调整、修改、补充，并采取相应的措施。因此，在制定计划时，就要留有余地，给执行计划带来灵活性，也符合科学管理中的弹性原则。

思考与练习

一、选择题

适用于具有全局性的、较长时期的长远设想的计划，是（　　）。

A. 方案　　　　B. 规划　　　　C. 设想　　　　D. 要点

二、改错题

××区银行办事处大专班学习计划

近几年来，我们银行的青年职工人数越来越多，已经成了业务骨干力量，他们在经济战线上发挥着积极作用，展示了我国银行事业的希望和前景。但也不能忽视，一些青年由于理论水平低、文化素养差、科学文化知识贫乏等而感到我们做的工作没有意思。根据中国人民银行总行要求，为提高在职干部文化水平，我们办事处开办了大专班，脱产学习一年半，招生的对象是在银行工作两年以上、高中毕业或相当于高中毕业水平的同志。为了更好地完成学习任务，我们教育科计划如下：

一、学习内容

主要学习基础理论，学习《政治经济学》、《哲学》、《货币概论》、《会计原理》、《高等数学》、《大学语文》等20门课。

二、学习进度

第一学期，有数学、语文、政治经济学、货币概论、会计理论。第二学期，有语文、财政、转账结算、哲学、银行会计、商业会计、统计。第三学期，有应用文、党史、储蓄、企业管理、工业会计、工商信贷、政治思想教育、体育。学完一门课，进行一次结业考试，不再进行全面考试。

三、学习方法

任课教师，请××大学，××××学院、××第三师范学校、××电大和银行的老师。学生上课时做笔记，课后参考书籍做复习题、练习题，由任课教师批改作业。各门功课每学习完两章进行一次阶段考试，看看学生是否真正掌握。

××区银行教育科
二〇〇一年六月十日

（1）本文标题存在什么问题，并改正。

（2）请指出本文的前言缺漏了什么，有哪些内容应该放在计划事项中去。修改好该前言。

（3）请就本文所反映的内容，对本计划进行修改，补上应该写上的内容，使之完整（可根据需要，重新调整结构）。

（4）应用写作的语言，必须做到准确、平实、简洁、得体。请指出本文在语言上的毛病，并改正它。

三、写作题

请按计划的要求修改上题。

附录一

易错字词(一)

一、容易写错的一百个字(括号中的字为正字)

1. 按(安)装
2. 甘败(拜)下风
3. 自抱(暴)自弃
4. 针贬(砭)
5. 泊(舶)来品
6. 脉博(搏)
7. 松驰(弛)
8. 一愁(筹)莫展
9. 穿(川)流不息
10. 精萃(粹)
11. 重迭(叠)
12. 渡(度)假村
13. 防(妨)碍
14. 幅(辐)射
15. 一幅(副)对联
16. 天翻地复(覆)
17. 言简意骇(赅)
18. 气慨(概)
19. 一股(鼓)作气
20. 悬梁刺骨(股)
21. 粗旷(犷)
22. 食不裹(果)腹
23. 震憾(撼)
24. 凑和(合)
25. 侯(候)车室
26. 迫不急(及)待
27. 既(即)使
28. 一如继(既)往
29. 草管(菅)人命
30. 娇(矫)揉造作
31. 挖墙角(脚)
32. 一诺千斤(金)
33. 不径(胫)而走
34. 峻(竣)工
35. 不落巢(窠)臼
36. 烩(脍)炙人口
37. 打腊(蜡)
38. 死皮癞(赖)脸
39. 兰(蓝)天白云
40. 鼎立(力)相助
41. 再接再励(厉)
42. 老俩(两)口
43. 黄梁(粱)美梦
44. 了(瞭)望
45. 水笼(龙)头
46. 杀戳(戮)
47. 痉孪(挛)
48. 美仑(轮)美奂
49. 罗(啰)唆
50. 蛛丝蚂(马)迹
51. 萎糜(靡)不振
52. 沉缅(湎)

53. 名（明）信片
54. 默（墨）守成规
55. 大姆（拇）指
56. 沤（呕）心沥血
57. 凭（平）添
58. 出奇（其）不意
59. 修茸（葺）
60. 亲（青）睐
61. 磬（罄）竹难书
62. 入场卷（券）
63. 声名雀（鹊）起
64. 发韧（轫）
65. 搔（瘙）痒病
66. 欣尝（赏）
67. 谈笑风声（生）
68. 人情事（世）故
69. 有持（恃）无恐
70. 额首（手）称庆
71. 追朔（溯）
72. 鬼鬼崇崇（祟祟）
73. 金榜提（题）名
74. 走头（投）无路
75. 趋之若鹜（鹜）
76. 迁徒（徙）
77. 洁白无暇（瑕）
78. 九宵（霄）
79. 渲（宣）泄
80. 寒喧（暄）
81. 弦（旋）律
82. 尤（犹）如猛虎
83. 膺（赝）品
84. 不能自已（己）
85. 竭泽而鱼（渔）
86. 滥芋（竽）充数
87. 世外桃园（源）
88. 脏（赃）款
89. 醮（蘸）水
90. 蜇（蛰）伏
91. 装祯（帧）
92. 饮鸠（鸩）止渴
93. 坐阵（镇）
94. 旁证（征）博引
95. 灸（炙）手可热
96. 九洲（州）
97. 床第（笫）之私
98. 姿（恣）意妄为
99. 编篡（纂）
100. 做（坐）月子

另外，还经常错的字有：

象（像）什么；

渡（度）过，指时间的，不带三点水；渡河、渡过困难，要带三点水；

家俱（具）；仲（中）秋。

二、容易写错的二字词语（括号中的字为误字）

弊病（蔽）	提纲（题）	沧桑（仓）	脉搏（膊）
贡献（供）	迥然（炯）	诋毁（砥）	穿插（串）
默契（挈）	文牍（渎）	掠夺（略）	赏罚（尝）
姑息（估）	急躁（燥）	作祟（崇）	气概（慨）

矫健（骄）	琐屑（锁）	涣散（焕）	高亢（吭）
驾驭（奴）	简练（炼）	篡夺（纂）	武装（武）
谩骂（漫）	奋发（愤）	跋涉（�）	讴歌（呕）
贸然（冒）	宽敞（敝）	蹂躏（揉）	肆业（肆）
部署（布）	教唆（梭）	分歧（岐）	赌博（搏）
演绎（译）	山坳（拗）	调剂（济）	融会（汇）
杂沓（杳）	荤腥（晕）	强悍（焊）	振奋（震）
泯灭（抿）	阔绰（卓）	幌子（晃）	辍学（缀）
皎洁（佼）	凋敝（蔽）	规矩（距）	手腕（挽）
整饬（伤）	垮台（垮）	证券（卷）	憧憬（瞳）
严峻（俊）	熟练（练）	自恃（侍）	仓皇（怆）
怄气（呕）	蔓延（漫）	烦琐（锁）	穿戴（带）
遭殃（秧）	寂寞（莫）	挑衅（畔）	贫瘠（脊）
抉择（决）	赔偿（陪）	坦诚（城）	偌大（诺）
蹒跚（姗）	迸发（并）	精湛（堪）	既然（即）
布置（部）	覆没（复）	亟待（急）	暮霭（蔼）
狂妄（忘）	伶俐（玲）	连襟（联）	松弛（驰）
云霄（宵）	敬佩（配）	羁绊（拌）	砥砺（诋）
眩目（炫）	磋商（蹉）	妨碍（防）	剔除（踢）
呕吐（沤）	谛听（啼）	感慨（概）	害臊（躁）
范畴（筹）	真谛（缔）	寒暄（喧）	诬告（污）
盲目（肓）	附会（符）	精悍（焊）	大致（至）
墙垣（恒）	愤慨（概）	教诲（悔）	瑰丽（魁）
迁徙（徒）	弧度（狐）	秘诀（决）	狙击（阻）
震撼（撼）	通缉（辑）	蜡纸（腊）	商榷（确）
杀戮（戳）	崛起（掘）	晾干（凉）	宽恕（茹）
清澈（沏）	严厉（励）	委靡（糜）	拖沓（踏）
隔膜（膈）	良莠（秀）	苦恼（脑）	接洽（恰）
眨眼（贬）	厮杀（撕）	告罄（馨）	慑服（摄）
惆怅（稠）	饶恕（挠）	伸张（申）	漱口（濑）
惊骇（赅）	蛰伏（蜇）	袒护（坦）	清晰（浙）
聆听（吟）	调查（察）	报销（消）	胁迫（协）
鹿茸（茸）	针砭（贬）	胁从（协）	喧闹（暄）
造型（形）	怠慢（漫）	自诩（翊）	荧光（莹）

卫戍（戌）	通牒（谍）	渲染（喧）	大概（慨）
昭雪（招）	陡坡（徒）	震撼（振）	沦落（伦）
沮丧（诅）	谒见（竭）	伎俩（技）	魅力（魁）
赡养（瞻）	檄文（激）	楷书（偕）	鹤唳（戾）
怂恿（纵）	掣肘（制）	勉励（厉）	晌午（响）
恬静（甜）	荟萃（会）	漫谈（慢）	纵容（从）
造诣（旨）	恪守（格）	描摹（瞄）	蜕化（脱）
缜密（慎）	熏陶（陶）	恼火（脑）	游弋（戈）
装订（钉）	濒临（频）	痊愈（全）	编纂（篡）
涵养（函）	清澈（辙）	引申（伸）	迟钝（钝）
玲珑（玲）	视察（查）	偏袒（坦）	颠覆（复）
修葺（茸）	憋气（敝）	逍遥（消）	简陋（漏）
疲塌（踏）	闪烁（铄）	拉拢（扰）	荒谬（谎）
怅然（伥）	撒谎（慌）	赚钱（嫌）	谙熟（暗）
仓促（伧）	陷阱（井）	孪生（挛）	宣泄（渲）
谗言（馋）	即使（既）		

附录二

误用频率较高的成语（一）

空穴来风：空穴是来风的条件，既能来风，必有空穴，传闻有一定根据。大多用来表示毫无根据，完全用反了。

三人成虎：传言有虎的人很多，大家便相信了。多误解为团结合作力量大。

美轮美奂：只能形容房屋高大美丽。媒体上凡形容美好事物皆用此语，错。

炙手可热：形容人很有权势，含贬义。媒体扩大其使用范围，形容一切"吃香"的事物，完全背离其本义。

侃侃而谈："侃侃"本为刚直之意。谈得理直气壮才叫侃侃而谈。人们大多用此语形容聊天，属误用。

首当其冲：首先受到攻击，一般作谓语。常被人误用为定语，代替"首先"。

不瘟不火：指表演既不沉闷也不过火。常被人用来表示商品销售不够火爆，且写作"不温不火"，真是不伦不类。

鼎力相助：只用于对方或他人，不可用于自己，否则太不谦虚。

一言九鼎：说话有分量。不能表示守信用，也不能用于自己。

首鼠两端：迟疑不决。常误解为言行前后不一致。

溢美之词：过分赞美的言词。常误用于褒义场合。

脱颖而出：比喻人才崭露头角。陆星儿曾误用于"脱颖出来，潇潇洒洒地活一辈子"；还有人说"从母鲸腹中脱颖而出"。

蓬荜生辉：谦敬之辞。广告语说"让您的居室蓬荜生辉"，简直是骂人。

不可收拾：无可挽救，不可救药。常有人在"一发而不可收"这句惯用语后加一"拾"字，变褒为贬。

出奇制胜：作谓语，不带宾语。说成"出奇制胜叛军"之类则错。

不负众望：没辜负大家的期望，褒义。

不孚众望：未符合大家的期望，贬义。这两个成语常被混用。

义无反顾：为正义而勇往直前。常被用于毫不犹豫地干坏事，错。

不可理喻：不能用道理使之明白，形容态度蛮横或愚昧无知。容易误解为不可理解。

望其项背：可以赶上。只用否定形式。不少人用"只能望其项背"表示

"赶不上",错。

差强人意:大体上使人满意。多误解为不能使人满意。

抛砖引玉:自谦之辞,不能用于对方或第三方。

风声鹤唳:惊慌疑惧,常与"草木皆兵"连用。有人用"杀得风声鹤唳"来形容战斗激烈,错。

敬谢不敏:谢,推辞;不敏,无能。表示推辞做某事的婉辞。错用于拒绝别人的要求。

人满为患:强调人多的坏处,贬义。错用于表示人很多的情景,如"柜台前人满为患"之类。

鬼斧神工:建筑、雕塑等技艺精巧。常被误用来形容自然景物。

始作俑者:首先干某件坏事的人。滥用于一切倡导人。

文不加点:写文章一气呵成,不须删改。不可理解为"不加标点"。

侧目而视:不满而又惧怕地看着。常误解为"目光轻蔑地看"。

良莠不齐:一群人中有好有坏,侧重于品质。不用于水平、成绩等。

无所不至:什么坏事都干。与"无微不至"有天壤之别。

明日黄花:过时的新闻报道或事物。不能写作昨日黄花。

评头品足:比喻在小节上过分挑剔。与中性的评议不同。

休戚与共:同欢乐共悲哀。与"患难与共"不同。

置之度外:不把生死利害等放在心上。与"置之不理"不同。

翻云覆雨:比喻反复无常或玩弄手段。不能表示气势宏伟。

弹冠相庆:贬义。常被误解为中性的互相庆贺。

期期艾艾:口吃,不能理解为懦弱犹豫等。

无可厚非:不必作过严厉的批评。与"无可非议"程度不同。

不胫而走:消息传得很快。表示东西丢失用"不翼而飞"。

身临其境:常误用为代替"设身处地"。

茕茕孑立:孑然一身,处境孤单,无依无靠。指一生不指某时。

耿耿于怀:形容心存怨恨。

因人成事:依靠别人把事情办好。只能表贬义或自谦。

耳提面命:表示长辈的谆谆教导。不用于同辈之间和贬义。

耸人听闻:故意夸张使人震惊。强调主观目的。

骇人听闻:多指社会上发生的坏事使人听了吃惊。强调客观效果。

咬文嚼字:一般用于贬义,除非贬词褒用。

处心积虑:贬义。褒义用"殚精竭虑"。

火中取栗:比喻冒险为别人出力而不知上当。

忍俊不禁：不能说"忍俊不禁地笑起来"。
责无旁贷：不能说"责无旁贷的责任"。
参差不齐：长短高低大小水平不一致，不用于时间等。
绘声绘色：形容描写生动逼真，常误用作代替"有声有色"。
危言危行：讲正直的话，做正直的事。褒义。
不可思议：不可想象，不能理解，强调神秘奥妙。
不可理喻：不能用道理使之明白，形容愚昧或蛮横。
不可向迩：不能接近。
不可终日：形容形势危急或心中惶恐。
一发而不可收：行为不受控制或无法停住。

附录三

普通话水平测试等级标准（试行）

一级

甲等　朗读和自由交谈时，语音标准，词语、语法正确无误，语调自然，表达流畅。测试总失分率在3%以内。

乙等　朗读和自由交谈时，语音标准，词语、语法正确无误，语调自然，表达流畅。偶然有字音、字调失误。测试总失分率在8%以内。

二级

甲等　朗读和自由交谈时，声韵调发音基本标准，语调自然，表达流畅。少数难点音（平翘舌音、前后鼻尾音、边鼻音等）有时出现失误。词语、语法极少有误。测试总失分率在13%以内。

乙等　朗读和自由交谈时，个别调值不准，声韵母发音有不到位现象。难点音（平翘舌音、前后鼻尾音、边鼻音、fu-hu、z-zh-j、送气不送气、i-u不分、保留浊塞音和浊塞擦音、丢介音、复韵母单音化等）失误较多。方言语调不明显。有使用方言词、方言语法的情况。测试总失分率在20%以内。

三级

甲等　朗读和自由交谈时，声韵母发音失误较多，难点音超出常见范围，声调调值多不准。方言语调较明显。词语、语法有失误。测试总失分率在30%以内。

乙等　朗读和自由交谈时，声韵母发音失误多，方音特征突出。方言语调明显。词语、语法失误较多。外地人听其谈话有听不懂的情况。测试总失分率在40%以内。

附录四

职业汉语水平测试等级标准

一、初级标准

具备最基本的汉语能力,可以基本恰当、准确地运用汉语进行一般的交流和沟通,能适应服务性工作岗位对汉语能力的要求。

阅读理解:

1. 能阅读理解熟悉领域中的一般性文字材料;

2. 能根据工作要求,按照有关程序或指导找到相关文字材料,并从中获取所需的信息;

3. 能略读篇幅较长的文字材料,并把握其内容大意,找出所需要的信息。

书面表达:

1. 能撰写一般信件和简单的报告;

2. 能根据工作要求,选择适合工作需要的文件并撰写较短的文稿;

3. 能从收集的材料中整理出需要的材料,能做简单的笔记。

二、中等标准

具备较好的汉语能力,可以恰当、准确地运用汉语进行交流和沟通,能适应事务性工作岗位和初级管理工作岗位对汉语能力的要求。

阅读理解:

1. 能阅读理解较为专业性的文字材料;

2. 能通过阅读判断作者的写作目的和观点;

3. 能通过阅读了解作者的推理思路,归纳出文章要点。

书面表达:

1. 能撰写报告、商务信件和工作程序手册;

2. 能根据工作的需要,从相关材料中选取恰当的材料,表现文章的主题和内容;

3. 能较为清楚地表达主题意思,且文稿的层次较为分明,逻辑概念清晰,语句通顺,用词规范,标点使用正确。

三、高等标准

具有很好的汉语能力,可以在复杂的社交环境和职业场景中自如、得体地运用汉语,能适应中级和高级管理工作对汉语能力的要求。

阅读理解：

1. 能阅读理解复杂的专业性文字材料；
2. 能为专题研究查找和阅读有关材料，获取所需的论据、观点和数据；
3. 能理解专业参考材料的内容及其复杂的推理思路；
4. 能对相关专业文稿进行分析，鉴别作者观点的价值或问题。

书面表达：

1. 能选择适当的文体陈述复杂的观点或描述复杂的事件，文章结构严谨，论点明确，论据充分，事件描述具体、准确；
2. 能根据不同目的及文章发表场合的要求，采取不同的写作风格，并善于利用相关知识及可靠的论据，支持自己的观点，增强文章的说服力；
3. 能清楚地表达主题意思，且文稿的逻辑思路清晰，语句精练，用词准确。